L'ENTRETIEN DANS LES SCIENCES SOCIALES

Sciences humaines Dunod
Extrait de notre catalogue

Verena AEBISCHER et Dominique OBERLÉ, **Le groupe en psychologie sociale**

Maurizio ANDOLFI *et al.*, **La forteresse familiale**

Alain BLANCHET *et al.*, **L'entretien dans les sciences sociales**

Alain BLANCHET *et al.*, **Les techniques d'enquête en sciences sociales**

Claude BONNET, Rodolphe GHIGLIONE, Jean-François RICHARD, **Traité de psychologie cognitive** (3 tomes)

Henri BOYER, **Éléments de sociolinguistique**

Patrick CHAMPAGNE *et al.*, **Initiation à la pratique sociologique**

Gilbert DURAND, **Les structures anthropologiques de l'imaginaire**

Jean-Claude FILLOUX, Jean MAISONNEUVE, **Anthologie des sciences de l'homme**, tome 1

G.N. FISCHER, **les Concepts fondamentaux de la psychologie sociale**

G.N. FISCHER, **Les domaines de la psychologie sociale** (2 tomes)

G.N. FISCHER, **La dynamique du social**

Rodolphe GHIGLIONE, Alain BLANCHET, **Analyse de contenu et contenus d'analyses**

André LÉVY, **Psychologie sociale** (2 tomes)

Alain LIEURY, **Manuel de psychologie générale**

Ralph LINTON, **Le fondement culturel de la personnalité**

Edward MATTHEI, Thomas ROEPER, **Introduction à la psycholinguistique**

Talcott PARSONS, **le Système des sociétés modernes**

Raymond QUIVY, Luc Van CAMPENHOUDT, **Manuel de recherche en sciences sociales**

Claude REVAULT d'ALLONNES, **La démarche clinique en sciences humaines**

Jean-Pierre ROSSI *et al.*, **La méthode expérimentale en psychologie**

Jean-Pierre ROSSI *et al.*, **La recherche en psychologie**

Henry ROUANET *et al.*, **Statistique en sciences humaines : Procédures naturelles**

Henry ROUANET *et al.*, **Statistique en sciences humaines : Analyse inductive des données**

Alain BLANCHET

&

Hélène Bézille, Marie-France Florand, Alain Giami,
Florence Giust-Desprairies, Anne Gotman, Jean-Michel Léger,
Claude Revault d'Allonnes, Liliane Zylberstein-Vaisman

L'ENTRETIEN DANS LES SCIENCES SOCIALES

L'écoute, la parole et le sens

Préface de Max Pagès

Ouvrage publié avec le concours
du Centre National de la Recherche Scientifique

DUNOD

Document et maquette de couverture :
Franco Novati

ISBN 2-04-015741-7

Préface

Ce livre est le produit du travail considérable d'un groupe de chercheurs du laboratoire de Psychologie clinique de l'Université Paris VII, animé par Alain Blanchet. Il est consacré à l'entretien de recherche dans les sciences sociales, dans sa modalité la plus répandue et la plus riche, l'entretien non directif de recherche (appelé E.N.D.R. dans le livre). Bien au-delà d'un manuel, il s'agit d'un ouvrage d'analyse systématique, à ma connaissance le premier de son espèce, qui donne au praticien et au chercheur des repères indispensables pour comprendre la situation complexe de l'entretien.

Il est d'autant plus nécessaire que l'entretien non directif a été davantage simplifié et idéologisé. A l'origine il s'agit comme on sait d'un emprunt aux méthodes que Carl Rogers mettait au point dans un domaine voisin, celui de la psychothérapie. Certes, comme le montre Alain Blanchet dans le chapitre historique, la psychanalyse, le mouvement des relations humaines, avaient pavé la voie, mais l'apport de Rogers fut décisif. Pour deux raisons à mon avis : parce qu'il mettait l'accent de façon privilégiée sur la relation thérapeute-client, et parce qu'il se penchait de façon précise, opératoire, sur les techniques de l'entretien. La perspective relationnelle de Rogers dépassait d'emblée le domaine thérapeutique, elle offrait un cadre d'analyse de la relation, de portée universelle, relativement précis de surcroît. La tentation était grande de l'appliquer aux situations de recherche. Cela fut fait aussitôt avec l'approbation de Rogers lui-même. Mais ce transfert du domaine de la thérapie à celui de la recherche est en même temps un détournement, que je signalai en son temps, et qui soulève bien des problèmes longtemps occultés : contradiction virtuelle entre les objectifs de la psychothérapie, surtout si elle se dit « centrée sur le client », et ceux de la recherche, manipulation, exploitation ? Doit-on donc confondre ces deux genres, comme on eut tendance à le faire au début, ou bien les séparer en puriste, ou encore les considérer comme des « contraires dialectiques », opposés et unis ? Ne peut-on discerner dans la thérapie comme dans la recherche deux fonctions ou deux « moments », l'un d'implication (mobilisation des affects, expression, transfert...) et l'autre d'analyse, deux moments difficiles à distinguer – tellement ils sont entrelacés, mais néanmoins distincts, voire opposés – et dont l'accentuation, le rythme, seront différents dans la thérapie et dans la recherche ?

Les emprunts d'un domaine à l'autre, dans les deux sens d'ailleurs, dès lors ne sont pas surprenants, ils sont constants et souhaitables (un exemple récent est l'apport de la théorie des systèmes aux techniques thérapeutiques). Dans le sens thérapie → recherche, on peut imaginer d'autres hybrides que l'entretien non directif de recherche, par exemple l'utilisation aux fins d'une recherche d'une intervention clinique de longue durée portant sur une problématique particulière (sexualité, chômage...), c'est-à-dire l'articulation entre une recherche et un travail quasi-thérapeutique. C'est ce que j'appelle la méthode de l'expérimentation clinique. Au fond on ne peut ni confondre recherche et thérapie ni les séparer de façon radicale. Il s'agit de les considérer dans leurs oppositions internes et mutuelles, c'est-à-dire de façon dialectique.

C'est là à mon avis la caractéristique essentielle, et le grand mérite de ce livre. Il traite dialectiquement la question que je viens d'évoquer, et beaucoup d'autres. Il dévoile la complexité, les tensions internes, les dialectiques sous-jacentes de la situation. Alain Blanchet dans son chapitre sur « les règles de l'entretien » renouvelle l'analyse de l'interaction entre interviewer et interviewé. Il propose une grille en ce qui concerne l'interviewer, qui croise les variables de « style » et les variables d'« efficace » (en relation avec le contenu), puis il analyse les rapports de pouvoir dans l'entretien, toujours présents et toujours masqués, dans cette « situation intermédiaire entre le témoignage public et la confidence », les séductions de l'une masquant, par la tactique même de l'interviewer, les contraintes de l'autre. Hélène Bézille donne la parole aux interviewés : elle montre l'ambiguïté du dispositif, les enjeux en partie contradictoires des interviewés et des interviewers, leur médiation par la relation imaginaire à l'interviewer. Situation psychologique *et* sociale, lieu de transfert et de fantasmatisation *et* de pouvoir, l'entretien se situe à l'intersection de ces processus qui, de surcroît, s'influencent mutuellement. Je dirais, dans mon vocabulaire, qu'il met en jeu des « systèmes socio-mentaux » [1].

Anne Gotman se penche sur la notion de neutralité du point de vue épistémologique, sa nécessité mais aussi sa fragilité, son caractère relatif, son rapport dialectique à la subjectivité. Claude Revault d'Allonnes explore les frontières mouvantes entre la recherche et la thérapie, elle interroge le statut intermédiaire et ambigu du « clinique », les faux et vrais critères de distinction entre ces paliers, mais aussi ce qu'ils ont en commun. D'autres articles sont consacrés à la formation à l'entretien (Florence Giust-Desprairie et Liliane Zylbersztejn-Vaisman), à l'entretien de groupe (Alain Giami), à l'analyse de contenu (Jean-Michel Léger et Marie-France Florand).

Nous sommes loin on le voit des simplifications, voire des outrances idéologiques auxquelles a donné lieu la littérature sur l'entretien non directif. Dès sa naissance l'entretien non directif a été saisi par l'idéologie et balloté entre divers courants idéologiques, notamment entre un courant humaniste (Rogers...) et des courants libertaires (Lobrot, Lapassade...). Inévitable, nécessaire peut-être dans une période fondatrice, cette idéologisation aboutit à terme à la stérilité. Une fois le dogme répété, on se trouve devant le vide, on ne sait ni que faire, ni comment appréhender la situation. A la limite, et malheureusement souvent, on aboutit au nominalisme : le terme « entretien non

1. Max Pagès, « Systèmes socio-mentaux », *Bull. Psycho.*, n° 350, 1980-81, t. XXXIV ; également « Méthode dialectique et identité en sciences humaines », *Thérapie psychomotrice*, n° 64, janvier 1985.

directif » suffit à effacer magiquement les difficultés ; il n'est pas besoin de décrire la situation, sa structure, ses contraintes contradictoires, ses effets et leurs limites...

Le présent livre nous fait sortir de cette ornière. C'est un ouvrage écrit par des chercheurs. Il applique les méthodes de la recherche à cet outil de recherche qu'est l'entretien : il mobilise les ressources théoriques des sciences sociales, propose des modèles d'analyse de la situation, vérifie empiriquement certains d'entre eux... On sort enfin du vide, de la répétition, de l'endoctrinement, de la platitude ennuyeuse d'une bonne part de la littérature sur l'entretien. Certes, bien que clair et largement accessible, l'ouvrage nous refuse les facilités de l'idéologie, les charmes de la croyance, autant d'ailleurs que la fausse sécurité du technicisme (peut-être peut-on regretter, sans tomber dans ce dernier travers, la relative modestie de la part faite à l'analyse des techniques). Le livre nous engage sur la voie plus difficile de l'analyse, plus difficile sans doute mais en définitive la seule payante. Quoique déjà riche, il nous stimule et nous invite à le compléter : il nous place nous-mêmes en position de recherche, ce qui est nécessaire à mon sens, non seulement pour les chercheurs, mais pour les praticiens de l'entretien.

Max PAGÈS

Table des matières

DEUXIÈME PARTIE
L'ANALYSE DES PRATIQUES

TROISIÈME PARTIE
LE STATUT DE LA CONNAISSANCE

QUATRIÈME PARTIE
L'APPROCHE CLINIQUE

CINQUIÈME PARTIE
L'ANALYSE DE CONTENU

Avant-propos

L'entretien est de plus en plus utilisé dans les sciences psychologiques et sociales depuis une cinquantaine d'années ; entretiens rétrospectifs, d'anamnèse, d'enquête sociale et, plus récemment, récits de vie sont pratique courante dans des disciplines diverses.

En général l'entretien permet d'étudier les faits dont la parole est le vecteur principal (étude d'actions passées, de savoirs sociaux, des systèmes de valeurs et normes...) ou encore d'étudier le fait de parole lui-même (analyse des structures discursives, des phénomènes de persuasion, argumentation, implicitation...).

Si l'utilité heuristique de l'instrument n'est aujourd'hui plus à démontrer, l'instrument lui-même comme méthode reste discuté ; à cet égard les réflexions systématiques des utilisateurs font étrangement défaut.

Cette « tache aveugle » se comprend aisément : l'entretien ne répond pas aux critères minimaux qui caractérisent une méthode scientifique. Aucune variable en jeu n'est véritablement contrôlée ; tout se passe comme si l'interviewer usait au mieux de sa personne et de sa sociabilité (feinte ou naturelle ?) pour faire parler l'interviewé sur un thème donné. Bien sûr on évite de poser des questions, on reformule, on complémente, mais dans quel ordre, à quel moment, à propos de quel contenu, avec quels effets ?

Dispositif hyperempirique, l'entretien soumet l'observateur à des données dont il ignore à quelles questions elles répondent.

L'entretien dans les sciences sociales

« L'entretien dans les sciences sociales » est un paradoxe : l'outil irrecevable du point de vue de l'idéal scientifique s'avère être irremplaçable pour accéder à des connaissances dont l'intérêt scientifique est manifeste.

Ainsi de nombreux chercheurs confrontés à ce problème ont-ils privilégié l'objet (le discours et son analyse) tout en restant peu diserts sur le moyen (l'entretien) mis en œuvre pour le produire. Rarement technique aussi largement utilisée a été si peu définie dans ses présupposés, dans son fonctionnement, dans ses effets. L'entretien est un dispositif de recherche dont nous ignorons encore à quel regard et à quel type d'interrogation il soumet la réalité observée (le discours produit).

Cette question motive les différents travaux sur l'entretien qui composent cet ouvrage[1]. Une première approche consiste à repérer les conditions socio-historiques de son émergence et à rendre compte des réflexions et recherches concernant la question.

On aborde ensuite l'analyse des mécanismes en jeu dans l'interaction interviewer-interviewé. Les interventions de l'interviewer et les modes de discours de l'interviewé sont caractérisés ; on s'emploie également à faire apparaître les représentations que les interviewés construisent de la situation d'entretien et de l'interviewer. La partie suivante traite du paradoxe inhérent à toute recherche qui s'applique à des faits psychologiques ou sociaux accessibles au travers d'un matériel discursif : quel est le statut des connaissances ainsi mises à jour ?

Cette réflexion introduit la problématique de la psychologie clinique que l'on retrouve à l'œuvre à travers l'étude des processus de formation à l'entretien : ceux-ci relèvent plus d'une initiation que d'un enseignement tant l'expérience personnelle enrichie par le groupe y joue un rôle prépondérant. Le groupe est également abordé comme « groupe d'interviewés »

---

1. Travaux menés dans le cadre du laboratoire de Psychologie clinique individuelle et sociale de l'Université Paris VII.

dont on examine l'utilisation raisonnée dans la recherche, et les perspectives offertes.

La dernière partie de l'ouvrage présente à l'aide d'exemples précis deux méthodes rigoureuses d'analyse de contenu et confronte leurs résultats lorsqu'elles sont appliquées à un même matériel discursif.

Le lecteur comprendra qu'il s'agit autant d'un manuel pratique que d'un ouvrage de réflexion qui, à travers l'outil « le plus évident » des sciences sociales, dégage, précise, relie les processus complexes de l'écoute, de la parole, et du sens.

Première partie

L'HISTOIRE

Histoire de l'entretien non directif de recherche (E.N.D.R.)

par A. BLANCHET

L'E.N.D.R. est une pratique sociale ou/et un dispositif de recherche dont la définition minimale est la suivante : c'est un entretien principalement entre deux personnes (il peut être étendu à un groupe), un interviewer et un interviewé, conduit et enregistré par l'interviewer. Celui-ci a pour objectif de favoriser la production d'un discours de l'interviewé sur un thème défini dans le cadre d'une recherche.

Deux points importants nécessitent des éclaircissements : l'usage de la terminologie « non directive » et la limitation du dispositif au « cadre d'une recherche ».

La non-directivité est une notion empruntée à la problématique de C. Rogers (1942, tr. fr. 1977) de l'entretien d'aide, notion qu'il a lui-même abandonnée rapidement, qu'il jugeait trop négative, privative, nous ajoutons approximative : C. Rogers considérait par exemple en 1942 que si le « conseiller » parlait à la place de son client en cherchant à résoudre son problème, il était directif, s'il le laissait majoritairement s'exprimer, et traiter lui-même le problème, il était non directif.

Dans l'E.N.D.R., la non-directivité comme notion clairement définie n'existe pas : nous en conservons l'appellation parce qu'elle est la plus communément employée, la plus générique, et que nous voulons garder présentes à travers elle ses fonctions mythiques et occultantes que nous étudions.

De même l'appellation « semi-directif » qui désigne habituellement l'utilisation d'un guide d'entretien conjointement à une conduite « non directive » ne nous paraît pas pertinente, dans la mesure où tout E.N.D.R. contient cette « semi-directivité » fusse-t-elle ignorée du chercheur lui-même : aucune de ses interventions n'est indépendante des guides ou schémas implicites qui structurent sa vision du problème.

Nous définissons la non-directivité dans l'E.N.D.R. comme l'ensemble des conduites d'un interviewer qui vise la production par un interviewé d'un discours continu et structuré sur un problème donné ; en ce sens, l'E.N.D.R. se distingue formellement du questionnaire dont l'ordre et le contenu des questions sont rédigés à l'avance. En réponse au questionnaire aucun discours n'est possible. Par contre, un ensemble de questions, même important – A.C. Kinsey (1948) avait plusieurs centaines d'items – habilement formulées pour s'ajuster sans ordre préconçu au discours de l'interviewé sans lui « couper la parole » constitue une des modalités de l'E.N.D.R.

Le cadre de recherche est tout à fait essentiel pour situer l'E.N.D.R. : celui-ci se distingue par là même de l'entretien thérapeutique. La question « à qui incombe la demande de l'entretien ? » est souvent mise en avant pour distinguer ces deux domaines (demande de l'interviewé dans le cadre thérapeutique, de l'interviewer dans le cadre de la recherche). Cette distinction est discutable et insuffisante : la notion de demande est elle-même imprécise. S'agit-il de la demande explicite, latente, initiale, provoquée ? Il existe des niveaux de demande qui interagissent pour chaque participant à l'entretien dans les deux situations (thérapeutiques et de recherche). Mener un E.N.D.R. sur un thème qui représente un problème personnel pour l'interviewé met inéluctablement en jeu une problématique de demande (résistances, attentes, etc.). Inversement, les cas de « pseudo-demandes » initiales à une thérapie sont assez fréquents. Quant à la demande de l'interviewer, elle structure la relation dans tous les cas (demande de savoir, demande de résultat, etc.) ; le champ de la recherche comme le champ thérapeutique met en jeu des demandes multiples.

Ce qui distingue en vérité empiriquement l'E.N.D.R. de l'entretien thérapeutique est plutôt le problème de la connaissance et du savoir.

L'E.N.D.R. vise la connaissance objectivante d'un problème, fut-il subjectif : c'est une opération de recherche qui élabore un savoir communicable.

L'entretien thérapeutique a un but quasiment opposé : il favorise l'élaboration par le patient d'une pensée subjective, peu communicable, grâce à la mise en place et au jeu de relations imaginaires envers le thérapeute (transfert). Ce qui n'est possible qu'avec la garantie fondamentale pour le patient de ne pas être objet de connaissance (du moins dans les thérapies de type analytique). L'utilisation en temps réel d'un tel entretien dans un but de connaissance objectivante reviendrait à exploiter à d'autres fins l'engagement personnel du patient (P. Fédida, 1977).

Nous proposons donc une définition très large de l'E.N.D.R. qui couvre la plupart des entretiens de ce type effectués dans les différents secteurs, principalement des sciences humaines.

Depuis une vingtaine d'années en France, une quarantaine aux Etats-Unis, l'E.N.D.R. se développe au point de devenir un phénomène social dans la recherche même. Avec ce développement, on observe un foisonnement de dénominations les plus variées. Les traités et manuels de bon conseil reprennent à leur compte les classifications sommaires et artificielles et ainsi l'étudiant peut croire que de nombreuses techniques sophistiquées sont à sa disposition en matière d'entretien de recherche.

Tout se passe comme si chaque utilisateur du procédé avait voulu le particulariser, le définir par ses petites différences et accroître ainsi l'idée de technicité du dispositif employé – entretien focalisé, indirect, semi-directif, non préstructuré, biographique, clinique, exploratoire, etc.[1]. Pourtant les consignes pour la conduite de tels entretiens sont des plus

1. Cf. R.K. Merton, M. Fiske et P. Kendall, 1956 ; F. J. Roethlisberger, W.J. Dickson, 1943 ; M. Simonot, 1979 ; D. Bertaux, 1980 ; A. Ledoux, 1983.

floues : il ne suffit pas de dire que l'on écoute la personne interviewée, ce qu'elle n'ose pas exprimer, ses lapsus et trébuchements langagiers, ou encore de prescrire que l'interviewer répète la fin des propos du locuteur pour qu'un outil fiable et valide soit constitué.

Nous assistons à un phénomène de personnalisation de l'E.N.D.R. dans la formation des étudiants.

Cette formation offre des difficultés particulières : l'art et la manière de conduire une interview s'acquièrent plus par l'expérience que par l'enseignement, un certain savoir-faire de l'interviewer s'élabore par la compréhension intuitive des situations d'entretiens, et par les mécanismes adaptatifs qu'il met en œuvre pour répondre aux objectifs fixés. L'enseignement universitaire se fait dans la plupart des cas par des techniques pédagogiques de mise en situation et jeux de rôle... L'interviewer doit y accomplir « une recherche sur lui-même », « une élaboration de son implication » – son rite d'initiation.

Dans le cadre de l'E.N.D.R., c'est-à-dire d'un entretien à visée de recherche, cette personnalisation des conduites d'entretien pose problème ; y a-t-il autant de types d'entretien que d'interviewers ? Comment dans ce cas peut-on comparer différents corpus réunis par plusieurs interviewers ? Un même interviewer est-il constant dans sa conduite ?

Les exemples peuvent être multipliés : en matière d'E.N.D.R. chacun voit l'eau à son moulin et ne semble justifié que par « sa propre technique ».

On observe dans la littérature française consacrée à l'entretien de recherche un même émiettement des points de vue ; les références théoriques sont rogériennes, psychanalytiques, interactionnistes, etc., mais il est vrai que beaucoup d'auteurs s'accordent à dénoncer « le flou artistique méthodologique » qui dans la plupart des cas accompagne l'usage de l'E.N.D.R.

C'est dans ce paysage aux contours indéfinis qu'une mise en perspective historique jusqu'à présent manquante dans la littérature peut prendre toute sa valeur. Plutôt que de recenser l'ensemble des distinctions apportées par les différents points de vue, ce qui aurait pour effet d'ajouter à la confusion, nous choisissons d'exploiter l'histoire de l'E.N.D.R. pour comprendre les enjeux théoriques sous-jacents et pointer les nœuds de pensée qui découlent de cette pratique. L'approche historique restitue l'unité du dispositif et montre les contradictions inhérentes où s'originent les débats et controverses. Fondé sur une mise en question de l'approche scientifique positive, avérée impuissante à dégager des résultats fiables dans certaines situations sociales, l'E.N.D.R. ne peut être justifié par les principes mêmes qu'il exclut. Celui-ci n'est ni une technique, ni une méthode, il est le lieu de passage inévitable du chercheur qui veut rendre compte d'une certaine réalité psychologique et sociale.

C'est ainsi que Roethlisberger et Dickson décrivent la fondation de cette approche à la Western Electric en 1929. Né d'une enquête dans le milieu industriel, le nouveau dispositif substitue à la recherche des réponses aux questions d'un savoir scientifique constitué, la recherche des questions et des savoirs concrets des acteurs sociaux :
– il s'adapte à un milieu social qui résiste à l'expérimentation, manipule et surdétermine les variables,
– il construit un objet de recherche spécifique : les représentations implicites et explicites, individuelles et collectives d'une situation vécue,
– il favorise dans certains cas des changements de pratiques ou de représentations susceptibles de mettre en évidence les processus actifs sous-jacents aux conduites.

Nous développons ces différents points dans une première partie, puis recherchons les sources idéologiques et théoriques de l'E.N.D.R. Celui-ci s'enracine à la fin du XIXe siècle dans des pratiques méthodologiques diverses : introspection et entretiens post-expérimentaux de l'expérimentaliste, retrait du biographe derrière l'auteur de l'histoire de sa propre vie, art de l'enquêteur d'écouter et d'instaurer la confiance, travail du clinicien pour comprendre le sens des manifestations psychologiques et des symptômes.

Dans une troisième partie, nous traitons des apports théoriques et critiques postérieurs. En 1942, la notion de non-directivité est définie par C.R. Rogers puis rapidement abandonnée par lui-même, dans le cadre de la thérapie, au profit de la terminologie « centré sur le client » ; le terme de « non-directivité » est maintenu avec l'entretien de recherche en dehors du domaine pour lequel il avait été forgé et validé ; la nouvelle attitude non directive du chercheur laisse croire que se trouve résolu le problème de son influence sur les données recueillies, ce qui assure la promotion du dispositif dans de nombreux milieux de la recherche.

A partir de 1950, se développe aux Etats-Unis une série d'études « contre réformistes » consacrées aux biais et distorsions provoqués par l'enquêteur sur les données recueillies par entretien ; les biais n'étant repérables que par comparaison, ces recherches aboutissent à des conclusions tendant à promulguer la standardisation systématique des questions et... des interviewers dont l'idéal serait d'être de véritables robots substituables.

D'autres recherches tout aussi nombreuses sont consacrées à « l'anatomie » de l'entretien et s'appliquent à l'étude du contenu et des structures temporelles des interactions.

Enfin, nous analysons, dans une quatrième partie, la littérature française consacrée à l'E.N.D.R. depuis les années 1950 : les critiques, les validations théoriques ou empiriques, les tendances actuelles.

LES FONDATEURS

En octobre 1929, dans le cadre des célèbres travaux de F.J. Roethlisberger et W.J. Dickson (1943) apparaît pour la première fois de façon réfléchie et systématisée l'usage en psychologie sociale de ce que nous appelons « entretien non directif de recherche » : un dispositif d'interlocution mis en place à des fins de recherche – recherche fondamentale et/ou « action research » – pour favoriser l'expression et l'élaboration du discours d'une personne concernée, sur un problème ou une situation donnés, et éventuellement faciliter ou accompagner des changements institutionnels.

L'ouvrage de F.J. Roethlisberger et W.J. Dickson consacre un chapitre important au compte rendu des conditions d'élaboration de la nouvelle approche dite « indirecte », à l'énoncé des principes généraux et procédures techniques, à la réflexion méthodologique critique sur les apports et les limites du dispositif.

CONTEXTE ET ÉLABORATION DU DISPOSITIF

Cadre général

On se souvient que la recherche sur la Western Electric portait sur les conditions matérielles de la productivité dans l'entreprise. Les premiers travaux aboutissent à des résultats à première vue surprenants : une expérience avec groupe témoin montre que la modification artificielle des conditions physiques du travail n'a aucun effet sur le rendement des ouvriers : celui-ci s'améliore en situation expérimentale quelles que soient les conditions imposées. On décide d'effectuer des observations dans un atelier travaillant dans des conditions normales. Cette nouvelle observation fait apparaître des phénomènes inattendus : certaines équipes manifestent une absence d'ambition, d'initiative, de coordination, l'autorité des contremaîtres est faible, les ouvriers sont convaincus que toute augmentation de rendement ne serait pas suffisamment dédommagée financièrement par la direction. Les chercheurs continuent leurs observations et sont conduits à poser l'hypothèse aujourd'hui classique de l'importance des relations interpersonnelles dans le fonctionnement des groupes organisés et des obstacles que les niveaux hiérarchiques opposent à la communication. Il apparaît alors qu'en situation expérimentale, les ouvriers améliorent leur rendement non pas en fonction des conditions matérielles imposées, mais en relation avec leur « moral » et que ce « moral » semble en grande partie déterminé par les rapports que les surveillants ont avec les ouvriers ; le dispositif expérimental, qui soustrait un échantillon des ouvriers des ateliers normaux de production, crée involontairement les conditions qui favorisent le « moral ».

Comment mettre en évidence ces faits ?

Pendant la phase d'expérimentation, un des enquêteurs avait effectué des interviews auprès des ouvriers, qui avaient donné des résultats encourageants. On décide de développer l'investigation qui prendra une extension considérable. En un peu plus de deux ans, jusqu'à la fin de l'année 1930, plus de vingt mille entretiens sont effectués. Leur objectif général est d'obtenir des informations sur les sentiments des employés à l'égard de la maîtrise et d'utiliser ces données dans des sessions de formation visant une amélioration du « moral » de l'équipe de production. Après avoir fait accepter le principe de l'enquête à la maîtrise et garanti l'anonymat, les interviewers rencontrent les employés pendant le temps de travail. La campagne d'interviews comporte trois étapes : l'application d'un questionnaire jusqu'en juillet 1929, dite « approche directe », « l'approche indirecte » avec prise de notes jusqu'en octobre 1929, et « l'approche indirecte » avec enregistrement intégral de l'entretien jusqu'à la fin de l'année 1930.

Toute cette période d'enquête est l'objet de réflexions approfondies au sein de l'équipe de recherche, conduisant à des remaniements et adaptations successives des techniques employées. Mis à l'épreuve en situation, l'entretien structuré par une série de questions fixées à l'avance révèle ses limites et conduit les enquêteurs à poser pour la première fois les principes de l'entretien non directif de recherche. Ce chemin méthodologique mérite une description plus précise car il marque un changement épistémologique dans la recherche qui sera développé et amplifié dans les années suivantes aux Etats-Unis comme en Europe : on passera progressivement de la recherche « des réponses » aux questions d'un savoir scientifique constitué à la recherche des questions et des savoirs concrets des acteurs sociaux.

Un dispositif approprié à des exigences méthodologiques

Les premiers entretiens suivent un questionnaire précis et un scénario relationnel déterminé : l'interviewé est introduit dans la salle prévue à cet effet, par un surveillant. L'interviewer décline son nom et définit l'objectif de l'entretien : l'ouvrier doit donner son point de vue personnel sur la maîtrise, ses conditions de travail, la tâche qui lui est attribuée ; il doit faire part de ses satisfactions et insatisfactions.

L'interviewer mentionne que l'entretien permettra d'étudier des problèmes collectifs et non pas individuels et d'aider à la formation des surveillants. Il ajoute que tout ce qui est dit est confidentiel et anonyme.

Les interviewers réunis en session de réflexion sur la méthode employée font un certain nombre de remarques critiques :
– Beaucoup d'ouvriers souhaitent raconter des choses plus personnelles sans rapport avec les questions posées.
– Les questions directes induisent un cadre de pensée qui donne une forme stéréotypée aux réponses, voire même peuvent les suggérer.
– Les réponses semblent non pertinentes par rapport au problème posé : la mise en évidence et l'analyse de la notion de « moral » dans le milieu social du travail et ses relations avec la structure hiérarchique.
– Les données collectées sont peu valides en l'absence d'un contexte discursif suffisant pour les interpréter. Ces deux notions, celle de contexte discursif et celle d'interprétation, constituent les clés de la nouvelle approche méthodologique.

Le contexte discursif représente le sens psychologique et social de l'énonciation – les pensées du locuteur, le cadre institutionnel et les identifications sociales qui président au discours. Dans cette perspective, le contexte discursif qui détermine le sens du discours est principalement situé du côté du locuteur. La technique du questionnaire éludait cet aspect du problème : le questionnaire construit et constitue « le contexte discursif a priori » par l'ensemble des hypothèses et des questions qu'il impose ; le sens de ce qui est dit est tout entier référé au cadre des questions. Constatant que le contexte psychologique et social du locuteur venait surdéterminer le cadre des questions jusqu'à le rendre inopérant, les interviewers de la Western Electric découvrent que l'objet pertinent de leur recherche est en réalité le contexte discursif du locuteur : ses propres questions auxquelles son discours répond.

La situation particulière qui produit une telle surdétermination des réponses à un cadre fixe de questions est celle où prédomine *une demande* de la part de l'interviewé à l'égard de l'interviewer ou de l'institution qu'il est censé représenter.

A la Western Electric, cette demande latente qui venait brouiller les résultats des premières expérimentations s'est révélée et exprimée dans les entretiens.

Le sens du discours qui n'est plus déduit d'un cadre pré-établi, mais au contraire référé à un contexte discursif à découvrir, ne peut se dégager que par l'interprétation : opération qui consiste à déchiffrer par approximations successives le contexte discursif qui préside au discours : ses significations psychologiques et sociales qui en constituent le sens.

Les chercheurs pensent trouver des données plus pertinentes en centrant leur investigation sur *les significations* des expériences et des émotions des ouvriers.

> « Si les interviewers sont devenus de plus en plus sceptiques à l'égard de l'interview utilisée comme moyen pour obtenir une *information objective* ou une peinture exacte *des choses telles qu'elles sont*, ils devenaient de plus en plus enthousiasmés par son usage, pour obtenir des informations sur les *évaluations implicites* du contexte de travail par la personne interviewée [1]. »
>
> « (...) Ces pensées implicites que le travailleur assignait à la réalité, beaucoup d'interviewers les considéraient comme le seul objet légitimant l'interview et comme le seul matériel que cette technique pouvait très exactement fournir. » (F.J. Roethlisberger et W.J. Dickson, *op. cit.*, p. 270.)

A ce stade de la réflexion, on constate que la remise en cause du premier dispositif d'interrogation systématique est le fait d'une triple inadéquation méthodologique :

1. Souligné par nous.

– inadéquation des questions et des réponses dont le rapport est incongru en l'absence d'informations contextuelles complémentaires permettant de comprendre ce rapport ;
– inadéquation des questions à la recherche de ces informations contextuelles qui suppose un autre type de sollicitation ;
– inadéquation des réponses avec l'objet de la recherche qui s'élabore progressivement pour rendre compte des phénomènes observés : les pensées individuelles, autonomes et structurées des ouvriers sur leur environnement de travail.

La nouvelle démarche adoptée résoud simultanément cette triple inadéquation ; elle renverse le rapport question-réponse, apporte les informations contextuelles indispensables et donne accès aux conceptions personnelles des interviewés. Cette cohérence des moyens employés avec les objectifs poursuivis est soulignée avec vigueur par G. Friedmann (1946, p. 292).

> « La technique des interviews tâtonna durant longtemps avant de se fixer en une forme éprouvée par les résultats, et l'histoire de ces essais manifeste l'esprit scientifique, la patience et la volonté d'aboutir des leaders de l'enquête. »

Les chercheurs adoptent l'approche indirecte : l'interviewer laisse son interlocuteur aborder le thème qu'il désire, suit ses idées, témoigne de l'intérêt pour ce qu'il dit, n'intervient que si cela est nécessaire pour maintenir la parole, formule ses questions de manière « diplomatique » pour ne pas suggérer la réponse. A partir d'octobre 1929, tous les entretiens sont enregistrés et durent jusqu'à une heure trente minutes : l'entretien non directif de recherche tel qu'il est aujourd'hui couramment pratiqué est inventé.

L'immersion sociale et les effets de changement

La nouvelle démarche s'impose dans des conditions sociales et scientifiques particulières.

Dans la première étape de cette recherche, les hypothèses scientifiques étant infirmées par les faits observés, une situation propice à la découverte (dialectique du dépassement) s'instaure. (P. Lazarsfeld, 1970, p. 318.)

L'impossibilité de comprendre pourquoi les ouvriers du test room agissent en totale autonomie vis-à-vis des variables indépendantes manipulées par les chercheurs (variation des facteurs physiques, facteurs sans effet sur la rentabilité de l'équipe) a permis de réfléchir sur l'effet de la position du chercheur immergé dans un milieu social et dans un même temps de découvrir les véritables causes d'un comportement autrement inexplicable. Une certaine reproduction du phénomène social général s'opère dans la relation aux enquêteurs : ils participent par leur présence même au phénomène observé. Dans la suite donnée à cette première démarche expérimentale échouée, on est frappé par la même analogie entre la structure du phénomène psycho-social observé (la notion de moral de groupe au travail) et le dispositif utilisé pour la mettre en évidence : de même que le moral du groupe des ouvriers est défavorable à tout comportement qui lui est imposé d'en haut, sans qu'il y participe mentalement, sans qu'il le comprenne, la personne interviewée élabore des réponses occultant l'objet lorsqu'elle n'est pas associée mentalement à la recherche elle-même. Les solutions méthodologiques qui s'imposent pour traiter le problème scientifique ouvrent des voies d'accès à la résolution des problèmes sociaux.

La Western Electric, comme les expérimentateurs et les enquêteurs par questionnaire, avait omis de faire descendre la compréhension jusqu'à la base, d'associer pleinement les employés et les interviewés au *sens* même du travail demandé. Comme le souligne G. Friedman (1946, p. 293) :

> « On observe que le simple fait d'avoir ainsi pu exprimer ce qui lui tient à cœur et découvert parfois, avec l'aide de l'interviewer, de nouvelles interprétations, élève le moral industriel de certains ouvriers. De plus, on ne s'étonnera pas qu'une campagne ainsi conduite avec prudence et tact ait été, dans l'ensemble, bien accueillie et qu'elle ait, par elle-même et avant tout prolongement pratique, détendu et amélioré les relations humaines à l'intérieur des Hawthorne Works. »

Une telle recherche, menée au cœur même d'une institution, débouche donc non seulement sur une connaissance accrue des mécanismes en jeu dans les phénomènes institutionnels observés, mais aussi sur des effets de changement. L'expression de la demande latente des ouvriers dans l'institution, révélée auprès de chercheurs bien sûr commandités par la direction de l'entreprise, mais capables d'imposer leur approche originale du problème, améliore les relations humaines dans l'entreprise ; effet de la catharsis et d'une certaine symbolisation de processus imaginaires inhérents à la vie institutionnelle selon le modèle psychanalytique, effet de dérivation des pouvoirs, déblocage institutionnel et soupape sociale selon un modèle plus socio-politique. Il reste que l'E.N.D.R. est originellement associé à ce que nous appelons aujourd'hui une recherche-action.

Le dispositif méthodologique mis en place n'est pas une découverte ; il s'inscrit dans des courants de pensée très prégnants à l'époque ; les directeurs scientifiques de l'enquête se réfèrent explicitement à la psychanalyse, à l'ethnologie, à la psychologie clinique. L'aspect novateur de la démarche tient plutôt à l'application institutionnelle et sociale d'un type d'entretien principalement utilisé alors dans l'étude de cas singuliers ; le mérite essentiel des auteurs étant d'avoir précisé le plus rigoureusement possible les principes de cette application et les techniques mises en œuvre. On observe combien ces consignes sont redevables à la psychologie clinique, à la psychanalyse, à la psychosociologie.

PRINCIPES GÉNÉRAUX ET CONSEILS TECHNIQUES

Nous reprenons les consignes données par F.J. Roethlisberger et W.J. Dickson (1943, p. 272).

L'interviewer doit traiter tout ce qui est dit dans un entretien comme un élément inséparable de son contexte (règle 1)

Chaque proposition énoncée ne trouve de sens que par le contexte discursif et situationnel ; on peut penser que l'interviewer ajoute ainsi du sens, mais cette addition n'est pas arbitraire, elle est constamment sujette à vérification et modification au cours de l'entretien.

– L'interviewer ne doit pas être seulement attentif au contenu manifeste de l'entretien. Dans une conversation courante, c'est le niveau informatif qui prédomine, dans l'interview les motifs latents d'un énoncé doivent être pris en compte.

– Rien de ce qui est dit ne doit être considéré à priori comme vrai ou faux, fait ou non fait. Les discours obtenus dans l'entretien « indirect » sont plutôt des « non-faits » ; pour savoir s'ils sont vrais ou faux, cela implique un type de pensée différent que s'ils sont vérifiables. Si l'employé dit : « Je gagne 3,5 $ par semaine », c'est vérifiable, s'il dit que le travail est agréable, ce n'est pas vérifiable et si tous les autres disent le contraire, ce n'est pas une preuve que c'est faux.

Beaucoup d'erreurs d'interprétation résultent du traitement des faits comme des non-faits et vice-versa. Si une chose dite est prise en-dehors de son contexte mental, un contexte non pertinent lui est substitué et des questions non pertinentes sont posées par l'interviewer sur le matériel produit.

– L'interviewer ne doit pas considérer tout ce qui est dit comme appartenant à un même niveau psychologique.

La question qui se pose lorsqu'on ne peut pas savoir si ce qui est dit est vrai est de savoir si ce qui est dit est réellement pensé. En fait croire ou ne pas croire ce qui est dit constitue la même erreur qui consiste à considérer ce qui est dit comme ayant un même niveau psychologique. Parfois le locuteur est nerveux, prudent ou moqueur... Parfois il cherche à faire bonne impression, est consciencieux ou attentif... Le contexte psychologique est la clé de l'interprétation du sens à assigner à ce qui est énoncé. En même temps, ce que l'on pense et ce que l'on dit n'est pas la même chose, il y a toujours une part de déguisement de ce qui est pensé dans ce qui est dit, mais il est relativement improbable, dans un entretien de une heure trente, que l'interviewé dupe d'un bout à l'autre l'interviewer.

L'interviewer doit être attentif non seulement à ce que la personne a envie de dire, mais aussi à ce qu'elle n'a pas envie de dire ou à ce qu'elle ne peut pas dire sans aide (règle 2)

L'interviewer repère pendant l'interview les trous et les omissions du discours. De telles omissions doivent être explorées avec tact, au moment approprié. Elles manifestent des résistances, craintes ou doutes qui empêchent l'interviewé de s'exprimer librement.

L'interviewer doit considérer les attitudes mentales qui viennent d'être signalées dans la règle ci-dessus comme des indices, et essayer de découvrir, grâce à eux, le problème personnel qu'ils révèlent (règle 3)

En fait, le locuteur ne fait pas toujours attention à ce qu'il dit, et une grande partie de son activité mentale est dépensée en rêveries, désirs et préoccupations. Beaucoup de ces « pensées aveugles » ont partie liée avec le besoin psychique de satisfaction plutôt qu'avec la communication. La personne n'a accès qu'aux traces que laissent ces « pensées aveugles » et ne peut pas les exprimer. Il n'y a pas de relation directe entre ce qui est dit et ce qui est pensé. Il est nécessaire de considérer les réponses de l'individu comme des symptômes, plutôt que comme des réalités ou des faits.

Si A dit qu'il n'aime pas B parce que B a la caractéristique x, l'attitude commune est de regarder si B a x. La procédure consiste alors à s'interroger sur la correction ou non du jugement de A. Si beaucoup de gens connaissant B sont d'accord avec A dans son jugement sur B (méthode statistique), on dira que le jugement est correct ; dans le cas contraire, A sera considéré comme anormal ou menteur. L'attitude de l'interviewer doit être la suivante : A a telle attente ou tel sentiment vis-à-vis de B, B manque à ses attentes ou choque ses sentiments, en conséquence A n'aime pas B.

L'interviewer doit situer le problème personnel dans le contexte social (règle 4)

« A n'aime pas B parce que B a x » est devenu (règle précédente) : « A n'aime pas B parce que B choque tel ou tel sentiment de A » et deviendra : « les sentiments de A envers B sont les mêmes que vis-à-vis de toute personne du même groupe social que B. »

– L'interviewer doit se rappeler que l'entretien lui-même constitue une situation sociale et que par conséquent la relation sociale qui existe entre l'interviewer et l'interviewé est un facteur déterminant de ce qu'on lui dit. A la Western Electric, les interviewers étaient perçus par beaucoup d'ouvriers comme des représentants de la direction. On aurait pu s'attendre à ce que les interviewés hésitent à s'exprimer franchement, bien au contraire, ceux-ci s'exprimaient avec sincérité aussi bien sur leurs problèmes personnels que sur les conditions de travail. En fait, la personnalité sociale de l'interviewer est tout à fait différente de ce que l'interviewé rencontre habituellement ; il n'exerce pas d'autorité, ne donne pas d'ordre, ne critique pas, n'interrompt pas et n'impose pas ses normes et valeurs. De ce fait, l'interviewé dit des choses qu'il n'avait jamais dites à quelqu'un, mais en outre peut dire des choses qu'il n'avait jamais exprimées explicitement même pour lui-même. Dans ces conditions, l'interviewer peut devenir pour le locuteur un objet idéal sur lequel il projette ses craintes et ses attentes.

– L'interviewer doit veiller à ce que les sentiments de la personne interviewée ne réagissent pas sur les siens. L'interviewer doit se garder de mélanger ses sentiments personnels et sa position professionnelle tout en ne prétendant pas ne pas avoir de points de vue personnels.

A ces principes généraux de la méthode, F.J. Roethlisberger et W.J. Dickson (1943, p. 287) ajoutent des conseils techniques pour la conduite des entretiens (règle 5)

– L'interviewer doit écouter l'interviewé de façon patiente et bienveillante mais aussi intelligemment critique. Aucun sujet abordé par le locuteur ne doit sembler a priori non pertinent pour l'interviewer, qui doit se rappeler que ce qui est difficile à dire est ce qui est le plus important pour lui.

– L'interviewer ne doit pas montrer la moindre autorité. Dans le processus psycho-social de l'entretien, l'interviewé est dans une position réelle de subordination. L'interviewer ne doit pas dénier ce pouvoir mais au contraire utiliser au mieux « ce capital » de statut supérieur.

– L'interviewer ne doit pas donner de conseil ou faire des remontrances morales.

– L'interviewer ne doit pas discuter avec l'interviewé.

– L'interviewer peut parler ou poser des questions seulement dans les conditions suivantes : pour aider la personne qui parle ; pour soulager la moindre inquiétude ou anxiété susceptible d'altérer la relation ; pour encourager un compte rendu fidèle et précis des pensées et sentiments ; pour aiguiller la discussion sur les points oubliés ou négligés ; pour évoquer si cela est opportun l'émergence de l'implicite.

Ces règles générales et conseils pratiques tels qu'ils sont énoncés par F.J. Roethlisberger et W.J. Dickson constituent à notre connaissance la tentative de formulation la plus précise et complète des principes qui commandent la conduite d'un entretien de recherche qui veut être non directif.

On constate que :

– la règle 1 est redevable à la psychologie clinique : l'accent est mis sur les motifs latents d'un énoncé et sur la nécessaire prise en compte du contexte psychologique pour en comprendre le sens ;

– les règles 2 et 3 sont empruntées à la psychanalyse : l'interviewer doit être attentif pendant l'entretien au surgissement des formations de l'inconscient (lapsus, actes manqués, etc.) et s'intéresser à la dimension imaginaire, voire fantasmatique, du discours (« pensées aveugles ») ;

– la règle 4 se réfère à la psycho-sociologie : les conditions sociales et spécifiques de l'interaction doivent être prises en compte ;

– les conseils techniques 5 s'assimilent parfaitement au courant rogérien naissant : bienveillance, non-directivité, centration sur les sentiments et la personne du locuteur.

L'ensemble se résume par un maître mot : le contexte, environnement psychologique et social qui détermine le sens de ce qui est dit. C'est le déplacement du regard de l'interviewer sur ce qui encadre la parole qui conditionne la production de celle-ci et son interprétation. Un objet de recherche d'un autre niveau conceptuel se construit ainsi dans cette démarche heuristique. Toutefois un certain nombre d'approximations et de problèmes méthodologiques sont soulignés par les auteurs.

LES RÉFLEXIONS MÉTHODOLOGIQUES CRITIQUES

Les auteurs remarquent que si l'outil est efficace, il s'appuie sur des attitudes empiriques peu rigoureuses, difficilement contrôlables et soulève trois problèmes méthodologiques spécifiques.

a) Les interventions de l'enquêteur sont difficiles à définir, elles semblent s'ajuster pragmatiquement à la situation et relèvent plus de l'entraînement du chercheur que d'une théorie de son propre rôle.

b) Pour avoir les convictions spontanées des personnes enquêtées, l'enquêteur doit s'abstenir d'intervenir ; s'il s'abstient d'intervenir il se soumet au gré des pensées du locuteur qui risquent d'échapper à la thématique de l'enquête. L'interviewer dans ces conditions poursuit des objectifs paradoxaux : ne pas avoir d'idées préconçues (découvrir des éléments inattendus) et ne pas suivre aveuglément le discours (pertinence par rapport aux hypothèses).

c) Si le sens de tout ce qui est dit est inséparable du contexte social, psychologique et de la situation de l'interview lui-même, comment s'assurer du rôle spécifique de ces différents facteurs, et comment mesurer le poids différentiel de leurs effets.

De son côté, Georges Friedmann (1946, p. 293) souligne l'absence d'unité du matériel recueilli :

> « Ces sortes de confessions non dirigées étaient, on s'en doute, extrêmement hétérogènes et, en général, marquées d'une subjectivité qui en rendait l'analyse et l'utilisation pratique trop difficiles. »

Le même auteur remarque le risque de subjectivisme de la méthode (*ibid.*, p. 294) :

> « (...) au fur et à mesure du perfectionnement, la superposition ambiguë du choix épistémologique de recueillir la parole " d'un sujet en situation " avec les effets toujours possibles et en tout cas invérifiables de contamination intersubjective des deux interlocuteurs constitue un point critique important de la démarche. »

L'enquête de la Western Electric et la nouvelle approche adoptée constituent une référence importante pour comprendre les conditions sociales qui justifient l'E.N.D.R. et les règles empiriques qui en guident l'usage.

Le milieu social naturel résiste au dispositif expérimental ; il surdétermine les variables et le projet lui-même. C'est l'effort de reconstruire la situation dans un nouveau projet susceptible de l'expliciter qui conduit les chercheurs à occuper cette position particulière que nous appelons maintenant « le genre non directif ». L'objet de la recherche s'en trouve changé. A la recherche des faits que l'on interroge, se substitue la recherche des « non-faits » que l'on écoute ; à la référence au contexte conceptuel maîtrisé du chercheur et de ses questions, se substitue la prise en compte du contexte socio-psychologique de l'interviewé et de son discours.

Mais comme nous l'avons déjà souligné, cette orientation, « indirecte » ou « non directive » avant la lettre, n'est pas née de la seule dialectique à laquelle s'est trouvé confronté le désir du chercheur lorsqu'il est aux prises avec les exigences et contraintes de la réalité humaine. De nombreux courants historiques portent l'essentiel de la réponse méthodologique qu'il restait à adapter au terrain particulier de l'enquête. Les directeurs scientifiques de l'enquête se réfèrent explicitement à la psychopathologie, à la psychologie génétique clinique, à la sociologie française, à l'ethnologie. L'entraînement spécial des interviewers est assuré sur la base des acquisitions et recherches classiques de la psychopathologie et les règles de la méthode indirecte s'inspirent à bien des égards de la tradition clinique : ce sont ces différentes influences que nous avons retrouvées à l'origine des principes généraux et conseils techniques énoncés.

LES SOURCES HISTORIQUES

L'E.N.D.R. s'enracine à la fin du XIXe siècle dans des pratiques méthodologiques qui s'inscrivent dans des disciplines différentes : introspection et entretiens post-expérimentaux de l'expérimentaliste ; retrait du biographe derrière l'auteur de l'histoire de sa propre vie ; art de l'enquêteur d'écouter et d'instaurer la confiance ; travail du clinicien pour dégager le sens des conduites et des symptômes.

AUX LIMITES DE LA MÉTHODE EXPÉRIMENTALE

C'est un paradoxe d'attribuer à la méthode expérimentale un rôle dans l'avènement et le développement de l'entretien. Considéré par la plupart des expérimentalistes actuels comme un outil pré ou para-scientifique, l'entretien est naturellement exclu des procédures d'administration de la preuve expérimentale ; celui-ci évoque de près ou de loin la méthode de l'introspection combattue avec succès par le béhaviorisme et constitue un dispositif dans lequel la complexité des variables est telle que les résultats même prometteurs, ne peuvent avoir au mieux que le statut d'hypothèses au regard de l'esprit scientifique rigoureux.

La méthode expérimentale dissocie les éléments fondamentaux d'un problème, teste l'effet de variables sélectionnées sur un phénomène donné et déduit les lois qui président à son fonctionnement.

Dans cette démarche, le contrôle des inférences et suggestions de l'expérimentateur représente une nécessité absolue. Souvent l'entretien post-expérimental apporte des données précieuses au chercheur sur les effets propres de la situation.

A. Binet (cité in J. Guillaumin, 1977) insiste sur les risques de suggestibilité et d'interférence de l'expérimentateur sur le sujet observé :

> « Un simple mot dit par l'expérimentateur peut changer complètement les dispositions mentales du sujet. »

Le sujet est une personne dont les réactions complexes à la situation ne sont pas toujours clairement prises en compte par le chercheur :

> « Je me suis aperçu qu'on ne donnait pas à une personne la consigne de penser avec naturel (...) un élément d'information qu'on ne doit pas négliger, c'est la disposition d'esprit que le sujet apporte à l'expérience, ce que j'ai appelé plus haut son adaptation mentale. Pour bien comprendre le sens des réponses, il faut savoir dans quel esprit elles ont été faites, si le sujet était sérieux ou moqueur, s'il a pris une attitude passive ou contrainte, ou critique. » (A. Binet, in *ibid.*, p. 26.)

Des variables trop intriquées et dépendantes les unes des autres définissent un objet de recherche complexe et irréductible qui marque une certaine limite à la démarche expérimentale.

C'est aux frontières du champ de l'expérimentation que les chercheurs de l'école de Wurtzbourg et notamment K. Bühler (cité in P. Lazarsfeld, 1970) ont été amenés à mettre au point une procédure d'entretiens parallèle à l'expérimentation proprement dite.

P. Lazarsfeld (1970) décrit l'école de Wurtzbourg comme le premier centre d'étude de l'action humaine. Dans les premières années du XXe siècle, l'école de Wurtzbourg entreprend de rechercher « ce qui se passe quand les gens font quelque chose », de soumettre des processus complexes comme la pensée à des recherches expérimentales. Les expérimentations de laboratoire sont strictement contrôlées mais les stimuli manipulés par les chercheurs suscitent des réactions complexes qui sont appréhendées par des rapports introspectifs que les sujets rédigent eux-mêmes et que les chercheurs interprètent.

Plus tard, l'interview des sujets dans les expériences de Wurtzbourg occupe une place de plus en plus importante.

> « Souvent, à une décision qui aurait pu être atteinte en une ou deux secondes, correspondait un entretien d'une heure (...) Les aspects fondamentaux de la technique peuvent être ramenés à quatre :
>
> a) » on ne demandait pas au sujet de s'observer pendant qu'il accomplissait la tâche, mais de rapporter ses expériences une fois l'acte accompli ;
>
> b) » l'enquêteur utilisait au maximum la dimension temporelle de l'expérience. Eventuellement, on employait la méthode de "fractionnement" en vertu de laquelle l'enquêteur faisait porter l'accent tout au long d'une série d'interviews, sur telle ou telle phase de l'expérience ;
>
> c) » on accordait une importance considérable à ce qu'on peut appeler *la structure synthétique*. On se proposait de faire ressortir la structure générale d'une interview à l'autre tout en facilitant la découverte des réactions spécifiques individuelles ;
>
> d) » au fur et à mesure que les études se poursuivaient, les interviews tendaient de moins en moins à servir de fourre-tout englobant toutes les expériences du sujet. On chercha plutôt à préciser le rôle et la place d'éléments spécifiques dans le cours de l'expérience. »
> (Lazarsfeld, 1970, p. 177.)

Une telle technique a été l'objet de violentes attaques de Wundt – considéré comme le fondateur de la psychologie expérimentale par M. Reuchlin (1974) – et K. Bühler écrivit la première défense systématique de la méthode dite de l'interrogation (l'*Ausfrage*) à l'origine de ce que nous dénommons actuellement les entretiens rétrospectifs.

Tout naturellement, l'école de Wurtzbourg préfigure les recherches qui seront conduites, notamment sous l'impulsion de P. Lazarsfeld sur l'acte d'achat et les études de marché : ce domaine favorisera plus tard, notamment en France dans les années 60, l'extension considérable de l'usage de l'E.N.D.R.

K. Bühler était lui-même considéré comme un disciple de la pensée de W. Dilthey, un des fondateurs de la méthode biographique dans les sciences sociales.

L'ÉCLIPSE DU CHERCHEUR DANS LA MÉTHODE BIOGRAPHIQUE

Aujourd'hui, la méthode biographique utilise essentiellement le dispositif de l'entretien pour construire son objet : c'est la méthode des récits de vie (D. Bertaux, 1980) aussi dénommés entretiens rétrospectifs approfondis (P. Thomson, 1980).

Jusqu'en 1945, l'étude biographique est très florissante aux Etats-Unis, elle est surtout pratiquée par les anthropologues américains et centrée sur l'étude des sociétés traditionnelles (P. Thomson, *ibid.*). Un de ses principaux fondateurs est W. Dilthey (1886, tr. fr. 1942). Dans son ouvrage intitulé *Introduction à l'étude des sciences humaines*, il définit l'objet des sciences humaines :
– appréhender la réalité historique et sociale dans ce qu'elle a de singulier et d'individuelle,
– connaître les concordances de situations sociales qui jouent un rôle dans la genèse de l'individualité,
– déterminer les règles et les finalités du développement de la personne.

Pour W. Dilthey, le social n'existe concrètement que dans l'individu ; c'est au niveau de la personne que les éléments qui composent les ensembles complexes que sont l'histoire et la société s'agrègent, s'interpénètrent, prennent sens.

> « Où trouver la notion de monde ailleurs que dans la représentation de ces individus. » (*Ibid.*, p. 45.)

W. Dilthey différencie radicalement les sciences humaines des sciences de la nature : alors que les faits de la nature sont extérieurs à nous-mêmes, les faits sociaux nous sont compréhensibles du dedans. L'objet des sciences humaines se trouve être lui-même un savoir constituant et constitué sur d'autres objets et lui-même.

> « L'objet des sciences humaines est compris par nous bien avant que nous ayons de lui une connaissance scientifique. » (*Ibid.*, p. 154.)

De ce fait, les méthodes utilisées seront très différentes de celles des sciences de la nature. Il est nécessaire de décrire les entités individuelles, les représentations du monde et les perceptions internes des propres états du sujet : cette méthode s'appelle la biographie.

> « Une telle étude biographique se donne pour but de saisir dans sa dignité la volonté d'un homme, la courbe qu'a suivi cette volonté, les destins qu'elle a connus, et le biographe doit apercevoir l'homme *sub specie aeterni*, tel qu'il se sent lui-même dans ses moments où (...) l'ensemble des faits n'est plus qu'un voile qui cache la réalité profonde (...) La biographie nous représente le fait historique fondamental à l'état pur, totalement, dans sa réalité même. » (*Ibid.*, p. 50.)

W. Dilthey définit la véritable méthode du biographe comme l'application de la psychologie et de l'anthropologie au problème qui consiste à comprendre et rendre présentes la vie d'un homme, son évolution et sa destinée.

C'est précisément dans le champ de l'anthropologie que la méthode biographique se développe aux Etats-Unis. Ces autobiographies étudient les civilisations indigènes « par l'intérieur » en tant qu'expériences vécues, saisissent sur le vif l'idée que se fait l'individu de ses systèmes de parenté, de ses hiérarchies sociales, et aussi les sentiments que suscite en lui le conflit de ses traditions avec la modernité importée de l'Occident.

P. Radin (1926) qui publie une des premières autobiographies d'un Indien insiste tout particulièrement dans sa préface sur la valeur et la signification du document ; l'intérêt de celui-ci tient moins au fait qu'il apporte des éléments de connaissance unique sur la vie « primitive » qu'à la démarche même de l'Indien qui accepte de travailler sur sa propre vie et de rendre compte de son existence « avec une honnêteté absolue ».

Dans la méthode biographique, le chercheur anthropologue s'éclipse derrière l'auteur du récit. Le sujet du savoir reste l'individu qui élabore le compte rendu de sa propre vie et parfois même signe la publication (D.C. Talayesva, 1941, tr. fr. 1959).

L'approche biographique est une conception scientifique, mais également une éthique. A l'explication externe des comportements sociaux, le biographe substitue la compréhension de l'intérieur des pratiques et représentations de l'individu qu'il élève à une véritable position d'écrivain de sa propre vie.

« L'ART D'ÉCOUTER » DANS L'ENQUÊTE

Si le biographe se rapproche de son sujet d'étude jusqu'à se fondre avec celui-ci, à l'inverse l'enquête procède d'une mise à distance de l'objet. G. Leclerc (1979, p. 40), situe les origines de l'enquête dans les nombreux récits de voyages et études cosmographiques qui se développent et se diversifient depuis la Renaissance jusqu'à l'aube du XIXe siècle. C'est l'éloignement, l'étrangeté, l'exotisme qui stimulent la curiosité et fondent l'intérêt des nombreux récits de voyages.

L'extériorité irréductible de l'objet observé, civilisations conquises et perdues, semblent motiver l'esprit du dernier regard jeté sur les *terra incognita* avant leur conquête et absorption coloniale.

Au début du XIXe siècle, l'ère des voyages philosophiques est terminée et la curiosité se déplace sur ces « sauvages de l'intérieur » que sont les ouvriers qui viennent peupler ces nouveaux quartiers de misère qui se forment autour des fabriques et manufactures.

Les sociétés philanthropiques qui regroupent manufacturiers, banquiers, propriétaires, veulent étudier et aider leur prochain, séparé par la distance de classe et éloigné par le crime et le malheur (G. Leclerc, *ibid.*, p. 58).

Les secours et la charité supposent l'étude préalable des pauvres, de leurs conditions de vie, de leurs mœurs à l'aide d'enquêtes méthodiques. Pendant la seconde moitié du XIXe siècle, ces enquêtes sont nombreuses et détaillées. Un des fondateurs de la méthode d'enquête est F. Le Play qui publie en 1855 une sélection de ses monographies intitulée *les Ouvriers européens*. La méthode prescrite par F. Le Play (1862) repose sur l'observation directe des faits. Elle consiste :

> « à fonder l'étude des populations sur celles de quelques familles judicieusement choisies (comme le zoologiste qui décrit une espèce vivante à partir de quelques individus)
>
> » à décrire ces familles d'après un cadre déterminé et uniforme : l'observateur est dirigé par des règles rigoureuses, par un questionnaire complet applicable à toutes les familles. (Les données collectées sont nombreuses et détaillées : état du sol, état-civil, religion, hygiène, habitation, mobilier, vêtements, récréations, mœurs, budgets familiaux, etc.). » (p. 13.)

En pratique, dès que l'on a sélectionné une famille représentative, deux conditions permettent d'obtenir de bons résultats : enregistrer les faits avec une scrupuleuse exactitude, et gagner la confiance de la famille que l'on étudie.

> « L'appât d'une rémunération ne suffit pas pour que cette famille consente à initier aux secrets de sa vie intérieure un observateur étranger. » (*Ibid.*, p. 14.)

Toute la question de la présence implicite d'une certaine « non-directivité » dans l'enquête tient dans cette notion de confiance dont se déduit le consentement de l'enquêté. Alors que d'autres enquêteurs effectuent ce que G. Leclerc (*op. cit.*) appelle « la visite » des quartiers pauvres de Londres et de ses habitants accompagnés du commissaire de police, des notables, des membres du clergé, de docteurs, de journalistes et quelquefois de badauds pour « administrer » des questions rigoureusement fermées, F. Le Play recherche le contact personnel avec la famille. Pour F. Le Play, l'interrogatoire doit en principe être conduit dans l'ordre indiqué par la méthode :

« Il ne faut pas trop s'y astreindre trop rigoureusement. L'ouvrier sera naturellement porté à s'étendre sur certains sujets : il aimera à se reporter aux souvenirs de sa jeunesse et à raconter l'histoire de sa famille. Il faut se garder de l'interrompre pour ne pas laisser échapper des renseignements qu'il est utile de recueillir. Les questions trop multipliées le fatigueraient d'ailleurs, si elles n'excitaient pas chez lui de l'ennui ou de la méfiance, en lui rappelant à tout instant l'enquête qu'il subit. *Mieux vaut écouter, qu'interroger* [1], surtout dans le cas assez fréquent où une différence dans le dialecte ou dans le langage habituel rend difficile, des deux côtés, l'intelligence des demandes et des réponses. » (1862, p. 16.)

F. Le Play pose à sa manière un des principes de l'E.N.D.R. qui consiste précisément à associer la personne interviewée à la démarche d'enquête et à poser comme condition première de l'entretien son consentement. Lorsqu'ils adoptent le dispositif de l'E.N.D.R., les enquêteurs insistent souvent sur cette part « indicible » de la technique d'enquête nommée « l'art d'interviewer », dont le principe essentiel repose sur le climat de confiance que l'interviewer est capable d'instaurer avec l'interviewé. Curieusement les moyens de créer ce climat ne sont jamais clairement énoncés dans les traités d'enquête par questionnaire : ils font partie des dons, sinon de l'expérience de l'interviewer. En fait, ces attitudes sollicitantes de l'enquêteur vont, dans la plupart des cas, à l'encontre des objectifs de standardisation du questionnaire.

Selon G. Leclerc (1979) cette question du consentement de la personne enquêtée est historiquement à l'origine de l'emploi du terme « entretien » pour désigner cette situation d'enquête. Le mot « entrevue » désigne à l'époque de la Renaissance une rencontre entre deux personnages de statut égal et en principe haut placés (deux monarques par exemple). C'est au début du XXe siècle que la terminologie s'impose dans les sciences sociales pour remplacer le mot « interrogatoire » qui précisément souligne l'inégalité des deux protagonistes de la situation. G. Leclerc mentionne les difficultés croissantes que rencontrent, à la fin du XIXe siècle, ces interrogatoires autoritaires auprès

1. Souligné par nous.

d'une population ouvrière de plus en plus organisée et résistante aux investigations des classes dominantes. Dans un même temps, l'interviewer se dégage des sociétés philanthropiques et construit sa neutralité sociale en se constituant comme profession indépendante.

L'éloignement social mobilisait l'intérêt des observateurs sur la famille ouvrière du XIXe siècle ; le rapprochement, voire parfois l'identité sociale de l'observateur et de l'observé au XXe siècle, contribue à construire au-delà des conduites manifestes, un objet de recherche plus abstrait (notion d'attitude, de contexte psychologique, de structure, etc.). La nécessité de la distance de l'observateur à l'objet favorise un déplacement du regard sur les structures sous-jacentes. Dans ce sens, la méthode clinique offre un modèle épistémologique qui influence indéniablement les psychosociologues de la première moitié du XXe siècle.

LA CLINIQUE FREUDIENNE

Historiquement, la méthode clinique est issue de la médecine ; elle présuppose l'irréductibilité de l'objet observé qui est l'enjeu d'une pluralité de facteurs corrélés et non isolables et préconise comme moyen d'investigation la recherche, la lecture et l'interprétation des signes cliniques qui manifestent les causes du phénomène considéré. Pour le médecin, le corps est cet objet irréductible dont les dysfonctionnements hétérogènes corrélés provoquent les symptômes de la maladie. Dans les sciences humaines, l'histoire de la méthode clinique se confond avec celle de la psychiatrie (P. Bercherie, 1980) et c'est Pinel à la fin du XVIIIe siècle qui fonde la méthode clinique comme démarche consciente et systématique en se référant au modèle idéal de l'histoire naturelle et en particulier à l'œuvre de Buffon. C'est au début du XXe siècle que la méthode clinique sera appliquée à la psychologie et à la psychologie sociale.

Pour M. Reuchlin (1974) c'est un psychologue américain, L. Witmer, qui emploie le premier les expressions « psychologie clinique » et « méthode clinique en psychologie » en 1903 ; C. Prévôt (1970) attribue la primauté au terme à P. Janet qui dès 1896 « fonde la psychologie clinique », terme repris par Bernheim en 1897. Issue du domaine de la pathologie, la méthode clinique reste souvent associée dans l'esprit des différents auteurs, au diagnostic et à la thérapie. En fait, la méthode clinique en sciences humaines procède de deux courants : le courant psychopathologique dans lequel l'influence de la psychanalyse est devenue primordiale et le courant psychologique appliqué aux conduites et représentations sociales. La méthode clinique est une méthode d'observation orientée vers la totalité de l'être humain, concret, complet, aux prises avec les situations de la vie qui a pour objet l'étude approfondie des conduites individuelles et de leurs conditions (P. Lagache, 1955).

S. Freud (1885, tr. fr. 1939) en élaborant le dispositif psychanalytique permet le dégagement de la méthode clinique des techniques « armées » de l'examen psychopathologique classique. S. Freud et J. Breuer utilisent dans un premier temps un traitement dit « cathartique » (avec injonction hypnotique) pour amener à la conscience des malades hystériques les représentations associées aux symptômes. S. Freud suppose qu'une de ses malades, « Fraulein Elizabeth », peut accéder directement à ces représentations associées, il renonce à la pression hypnotique et élabore un nouveau dispositif de traitement et d'observation.

> « Lorsque l'on entreprend un traitement cathartique, il faut d'abord se demander si le sujet connaît l'origine et le motif de sa maladie. Ensuite il deviendra sans doute superflu d'utiliser une technique quelconque particulière pour le pousser à révéler l'histoire de son mal ; l'intérêt qu'on lui témoigne, la compréhension qu'on lui fait pressentir, l'espoir de guérir qu'on fait luire à ses yeux pousse le malade à livrer son secret. Dès le début je soupçonnais que Fraulein Elizabeth devait connaître les motifs de sa maladie, donc qu'elle refermait dans son conscient non point un corps étranger, mais un secret. Je pus donc renoncer à l'hypnose (...) Ce fut là ma première analyse complète d'une hystérique. Elle me permit de procéder pour la première fois, à l'aide d'une méthode que j'érigeai plus tard en technique, à l'élimination par couche de matériaux

> psychiques, ce que nous aimions à comparer à la technique de défouissement d'une ville ensevelie. Je me faisais d'abord raconter par la malade tout ce qui lui était connu, en notant avec soin les passages où une association demeurait énigmatique, où un maillon semblait manquer à la chaîne des motivations. » (*Ibid.*, p. 109.)

L'abandon de la méthode cathartique directive et inductrice, la mise en place d'une technique où le patient dispose des moyens d'analyse de sa propre parole constituent une révolution épistémologique qui a renouvelé d'une manière radicale les dispositifs d'observation classiques de la clinique.

S. Freud formule l'hypothèse de l'inconscient du sujet toujours confirmée dans la cure mais également dont l'activité « ordinaire » signe les productions oniriques, les symptômes, certains lapsus, actes manqués et mots d'esprit. La notion de transfert est dégagée à partir de l'expérience de la cure : elle représente une avancée considérable dans la compréhension des mécanismes psychiques et du lien imaginaire qui noue l'expérience du patient à la relation qu'il instaure avec le psychanalyste.

Le transfert communément représenté par les manifestations émotionnelles de haine ou d'amour que le patient peut ressentir à l'égard de son thérapeute est bien plus l'extraordinaire propension du psychisme du patient à doter ce thérapeute des attributions et pouvoirs des personnages imaginaires prégnants auxquels répond sa propre construction psychique.

Le transfert qui se manifeste dans une relation où un savoir sur soi est supposé à une autre personne démontre l'importance de « l'adresse » du discours et le rôle constitutif du psychisme humain rempli par « l'Autre » (dont l'interlocuteur est toujours plus ou moins le représentant).

Dans le domaine de la psychologie appliquée, il faut se référer au travail de J. Piaget (1926) qui montre comment la méthode clinique peut s'imposer comme seule approche possible d'un problème donné.

J. Piaget se propose d'étudier quelles sont les représentations du monde que se donnent spontanément les enfants au cours des différents stades de leur développement intellectuel. La première façon d'opérer dit-il, consiste à soumettre les enfants à un questionnaire standardisé, mais cette technique a deux inconvénients : le premier est de ne pas pouvoir analyser les résultats obtenus faute de contexte suffisant ; le deuxième encore plus essentiel est pour l'étude du problème posé. Si l'on pose directement une question à l'enfant comme par exemple « Qu'est-ce qui fait avancer le soleil ? », celui-ci répond « C'est le Bon Dieu » ou « C'est le vent », etc., on déclenche et on favorise une fabulation mais en outre on suggère d'emblée l'idée qu'une œuvre extérieure conditionne les mouvements du soleil.

> « L'art du clinicien consiste, non à faire répondre, mais à faire parler librement et à découvrir les tendances spontanées au lieu de les canaliser et de les endiguer. » (*Ibid.*, p. IX.)

C'est l'étude des questions spontanées des enfants qui révèle l'intérêt de ceux-ci aux différents âges et permet de découvrir des représentations auxquelles on n'avait pas pensé. Lorsqu'un enfant demande « Qui fait le soleil ? » il énonce une conception d'un soleil dû à une activité fabricatrice. Ce renversement méthodologique du couple question-réponse est à la base de l'observation clinique et fonde les principes d'une technique de recherche nouvelle et créatrice.

Aux marges de l'expérimentation, dans le retrait du biographe derrière l'auteur de son histoire de vie, dans l'art d'écouter et d'instaurer la confiance de l'enquêteur et dans le travail clinique révolutionnaire de la psychanalyse, se situent les fondements historiques de l'E.N.D.R. Celui-ci n'est pas une méthode, c'est un dispositif susceptible de fonctionner au service de différentes méthodes et en particulier des quatre méthodes citées.

Le travail effectué à la Western Electric Company est à cet égard exemplaire ; aux prises avec une situation sociale contraignante imposant ses propres variables, les chercheurs sont amenés à explorer et comprendre les limites du dispositif expérimental mis en place ; guidés par le modèle clinique de la psychanalyse, le travail des anthropologues américains, et leur propre expérience de l'enquête, ils élaborent le dispositif de l'E.N.D.R., tel qu'il est encore appliqué actuellement.

Depuis 1929, un certain nombre de considérations techniques et d'apports théoriques ont été faits, ainsi que de nombreuses recherches sur le dispositif lui-même surtout aux Etats-Unis. C'est l'objet de la troisième partie : les apports théoriques et techniques.

LES APPORTS THÉORIQUES ET TECHNIQUES

Dans un premier temps nous développons les apports successifs de trois auteurs. C.R. Rogers (1942, tr. fr. 1977) fonde la notion de non-directivité dans le champ de la relation d'aide et de la psychothérapie (plus tard étendue à la pédagogie et à l'animation des groupes), puis dans un bref article (1945) justifie le transfert de technique dans le domaine de la recherche sociale. A.C. Kinsey (1948) élabore une technique d'enquête dans laquelle l'art d'interviewer prime sur la forme des questions, et R.K. Merton (1956) définit l'entretien focalisé ou entretien rétrospectif : une technique composite. Dans un second temps, nous rapportons différentes études méthodologiques et anatomiques consacrées à l'entretien.

LA NON-DIRECTIVITÉ DANS LA RELATION D'AIDE : C.R. ROGERS

La relation d'aide rogérienne ou *counseling* part de la situation naturelle du conseil psychologique, que chacun dans sa vie peut être amené à effectuer. Mais contrairement à l'attitude généralement adoptée par le « conseilleur » en de tels cas, C.R. Rogers préconise une tout autre approche. Il établit les principes qui doivent concourir à rendre efficace l'aide apportée à la personne concernée. L'attitude de l'aidant pour être efficace doit être non directive et centrée sur la personne.

Les approches non directive et directive représentent plus des attitudes générales que des comportements spécifiques de l'interviewer

C.R. Rogers dans son ouvrage *La relation d'aide et la psychothérapie* pose les principes d'une psychothérapie fondée sur une relation d'aide non directive. Relation d'aide parce que seule, *la demande d'aide du client* peut être le « moteur » de l'évolution favorable de la psychothérapie. Relation d'aide non directive, parce que en réponse à cette demande d'aide, toute attitude directive du thérapeute, c'est-à-dire prenant en charge directement le problème du « client », représente le contraire d'une aide car elle le rend soit opposant, soit dépendant.

Cette nouvelle méthode dite *counseling* peut s'appliquer d'après Rogers à toutes les formes d'entretiens dits de « traitement ». Ce sont les entretiens des professionnels qui visent à comprendre et définir les attitudes de leur client mais aussi bien ceux qui visent à « mieux adapter des personnes à leur problème ou aux réalités de la vie ».

En fait l'ouvrage ne traite que des entretiens psychothérapeutiques, c'est-à-dire dont l'objectif est essentiellement curatif et répondant à une demande d'aide psychologique.

Le *counseling* est un traitement psychothérapeutique direct qui s'inspire des thérapies d'expression et du conseil psychologique. Les thérapies d'expression qui comprennent thérapies par le jeu, thérapies de groupe, psychodrame, etc., sont appelées ainsi parce que la catharsis des sentiments et des attitudes y joue un grand rôle.

Le conseil psychologique est l'attitude de quelqu'un qui s'efforce d'aider un individu désadapté par rapport à un problème ou une situation et qui demande de l'aide.

Les approches directives et non directives sont plus ou moins représentées dans tous les entretiens et constituent deux styles d'intervention du conseiller. Ces styles sont repérables grâce à une échelle mise au point par E.H. Porter dont les indicateurs essentiels sont les suivants par ordre de fréquence statistique :

Approche directive

– poser des questions très précises,
– donner des informations relatives au problème,
– indiquer le thème de l'entretien,
– proposer une activité au client,

– reconnaître le contenu de ce que le client vient de dire,
– mettre de l'ordre entre les évidences,
– signaler le problème à résoudre.

Approche non directive

– reconnaître le sentiment ou l'attitude exprimés dans l'immédiat,
– interpréter ou reconnaître les sentiments ou attitudes exprimés dans le comportement ou le discours en général,
– indiquer le thème de l'entretien,
– reconnaître le contenu de ce que le client vient de dire,
– poser des questions très précises,
– donner des informations,
– définir la situation d'entretien par la responsabilité du client de l'utiliser.

L'approche directive ou non directive se déduit donc comme une tendance des interventions des différents praticiens. La tendance directive vise à traiter le problème à la place de la personne concernée, la tendance non directive vise à faciliter l'expression de la personne en favorisant sa propre prise en charge du problème.

Dans un entretien plus directif, c'est l'aidant qui choisit le but que le client doit atteindre, dans l'entretien non directif, c'est le client qui choisit ses propres buts.

De fait, Rogers propose deux indicateurs pratiques pour savoir si un entretien est directif ou non directif :
– les conseillers directifs parlent six fois plus que les non directifs,
– lorsqu'on lit un entretien retranscrit, si le sens général de l'entretien peut être saisi à la seule lecture des items de l'aidant, il est directif. Si l'entretien est compréhensible à la seule lecture des items du client, il est non directif. S'il faut lire les deux items pour le comprendre, il est *intermédiaire* [1].

1. Nous reprenons ces distinctions dans une perspective historique bien qu'elles soient anecdotiques au regard du travail postérieur de définition de la « thérapie non directive » qui fait l'objet de nombreux ouvrages de C. Rogers et de ses collaborateurs.

Enfin C.R. Rogers, reprenant les conclusions d'un colloque sur la psychothérapie, situe clairement l'origine de la non directivité dans la clinique psychanalytique freudienne :

> « Nous semblons avoir abouti à cette conclusion que la psychanalyse à son début a tendu à obtenir une relation dans laquelle le thérapeute s'efforce de ne pas laisser ses propres valeurs influencer le patient, et que ces vingt dernières années ont vu toutes les autres psychothérapies se diriger vers le même idéal. » (*Ibid.*, note p. 132.)

Le point de vue non directif pour C.R. Rogers confère une haute valeur à l'indépendance psychologique de chaque individu et au maintien de son intégrité psychique alors que le point de vue directif s'inscrit dans les valeurs du conformisme social et du droit du plus capable à diriger le moins capable.

La profession de foi de la non-directivité est ainsi une philosophie sociale et politique autant qu'une technique de thérapie et s'associe comme telle avec les thèmes de liberté et démocratie, avec leurs illusions et utopies rêvant de modifier les relations entre les hommes et les nations et diminuer les guerres.

L'approche non directive suppose que les interventions du conseiller soient centrées sur les personnes

L'attitude de l'aidant doit être centrée sur la personne. Le conseiller doit centrer ses interventions sur l'individu et non pas sur le problème apporté par le client. En effet, Rogers considère que lorsque l'aidant dispose d'une « sympathie vigilante » à l'égard du client, l'entretien est centré sur le client et ce qui apparaîtra sera ce qui relève émotionnellement du problème du client.

Il vaut mieux répondre au sentiment du client qu'au contenu intellectuel de ce qu'il dit, si bien que le conseiller doit s'adresser plutôt à ce que pense le client de ce qu'il dit qu'à ce qu'il dit.

Si par contre, l'aidant répond au contenu intellectuel, la conduite de l'entretien va en fait suivre ses intérêts personnels. Le chemin est beaucoup plus long pour que les problèmes propres du client soient abordés quand il ne se crée pas à la suite de ces interventions de contenu un blocage de l'expression des problèmes personnels de l'interviewé.

Cette importance donnée dans la thérapie aux sentiments et à leur expression s'inspire des thérapies cathartiques précédemment citées, mais surtout scelle la véritable attitude non directive car les sentiments de la personne sont ce qui lui appartient en propre, ce qui n'est pas toujours le fait du contenu de son discours.

L'approche non directive suppose des conditions particulières

Un certain nombre de conditions préalables sont nécessaires au bon déroulement de la situation de l'entretien d'aide.

La première est que l'objectif de changement psychologique soit compatible avec la situation matérielle de la personne. Si l'environnement matériel est trop défavorable (cas de psychothérapies en prison ou cas sociaux), aucune évolution autre que le changement de son environnement n'a de sens pour l'individu.

La deuxième condition est l'état de tension, intrapsychique ou en relation avec le groupe social d'appartenance de la personne consultante. Cet état de tension peut se développer à partir de conflits de désirs ou à partir de conflits personnels avec le groupe d'appartenance. Cette tension est l'énergie de la psychothérapie. L'individu recherchera la résolution du conflit pour accéder à un état moins pénible.

La troisième condition est corrélative de l'impossibilité dans laquelle se trouve la personne de traiter elle-même les tensions nées des conflits qu'elle subit : le besoin d'aide, la demande d'aide, l'appel à l'autre.

Le principe très « lewinien » qui gouverne l'efficacité de l'entretien d'aide est que les tensions créées par les conflits internes deviennent plus douloureuses que les forces qui visent la résolution du conflit, dont une partie s'exprimera par la demande d'aide, c'est-à-dire le renoncement à l'autonomie. Ce principe rejoint également la problématique freudienne dynamique du plaisir-déplaisir.

Ce principe surtout place au lieu du consultant le sens même de l'entretien ; si ces conditions préalables ne sont pas présentes, cela annule toute possibilité d'entretien d'aide. Le cœur de l'entretien d'aide, l'espace de son fondement, de son déroulement, et de sa conclusion, mais aussi l'énergie qui le meut sont le consultant lui-même. Une telle situation repose sur la demande et ne peut être exportée (E.N.D.R.) sans être dénaturée.

Le problème de la relation d'aide se complique un peu, dit C.R. Rogers, lorsque le consultant ne vient pas de son propre gré, mais est envoyé par une institution ou sa famille (cas fréquent pour les psychothérapies d'enfant), alors l'action du thérapeute vise à créer ce besoin d'aide en établissant une relation chaleureuse et permissive. Si le besoin d'aide ne se déclare pas à la suite de l'action « d'amorçage » du thérapeute, aucune relation d'aide n'est possible.

La relation d'aide crée une situation de dépendance et de pouvoir

Cette ouverture à l'autre que constitue la demande d'aide produit également une dépendance, dans laquelle se jouent des relations de pouvoir. Pouvoir du thérapeute sur le client lorsqu'il se substitue à lui pour traiter son problème (attitude directive), il convient donc que celui-ci adopte une attitude non directive (cette position, selon nous, ne supprime pas le pouvoir du thérapeute, elle le rend moins visible). Pouvoir du consultant sur le thérapeute à travers l'exercice abusif de sa demande. Le rôle du thérapeute est de structurer la relation d'aide. Il définira notamment cette relation en indiquant ses objectifs, exposera les problèmes du client, favorisera sa prise de conscience et encouragera certaines conduites. Cette fonction de structuration vise à définir le cadre de la relation, à lui donner un certain aspect contractuel. A cela s'ajoutera une fonction de limitation ; le thérapeute définira les conditions pratiques de l'exercice de la relation d'aide : limitation de sa responsabilité et possibilité d'actes agressifs ou affectifs du patient, limitation et définition du temps de séance.

Visant à limiter tout exercice abusif de pouvoir dans la relation d'aide, de telles précautions dénotent une position fondamentale de Rogers : toute thérapie est incompatible avec une quelconque autorité. Celle du patient sur le thérapeute, celle du thérapeute sur le patient, mais aussi celle d'un tiers (personne ou organisme) exerçant un quelconque pouvoir sur la relation.

Restituer son pouvoir au patient en l'aidant à rétablir les règles ou charpente logique de son fonctionnement social, tel est le devoir du thérapeute s'il veut assurer le maximum d'efficacité à son acte. On peut ici remarquer l'analogie des démarches entre S. Freud et C.R. Rogers. Le premier abandonne l'hypnose, image du pouvoir du thérapeute au profit du dispositif psychanalytique qui restitue au patient sa liberté de parole ; le second rend au patient son pouvoir d'acquérir la responsabilité de ses actes : « les conseilleurs ne sont pas les payeurs ».

La non-directivité freudienne ou rogérienne n'est pas une technique, ni un mode d'intervention. C'est une position à priori que prend le thérapeute à l'égard de son malade.

Cette position se justifie non seulement par son efficacité, mais surtout par une conception spécifique de la maladie mentale. Celle-ci serait un trouble psychique indépendant des circuits volontaires des patients. Une conception erronée de soi et de l'environnement se serait constituée à laquelle le patient tiendrait fermement, par narcissisme ou par ignorance d'autres schémas possibles.

La seule source, capable de briser les schémas erronés et inadaptés aux réalités, est le patient lui-même dans sa recherche d'un mieux-être.

Résumons les quatre principes qui président à la notion de non-directivité chez Rogers : 1) la non-directivité est une attitude générale de l'interviewer qui se traduit par un style d'intervention ; 2) celui-ci doit centrer ses interventions sur la personne et non pas sur le problème ; 3) la personne doit adresser une demande d'aide dans l'objectif d'un changement ; 4) cette demande d'aide crée une situation de dépendance dont l'élucidation favorise l'issue de la thérapie.

Ces principes seront par la suite redéfinis et systématisés (M. Pagès, 1970, p. 27). C. Rogers énumère six conditions nécessaires du processus thérapeutique :
1. que deux personnes soient en contact ;
2. que la première personne, le client, soit en état d'incongruence (vulnérabilité et anxiété) ;
3. que la seconde personne, le thérapeute, soit congruente dans sa relation à la première ;
4. que le thérapeute éprouve une attention positive inconditionnelle envers le client ;
5. que le thérapeute éprouve une compréhension empathique du cadre de référence interne du client ;
6. que le client perçoive, au moins dans une certaine mesure, les deux conditions précédentes.

A bien des égards, nous sommes loin de l'E.N.D.R., des consignes énoncées par F.J. Roethlisberger et W.J. Dickson (1943) et de leur domaine de validation.

On peut s'étonner que la notion de non-directivité rapidement abandonnée par C.R. Rogers lui-même, qui préfèrera plus tard le terme de « thérapie centrée sur le client », ait perdurée dans le domaine de la recherche psycho-sociale, pour lequel elle n'avait pas été inventée. Il est clair que la notion de non-directivité s'est développée particulièrement en France hors du champ thérapeutique dans des secteurs où l'influence psychanalytique a été de moindre importance : pédagogues, travailleurs sociaux et chercheurs ont largement contribué à promouvoir « la non-directivité » dans leur domaine respectif.

L'ORIENTATION NON DIRECTIVE DANS LA RECHERCHE

Des données manipulées ou chimiquement pures ?

Dans un bref article, C.R. Rogers (1945) plaide pour le transfert de la technique dans le domaine de la recherche. La fonction du conseiller « non directif » dit-il, est analogue à celle d'un catalyseur dans une réaction chimique, il offre au client « un miroir verbal » qui lui permet de se voir lui-même plus clairement et qui lui laisse penser qu'il est profondément compris. Cette technique « de reflet » des attitudes émotionnelles a montré des effets surprenants pouvant avoir une grande valeur comme outil dans la recherche sociale. Citant un exemple tiré d'une thérapie, C.R. Rogers souligne l'effet de sollicitation des attitudes profondes de l'interviewé lorsqu'aucune question n'est posée et qu'aucune évaluation de l'interviewer ne vient briser l'expression du patient :

> « Le matériel obtenu est une expression "chimiquement pure" des attitudes du client. » (*Ibid.*, p. 280.)

De nouvelles perspectives sont ainsi ouvertes pour la recherche et notamment dans l'élimination des biais provoqués par l'interviewer. Un groupe d'enquêteurs de la « Division of Program Surveys of the Bureau of Agriculture Economics » est envoyé pour une semaine de formation intensive auprès de C.R. Rogers.

P. Lazarsfeld utilise l'interview non directive dans une recherche sur des émissions de radio. Des psychologues effectuant des recherches sur la personnalité et l'identité recueillent ainsi les auto-évaluations des personnes sur elles-mêmes.

> « A travers les interviews non directives, nous avons une méthode impartiale par laquelle nous pouvons sonder les pensées intimes et les perceptions de l'individu. » (*Ibid.*, p. 282.)

Nous découvrons deux acceptions du terme de non-directivité, selon que l'on se situe dans le champ de la thérapie ou de la recherche. D'une part l'orientation non directive suppose des conditions très particulières pour être validée et d'autre part elle se réduit à une pure technique d'intervention sans que les conditions préalables (demande d'aide, objectif de changement) soit explicitement réunies. M. Pagès (1952) introduit pour la première fois en France la notion de non-directivité ;

il insiste alors sur deux éléments fondamentaux de l'approche rogérienne ; d'une part :

> « La prise en considération de l'interaction entre le client et le conseiller, et l'examen des différentes attitudes que le conseiller peut avoir avec le client ainsi que leurs effets, »

et d'autre part :

> « l'importance de l'expérience affective éprouvée dans la relation thérapeutique par rapport à la connaissance intellectuelle que le client peut prendre de ses problèmes. » (p. 416)

L'auteur (1970) évoque dans un ouvrage synthétique le problème des entretiens non directifs comme technique de recherche. Il note l'extraordinaire développement des travaux de recherche effectués à l'aide de l'E.N.D.R. et écrit :

> « Cependant, l'on ne peut qu'être frappé par le contraste entre cette abondance extraordinaire de travaux d'un côté, et l'extrême rareté, pour ne pas dire l'absence quasi complète (à l'exception de l'article de 1945), de travaux dans ce domaine de disciples de Rogers intéressés par la psychothérapie ou la sociothérapie. Cela nous incite à considérer la contradiction qui existe entre l'orientation non directive et l'emploi d'entretiens non directifs comme instrument de la recherche sociale (...) (dans ce cas) l'interviewer consciemment ou inconsciemment manipule l'interviewé, il favorise la manipulation de l'interviewé par le groupe auquel il remet les résultats de la recherche. »

La notion de non-directivité est restée d'un usage courant pour caractériser l'E.N.D.R., mais l'emprunt à la thérapie trahit-il le sens du concept ? Et dans ce cas, dans quel but implicite ? Nous proposons des réponses, après avoir rendu compte des apports d'autres auteurs également impliqués dans la recherche sociale.

L'art de l'interviewer : le sens de la relation

A.C. Kinsey (1948) entomologiste d'origine, se situe dans la tradition classique de l'enquête pour aborder la question du comportement sexuel masculin. Neuf années d'enquête de

1938 à 1947, effectuées à l'aide d'un protocole détaillé de plus de trois cents items, ont permis de recueillir plus de douze mille interviews.

Le travail de A.C. Kinsey est remarquable pour l'histoire de l'entretien ; il pose résolument le problème de « l'art d'interviewer » dans l'enquête. Or ce « sens de la relation » s'inscrit le plus souvent dans le comportement de l'interviewer sous la forme d'une tendance non directive.

L'interview mise au point par A.C. Kinsey dans son étude sur le comportement sexuel de l'homme est une technique standardisée avec prise de notes simultanée, appliquée à des échantillons représentatifs des groupes sociaux étudiés, visant une exploitation statistique.

Mais la particularité du thème exploré amène des modifications techniques dans la conduite de l'interview tout à fait originales. Contrairement à l'application stricte d'un questionnaire où les questions sont entièrement et définitivement écrites et les limites de l'enquête rigoureusement tracées, les enquêteurs de A.C. Kinsey adaptent la forme et l'ordre des questions en fonction de la situation sociale de l'interviewé, et du déroulement de l'entretien.

> « Les questions standardisées ne procurent pas des réponses standardisées, car la même question présente des sens différents pour différentes sortes de personnes. Pour que les questions aient la même signification aux yeux de tous, il faut les modifier de façon à les adapter au vocabulaire, au degré d'instruction et de compréhension de chaque sujet. » (*Ibid.*)

La standardisation concerne seulement la portée de la question, par exemple, lorsqu'on interroge l'expérience du sujet dans le domaine « des caresses et des attouchements, ce domaine est défini avec précision ».

La méthode « Kinsey », dite interview guidée, adapte ce qui procède d'un certain sens de la relation à une charpente méthodologique rigoureuse (taxinomie et exhaustivité des thèmes explorés – en moyenne plus de trois cents –, codage immédiat opéré par l'enquêteur, traitement statistique des données).

Pour inciter le sujet à se « confesser » franchement et complètement, l'enquêteur doit posséder un art de l'interview : il doit avant tout manifester « un ardent désir de comprendre » et « partager les joies, les peines et les perplexités du sujet ».

Cette *sympathie* ne doit pas être verbalisée :

> « Un léger changement d'expression, la contraction d'un muscle, un clignement d'œil, une voix légèrement changée, une modification minime du ton ou du débit (...) ainsi qu'une foule d'autres réactions involontaires, trahissent l'émotion de l'enquêteur et sont rapidement saisies par une grande partie des sujets. » (*Ibid.*, p. 72.)

L'interview devient alors pour la personne enquêtée une occasion de réfléchir, de faire un bilan pour lui-même et « il se rend compte qu'il est de *son propre intérêt* de faire une confession intégrale ».

Cet élément relationnel, qui relève plus de l'entraînement ou du don que de la technique maîtrisée, est essentiel dans l'approche de A.C. Kinsey : il est le sésame, la clé qui ouvre les cœurs et les pensées, mais « ce sens de la relation » ne fait l'objet d'aucune théorisation particulière ; lorsque l'on demande à A.C. Kinsey comment l'enquêteur peut être sûr de la sincérité du discours obtenu, il répond « autant demander à un maquignon s'il sait quand il faut conclure un marché ! ».

La métaphore commerciale est fréquemment utilisée pour évoquer cet « art de la relation » qui fait la qualité princeps du bon enquêteur. Mais il faut observer que la question semble de moindre importance dès lors que l'on insiste sur la rigueur de la méthode constituée en aval (codage et traitement des données). Il reste une interrogation non résolue sur les effets spécifiques et le sens de l'attitude « relationnelle » de l'enquêteur.

Dans certains cas, cet aspect relationnel est la condition *sine qua non* de la recherche. Oscar Lewis (1963) effectue des entretiens répétés et intégralement enregistrés pendant plusieurs années avec les membres d'une même famille mexicaine. Tout en pratiquant une technique directive dans les interviews, il encourage la libre association d'idées sur les différents thèmes qu'il aborde systématiquement avec ses interlocuteurs. L'engagement personnel du chercheur devient extrêmement important dans ce type de méthode biographique.

> « Pour obtenir les détails intimes des récits, les instruments les plus efficaces de l'anthropologiste sont la sympathie et la compassion envers les gens qu'il étudie. » (*Ibid.*, p. 12.)

Au fur et à mesure des entretiens, se nouent de véritables sentiments d'amitié avec les interlocuteurs.

> « Ce qui a commencé par un intérêt professionnel pour leur vie s'est transformé en amitié chaleureuse et durable. » (*Ibid.*)

Dans ce cas, la position du chercheur s'apparente à celle de l'écrivain, profondément immergé dans le rapport à autrui, dont l'expérience nourrit intimement le travail d'analyse et de création et qui donne souvent au lecteur de ses textes le sentiment d'une vérité humaine essentielle.

Robert K. Merton propose un type d'entretien, susceptible d'intégrer et de maîtriser la part relationnelle et la part opérationnelle de l'attitude de l'enquêteur.

Une technique composite : l'entretien focalisé

C'est sans doute R.K. Merton, M. Fiske et P. Kendall (1956) qui ont le mieux cerné l'usage maîtrisé que l'on peut faire de la non-directivité comme technique dans l'entretien de recherche dit « focalisé ». Ces auteurs cherchent à résoudre le problème méthodologique fondamental que pose l'entretien de recherche : obtenir à la fois un matériel discursif fiable, c'est-à-dire correspondant effectivement à ce que pense réellement la personne interviewée et à la fois valide, c'est-à-dire conforme aux objectifs de la recherche. Si la fiabilité semble être favorisée par l'attitude non directive, la validité suppose une conduite de l'entretien effective et maîtrisée. L'entretien focalisé vise la mise au point d'une image floue : les représentations subjectives de l'interviewé relatives à une expérience vécue (situation morale, situation expérimentale, etc.). La démarche du chercheur doit être hypothético-déductive ; il analyse la situation vécue par le sujet et développe des hypothèses sur les réponses probables ; à partir de ces hypothèses, il construit un guide d'interview sélectionnant les domaines à aborder et précisant les données pertinentes à recueillir.

La conduite de l'entretien focalisé est d'abord non directive : la non-directivité dans l'interview signifie intérêt et confiance soutenue et interventions non structurées, ceci afin d'assurer le maximum de fiabilité au discours. C'est dans ce climat que l'interviewer est amené au moment opportun à conduire son exploration en allant toujours du général au particulier :

– récit de l'expérience,

– exploration de l'ensemble des thèmes du guide,

– recherche progressive des spécificités (focalisation sur les détails significatifs, mise en relation du discours avec l'expérience vécue, demande de précision, etc.),

– recherche de la profondeur par une reformulation des sentiments implicites exprimés,

– exploration du contexte personnel, psychologique et social de l'interviewé qui connote la situation évoquée de significations particulières.

L'entretien focalisé constitue un bon modèle de ce qui est parfois appelé entretien semi-directif qui représente une part importante des entretiens effectués en psychologie sociale. L'attitude non directive facilite et stabilise le discours, c'est l'attitude de base à partir de laquelle le chercheur est amené à conduire son exploration qui doit être la plus précise et complète possible en référence à ses hypothèses auxquelles se réfère un guide d'entretien extrêmement détaillé. L'exposé théorique est clair, la mise en pratique moins évidente ; comment concilier dans la relation d'interview des objectifs aussi différents que non-directivité et questions directes, profondeur des sentiments et précision factuelle et quels sont les effets de biais et de distorsion d'une telle non-directivité calculée sur l'élaboration du discours de l'interviewé ?

LES RECHERCHES MÉTHODOLOGIQUES

A partir de 1950, se développe aux Etats-Unis une série de recherches nombreuses sur les problèmes méthodologiques posés par l'entretien. Les unes sont consacrées aux biais et distorsions provoqués par l'enquêteur sur les données recueillies, les biais n'étant repérables que par comparaison, ces recherches aboutissent à des conclusions tendant à promulguer la standardisation systématique des questions et... des interviewers dont l'idéal serait d'être de véritables robots substituables.

D'autres recherches tout aussi nombreuses sont consacrées à « l'anatomie » de l'entretien et s'appliquent à l'étude du contenu et des structures temporelles des interactions.

Directivité – Non-directivité

Le problème de l'utilisation de la technique directive ou non directive dans l'entretien est posé par H. Hyman (1954) en terme de validité et de fiabilité de l'information : la validité exige que l'information produite corresponde à ce qui est cherché et qu'il y ait très peu de variations dans les données quel que soit l'interviewer. La fiabilité suppose que les informations recueillies correspondent effectivement aux faits ou à ce qui est réellement pensé.

Dans le champ clinique, on recherche la profondeur et la complexité des processus mentaux à partir de cas individuels : l'orientation vise plus le traitement que la collection de données comparables. Ces entretiens sont fondés sur une relation interviewer-interviewé chaleureuse et empathique et dominée par le postulat de la dualité du contenu manifeste et latent du discours.

Pour H. Hyman, ces deux conditions constituent des facteurs d'invalidité des informations recueillies ; l'interviewer non directif manque à la règle de la formalisation contrôlée de son attitude et élabore des conclusions conformes à ses présupposés. Murray (cité in H. Hyman, 1954, p. 28), souligne de tels dangers méthodologiques :

> « Même pour décrire des personnes normales, le point de vue psychanalytique produit artificiellement une exagération des problèmes névrotiques parce que le praticien est formé pour observer de tels problèmes. »

L'approche indirecte systématisée par F.J. Roethlisberger est également critiquée. H. Hyman reconnaît la force méthodologique de la logique générale de cette approche, mais remarque une disproportion entre ce modèle théorique et les procédures techniques concrètes utilisées par les interviewers : là encore aucune standardisation possible. De même la suspicion des cliniciens à l'égard du contenu manifeste du discours et la recherche systématique des attitudes sous-jacentes supposent une grande liberté d'évaluation et de jugement de l'interviewer qui accroît considérablement le risque d'erreur.

Directivité et non-directivité dans l'entretien engagent un certain statut des données recueillies. La directivité permet une définition claire de l'outil concret d'investigation, un contrôle de son utilisation et la neutralité verbale de l'interviewer ; elle favorise la comparabilité et la précision des réponses ; elle détermine la validité de l'information. La non-directivité repose sur une conception théorique de l'investigation, sur une possible prise en compte, à posteriori, des interventions concrètes de l'interviewer et sur sa neutralité éthique ; elle favorise l'authenticité et l'authentification des réponses par la prise en compte de leur contexte ; elle détermine la fiabilité de l'information. Comment concilier validité et fiabilité ?

> « Si nous considérons les études réalisées, il apparaît que nous avons le choix entre des données pleinement fiables et parfaitement stériles, ou valides mais avec une absence quasi totale de fiabilité. » (H. Hyman, *ibid.*, p. 30.)

H. Hyman choisit la validité, il propose des mesures visant à neutraliser les facteurs de biais dans l'interview : contrôle, rigueur, instrumentalisation de l'interviewer lui-même ; ce projet de maîtrise est considéré comme « un point de vue naïf » par D. Katz (1956, p. 225), qui écrit dans un résumé critique du travail de H. Hyman :

> « Il est trop facile de penser que plus l'interviewer est passif et plus ses questions sont émasculées, plus les réponses sont valides (...), la standardisation des données comme celle des procédures d'analyse reste un problème entier. Nous avons été *trop contents* de critiquer les méthodes incontrôlées des anthropologistes et de pousser au développement des techniques raffinées de manipulations statistiques. »

Derrière les notions de directivité et de non-directivité, se dessinent des conceptions radicalement différentes de la recherche en sciences humaines. Trois conceptions de l'entretien semblent prédominer.

– La première, que nous allons maintenant développer, vise la neutralisation par le contrôle quasi-expérimental des techniques et des données recueillies ; sophistiquée et pratiquement inapplicable, elle conduit à déplacer l'intérêt scientifique sur les abstractions statistiques et occulte le problème du sens et de la fiabilité des données.

– La deuxième, qui correspond au courant dit « non directif » appliqué à la recherche, antérieurement nommée « approche indirecte » par ses fondateurs, suppose un engagement subjectif important de l'interviewer qui devient une véritable technique pour favoriser la parole et rechercher des contenus « latents », « sous-jacents » ou encore « profonds » (R.L. Gordon, 1956). Cette stratégie dont les modalités concrètes ne peuvent pas être déterminées d'avance parce qu'elles supposent une adaptation permanente à la parole de l'interlocuteur est considérée curieusement par ses utilisateurs comme fondamentalement neutre.

– La troisième est intermédiaire : elle cherche à combiner l'attitude non directive qui favorise la confiance de l'interlocuteur (manifestation d'intérêt, art de la formulation), comparée parfois à une véritable suggestion hypnotique (T. Caplow, 1956), et le projet directif : rechercher des réponses à une série de questions dont la formulation peut être variable, c'est la position que prennent la plupart des auteurs de traités méthodologiques. (S.T. Richardson, B.S. Dohrenwend, D. Klein, 1965 ; C.F. Cannel et R.L. Kahn, 1968 ; R. Gorden, 1969 ; J. Galtung, 1969.)

Les biais et les distorsions dans l'entretien

En 1948, le National Opinion Research Center (Université de Chicago) décide de mener des recherches visant à isoler, mesurer et contrôler l'effet de l'interviewer sur les opinions collectées dans l'interview. L'objectif de ces programmes est d'affiner la fiabilité des conditions d'utilisation de l'entretien, mais également de remettre un peu d'ordre dans l'étonnante diversité des approches mises en œuvre par les chercheurs depuis les années trente. Ce travail remarquable, effectué sous la direction de H. Hyman, correspond bien à une volonté de reprise en main d'un outil, utilisé à tort et à travers, sans véritable connaissance précise des inférences et artefacts produits, mais fournit également l'occasion de rétablir la primauté scientifique des techniques standardisées sur les approches dites indirectes ou non directives.

Cette valorisation des techniques standardisées correspond à un choix méthodologique de H. Hyman et sa démarche apparaît à bien des égards comme une sorte de « contre-réforme » face au développement considérable, dans les années cinquante, de la tentation non directive et de « l'aversion » qu'elle manifeste à l'égard des questionnaires ordonnés.

> « Il n'y a pas de limite à l'invention pour le chercheur en sciences sociales qui imagine les approches indirectes. (...) Les approches indirectes reflètent une attitude de défiance à l'égard de la méthode de recherche d'opinion la plus évidente : le questionnaire ; ces chercheurs ont tous en commun la même aversion à utiliser une question pour obtenir l'opinion des gens. » (H. Hyman, 1950, p. 362.)

La campagne en faveur de la non-directivité s'appuyait sur l'élimination des effets d'inférence et de suggestion des questions, la défense du questionnaire standardisé passera par une étude systématique des biais et distorsions provoqués par l'interviewer et la situation d'interview. Certains des arguments avancés par F.J. Roethlisberger ou C.R. Rogers ne sont pas véritablement réfutés (l'étude des biais provenant de l'interviewer ne permet pas de corriger l'effet propre du système des questions), mais s'il est montré que l'attitude personnelle de l'interviewer ou de la situation d'enquête joue un rôle important dans le sens des réponses, l'entretien non directif considéré comme plus impliquant pour l'interviewer se trouve mis en question. La mobilisation du National Opinion Research Center ressemble moins à une défense du questionnaire qu'à une contre-attaque menée contre l'orientation non directive dans la recherche sociale.

S.H. Rice (in H. Hyman, 1950) avait déjà remarqué qu'une mise en perspective des résultats obtenus par différents interviewers, à partir d'un échantillon équivalent pouvait montrer des variations de résultats allant jusqu'à 50 %. Quels sont les facteurs qui commandent de tels effets ?

H. Hyman (1950) distingue trois types de facteurs :
– ceux qui découlent du fait que les interviewers ne sont pas des machines et que, par conséquent, leur travail n'est jamais strictement identique,
– ceux qui proviennent de la non-fiabilité des réponses de l'interviewé qui sont toujours plus ou moins fluctuantes (que l'on peut mettre en évidence dans les techniques d'auto-administration des questionnaires),
– ceux qui sont dus à l'interaction interviewers-interviewés. Ces derniers facteurs sont relatifs à la façon dont l'interviewé voit l'interviewer et aux attentes de l'interviewer à l'égard de l'interviewé.

Les attentes sont elles-mêmes fonction de la façon dont l'interviewer perçoit l'interviewé, de ses hypothèses de cohérence d'attitude dans les réponses et de son idéologie personnelle.

Les facteurs les plus faciles à mettre en évidence sont relatifs à la façon dont les interviewés perçoivent l'image de l'interviewer. Dans tous les cas, la réponse de l'interviewé tend à être conforme à l'idée qu'il se fait du point de vue de l'interviewer. Par exemple, si l'on demande si l'armée est injuste à l'égard des Noirs, 35 % de Noirs répondent oui à des interviewers noirs alors que 11 % seulement seront affirmatifs avec des interviewers blancs. On montre également que même si l'interviewer ne pose pas de question et n'enregistre pas les réponses mais tend une urne dans laquelle l'interviewé dépose un bulletin secret, les résultats varient en fonction du type d'interviewer. (D. Robinson, in H. Hyman, 1950.) Les variations sont bien sûr différentes selon les lieux d'enquête : l'étude des effets de l'interviewer noir ou blanc sur une population noire varie selon le lieu géographique ; les différences observées sont, par exemple, de 24 % à Memphis alors qu'elles ne sont que de 9 % à New-York.

M. Benney, D. Riesman et S.A. Star (1956) rapportent une recherche effectuée sur le rôle de l'âge et du sexe de l'interviewer dans des réponses obtenues à une question sur les habitudes sexuelles considérées comme cause de la maladie mentale. Ils montrent que les effets dus à l'âge et au sexe sont intimement corrélés au sujet abordé.

Aux perceptions de l'interviewé, qui ne représentent qu'une facette du problème, s'ajoutent les attentes de l'interviewer. Celles qui correspondent à une exigence de structure, de cohérence (ce que H. Hyman nomme « attitude structure expectation ») sont les plus inductrices :

> « Les interviewers comme la plupart des êtres humains semblent croire que les autres êtres humains ont une structure d'attitude logiquement cohérente et intégrée. »

Ainsi sur la base des premières réponses de l'interviewé, l'interviewer élabore des hypothèses sur l'attitude de l'interviewé, et anticipe les réponses à venir.

C'est dans un ouvrage exhaustif et synthétique que H. Hyman (1954) rapporte d'une façon détaillée les expériences effectuées sur les effets de l'interviewer dans l'entretien et analyse les différents résultats, confirmant les premiers travaux publiés en 1950. Le dernier chapitre de l'ouvrage est consacré aux procédures permettant la réduction et le contrôle des biais.

H. Hyman propose quatre types de mesures :

– *Le profil de l'interviewer idéal*
Les erreurs provenant des qualités personnelles des interviewers doivent être réduites par un contrôle du profil de l'interviewer : celui-ci doit avoir une formation supérieure, une expérience

importante (participation à plus de 25 études), être une femme, être âgé de 35 à 44 ans, avoir une personnalité comportant une légère tendance à l'introversion, des orientations culturelles plus associées aux valeurs esthétiques et théoriques qu'aux valeurs économiques et politiques, des intérêts plus littéraires que commerciaux...

– *Les erreurs de l'interviewé*
Elles sont principalement dues à la différence de groupe social d'appartenance de l'interviewer et de l'interviewé. Le fait par exemple que des interviewers appartenant à la classe moyenne enquêtent auprès de la classe ouvrière distord les résultats dans le sens du conservatisme.

– *Les erreurs provenant des fluctuations de la situation d'enquête*
La solution, c'est la standardisation ou mieux encore l'auto-administration.

– *Procédures permettant de contrôler les réductions d'erreurs*
Ce sont essentiellement les comparaisons systématiques des résultats et l'application des procédures mathématiques définissant les intervalles de confiance.

Les conclusions de cet ouvrage sont très conformes aux hypothèses de H. Hyman : l'idéal de l'enquête est l'instrumentalisation pure et simple de l'enquêteur et mieux encore sa suppression. On remarque combien le courant d'idée qui porte de telles recherches est contraire en tout point à celui qui soutient l'intérêt des procédures non directives, mais correspond au même idéal d'obtenir des données « chimiquement pures ».

De nombreuses recherches seront menées depuis H. Hyman sur les effets de l'enquêteur, bête noire des perfectionnistes du questionnaire.

R. Hanson et E. Marks (1958) insistent sur trois facteurs qui apparaissent comme les plus importants à la suite d'une large étude sur le sujet :

– La résistance de l'interviewer à poser la question ; la tendance à omettre ou altérer la réponse et/ou à prendre la réponse à son propre compte.
– La grande ambiguïté de la notion d'enquête qui mobilise toujours une certaine « subjectivité ».
– La tendance chez l'enquêteur de compléter ou d'ajouter des questions qui altèrent les réponses initiales de l'interviewé.

K.J. Gergen et K.W. Back (1962) remarquent que les biais provenant de l'interviewé ont une fonction de protection et que les réponses dites « socialement désirables » ou « déviantes » ou même les « non-réponses » constituent en fait des éléments de compréhension et des indices de biais. L'interviewer représente une demande sociale, il est l'inquisiteur, les procédures de « désengagement » de l'interviewé doivent faire l'objet d'une attention particulière du chercheur.

Enfin, J.M. Converse et H. Schuman (1974) vont « discuter à bâtons rompus » avec 150 enquêteurs professionnels ; ceux-ci parlent de « leurs problèmes, des solutions qu'ils inventent, et "confessent" leur faiblesse ». L'ouvrage comporte une bibliographie commentée des principales publications consacrées à cette recherche des biais dans l'interview. On perçoit alors combien ce thème fut mobilisateur pour les psychosociologues des années cinquante aux années soixante-dix, notamment aux Etats-Unis.

Les efforts de contrôle méthodologique visaient à donner à la méthode d'enquête un statut comparable à l'expérimentation par une même rigueur dans les procédures d'administration de la preuve. Ces recherches, intéressantes en soi, n'ont certainement pas atteint leur but ambitieux : la situation naturelle de l'enquête mobilise des variables complexes pratiquement impossibles à maîtriser : l'idéal de la standardisation conduit à imaginer les enquêteurs « robots », parfaitement identiques, ou encore à valoriser les procédures d'auto-administration des questionnaires. Conclusions décevantes, si l'on considère la pauvreté sémantique des données ainsi collectées ; hormis celles qui se réfèrent à des faits vérifiables, la stabilité des réponses, quel que soit l'interviewer, a pour corollaire la perte irrémédiable de leur sens. Ce sens de la réponse dépend moins de la formulation de la question que de l'interaction qui s'instaure entre les interlocuteurs : comment les personnes enquêtées perçoivent ces « robots » questionnants, quel type de parole forgent-ils pour répondre à la situation ?

De nombreux chercheurs ont étudié les interactions dans l'interview et en particulier dans l'entretien thérapeutique qui comporte une gamme complexe et variée d'interactions.

L'ANATOMIE DE L'ENTRETIEN

Dans un ouvrage de référence, consacré à l'analyse quantifiée des interactions dans les entretiens thérapeutiques, J.D. Matarazzo et A.N. Wiens (1972) réunissent une bibliographie qui comporte cent quinze ouvrages ou articles parus entre 1940-1970 portant sur l'analyse des interactions dans l'entretien. Deux types d'études sont alors menés à partir d'observations systématiques ou d'analyses à posteriori d'enregistrements ; d'une part, des analyses du contenu des interactions notamment initiées par C.R. Rogers (1942, tr. fr. 1977) lui-même ; d'autre part, des recherches sur la structure temporelle des interactions à partir des travaux de E.D. Chapple (1949).

L'analyse du contenu des interactions

Il n'existe pas à notre connaissance de travaux sur l'analyse de contenu des interactions dans l'E.N.D.R. Les études que nous mentionnons concernent toutes le champ thérapeutique ; même si des procédures de simulation du type entretien d'enquête sont utilisées, elles visent la mise en évidence des mécanismes relationnels thérapeute-patient (J.D. Davis, 1971). Les travaux et théories issus du champ thérapeutique sont également intéressants pour l'étude de l'E.N.D.R. dont nous avons pourtant formellement distingué la fonction de celle de l'entretien thérapeutique. Les recherches menées à propos de l'entretien « centré sur le client » apportent des éléments de réflexion très féconds sur les biais et distorsions provoqués par l'interaction « non directive » et constituent des modèles d'expérimentation parfaitement applicables au champ de la recherche.

L'objectif de ces études est de révéler les mécanismes en jeu dans l'effet thérapeutique et d'étayer certaines positions théoriques sur l'origine de cet effet. On sait que C.R. Rogers attribue à la notion de *growth*, maturation, un rôle essentiel dans le procès thérapeutique, alors que d'autres auteurs comme E.H. Porter (1950) insistent sur la notion de climat psychologique. La maturation correspond à une tendance naturelle de l'être à l'intégration plutôt qu'à la désintégration, à l'indépendance et à l'auto-détermination des valeurs. Le climat psychologique est défini par E.H. Porter comme la conception d'autrui que se fait le sujet, conception implicite dans son interaction avec autrui. C.R. Rogers insiste sur l'indépendance du sujet, avec pour corollaire l'absence d'influence du thérapeute ; E.H. Porter parle de situations d'apprentissage d'attitude :

> « Les attitudes que l'on a envers autrui jouent un rôle très significatif dans la façon dont autrui en vient à s'évaluer lui-même. » (*Ibid.*)

Ces deux positions théoriques non exclusives ont stimulé les études sur les interviews : E.H. Porter élabore une grille d'interprétation permettant de catégoriser les « réponses du conseiller », toujours très utilisée dans les sessions de formation à l'entretien.

D.V. Bergman (1951) étudie les interactions des demandes du client et les réponses du conseiller : son analyse porte sur des unités d'interaction comportant trois items :
– expression verbale du client qui demande une évaluation au conseiller,
– évaluation du conseiller,
– expression suivante du client.

L'objectif de D.V. Bergman est de montrer les corrélations existantes entre ces trois éléments interactionnels, et d'évaluer le type de réponses du conseiller susceptibles d'avoir un effet positif ou négatif sur le processus thérapeutique. L'auteur élabore des catégories d'analyses différentes pour les trois séquences interactionnelles qu'il applique à 246 unités sélectionnées dans 60 interviews. Ces catégories sont les suivantes :

A – Demande du client

A_1 Demande de solution du problème
A_2 Demande de mise au point
A_3 Demande de confirmation du point de vue du choix de l'action
A_4 Demande de guidage pour l'exploration du problème

B – Réponse du conseiller

B_1 Interprétation
B_2 Structuration
B_3 Demande de clarification
B_4 Réflexion sur les sentiments antérieurs ou postérieurs
B_5 Réflexion sur les sentiments actuels

C – Expression conséquente du client

C_1 Répétition de la demande
C_2 Abandon de l'auto-exploration
C_3 Continuation de l'auto-exploration
C_4 *Insight*

Après avoir effectué un traitement statistique des fréquences d'apparition des différentes catégories et des configurations des unités interactionnelles, D.V. Bergman recherche quelles sont les réponses du conseiller qui accroissent l'aspect positif du processus thérapeutique (C_3, C_4) et celles qui accroissent l'aspect négatif (C_1, C_2). La réflexion sur les sentiments est le seul type de réponse qui entraîne significativement une continuation de l'auto-exploration et l'*insight* du client ; l'interprétation et la restructuration accroissent les aspects négatifs du processus : répétition de la demande et abandon de l'auto-exploration ; la demande de clarification tend largement à maintenir le statu quo.

Parmi d'autres recherches menées sur l'analyse de contenu des interactions, celle de C.B. Truax (1966) est particulièrement intéressante pour l'E.N.D.R. Le travail de C.B. Truax vise à apporter des éléments d'information pour éclairer le débat Rogers-Skinner. Alors que C.R. Rogers attribue à la notion de *growth* le rôle essentiel dans le progrès thérapeutique, les thérapeutes comportementaux considèrent que la technique de thérapie « centrée sur le client » fonctionne en fait par un système de conditionnements opérants dont les stimuli-récompenses sont constitués par le plus ou moins haut niveau d'empathie et de chaleur humaine dispensées par le thérapeute en fonction de l'attitude du patient. Analysant les thérapies effectuées par C.R. Rogers lui-même, C.B. Truax montre que le thérapeute répond dans un sens significativement spécifique pour cinq types de comportements observés des patients sur neuf et que, parallèlement, les comportements ainsi « renforcés » deviennent plus fréquents, au fur et à mesure de l'avancement de la thérapie ; sont notablement renforcés les similarités de style de l'expression du patient avec celle du thérapeute, les attitudes discriminantes, les « insight ».

Enfin, il faut mentionner le travail de J.D. Davis (1971) qui effectue un travail expérimental sur l'interaction en psychothérapie également sur l'effet du comportement du thérapeute sur le patient. L'entretien non directif de recherche est utilisé comme modèle expérimental de la situation thérapeutique. L'auteur veut démontrer que le thérapeute a une stratégie implicite de prise de pouvoir dans la relation et qu'il utilise des techniques qui servent à accroître la dépendance du patient. Si le patient n'est pas suffisamment anxieux, le thérapeute mobilise l'anxiété. La source du pouvoir viendrait essentiellement de la technique d'*incrustability* du thérapeute. J.D. Davis analyse l'effet des évaluations négatives ou positives de l'interviewer sur la fréquence des messages de demande et constate que les évaluations négatives accroissent significativement les messages de demande de l'interviewé et entraînent une plus grande persistance et contraction de la position de l'interviewé ; celle-ci est analysée comme une stratégie de protection de soi en situation de dépendance.

Les questions soulevées par ces différentes recherches concernent directement le problème des biais et des distorsions dans l'E.N.D.R. ; sans nier les différences qualitatives concernant la demande initiale de l'entretien, l'imposition d'un thème, et le bénéficiaire de l'expérience, trois points essentiels qui distinguent classiquement entretien thérapeutique et E.N.D.R., le système des interactions peut être comparable dans les deux cas. On remarque alors que la thèse rogérienne de la non-influence du thérapeute est d'autant plus validée que le patient émet une demande correspondant à une réelle souffrance psychique et d'autant moins que l'interviewé répond à une demande de recherche de l'interviewer ; alors le « climat psychologique » de la relation est non seulement un catalyseur de l'évolution mais les influences des interventions explicites (Bergman) et des attitudes implicites de l'interviewer (Truax) peuvent bien avoir un rôle structurant dans la production même du discours. De même, les travaux de J.D. Davis (*op. cit.*) et de A.W. Siegman et B. Pope (1972) sont susceptibles d'éclairer le rôle manipulateur de l'interviewer dans ses attitudes corporelles de retrait ou d'attention soutenue que l'on observe sur des entretiens vidéoscopés.

Ces travaux sur l'analyse de contenu des interactions démontrent à la fois le rôle structurant de l'interviewer non directif, et la relative invisibilité de son action sur l'interviewé. Cette observation est confirmée par les travaux que nous décrivons maintenant sur la structure temporelle des interactions.

La structure temporelle des interactions

Les nombreuses recherches effectuées sur ce thème partent de l'hypothèse que la répartition temporelle des séquences d'interaction dans un entretien donne des indications sur les positions diverses des interlocuteurs à partir de mesures précises et vérifiables.

E.D. Chapple (1949) invente un instrument qui permet de mesurer en temps réel différents composants temporels des interactions : l'*interaction chronograph* qui permet à l'observateur de transcrire sur un papier dérouleur la fréquence des actions langagières et leur durée, la fréquence et la durée des pauses, les prises d'initiative de communication après silence, les dominances, la synchronisation des actions, etc. De nombreux chercheurs utiliseront ce système d'observation (J.S. Phillips, 1957 ; J.D. Matarazzo et A.N. Wiens, 1972) ou des systèmes plus sophistiqués, comme le *Automatic Vocal Transaction Analyser* qui ne nécessite aucun observateur (L. Cassota, J. Saffe, S. Feldstein et R. Moses cités in E.K. Weick, 1968). La mesure temporelle des interactions réduit l'analyse du dialogue à ses « signes éthologiques » et conduit parfois à des interprétations en terme de soumission ou dominance des interlocuteurs ; toutefois la technique permet d'étudier l'importance des éléments temporels signifiants dans le dialogue et en particulier les phénomènes de silence, hésitations, durée de la prise de parole, etc.

E.D. Chapple (in K.E. Weick, 1968, p. 378) imagine la technique dite du *stress interview* qui vise à amplifier artificiellement et repérer l'effet des silences de l'interviewer « non directif ». E.D. Chapple part de l'hypothèse que le silence de l'interviewer constitue un type d'intervention masqué, qui peut avoir des effets de domination, soumission, adaptation, etc.

Pour créer artificiellement et contrôler ce silence il demande à un interviewer de suivre le protocole suivant : après dix minutes d'entretien non directif, il doit tenter d'induire un stress en restant majoritairement silencieux pendant les quinze minutes suivantes (il ne doit prendre la parole que si l'interviewé reste lui-même silencieux plus de quinze secondes et ne doit pas intervenir plus de cinq secondes) ; après cette période de silence, sont prévues cinq minutes de discussion normale et à nouveau quinze minutes de stress, induit par douze interruptions de parole de cinq secondes.

Les résultats sont intéressants, car ils montrent à la fois les limites de cette approche et la complexité du problème : ni les observateurs extérieurs ni les interviewés ne perçoivent l'artifice expérimental ; rien ne semble distinguer de tels entretiens induits des situations « naturelles ».

K.E. Weick (1968), qui rapporte l'expérience, en déduit les conséquences méthodologiques pour l'entretien de recherche : moins le comportement de l'interviewer est standardisé, plus la méthode de collecte des données est précise et naturelle. En effet, le sentiment de liberté de parole que provoque l'attitude non directive amène l'interviewé à ne pas percevoir les relances pré-conçues par l'interviewer et à considérer que l'entretien est parfaitement libre et spontané. De ce fait, aussi longtemps que l'interviewer favorise ce sentiment par son attitude non directive, il peut soumettre habilement à l'exploration de l'interviewé tous les thèmes prévus par la recherche sans risque d'éveiller une quelconque résistance. Le processus interactionnel ainsi engagé amène un transfert invisible des objectifs de l'interviewer à l'interviewé et permet d'assurer sa totale collaboration.

J.J. Rousseau écrivait déjà dans *Emile* :

> « Il n'y a point d'assujettissement si parfait que celui qui garde l'apparence de la liberté ; on captive ainsi la volonté même (...) sans doute, l'élève ne doit faire que ce qu'il veut ; mais il ne doit vouloir que ce que vous voulez qu'il fasse. »

Les recherches consacrées à l'anatomie de l'entretien démontrent les effets structurants de l'attitude non directive dans l'entretien, ainsi que leur quasi-totale invisibilité. La thèse de la neutralité des données recueillies est infirmée. Il reste toutefois de nombreuses questions non résolues, notamment concernant la variation du degré d'influence selon la situation, le projet de l'interviewer et l'engagement du discours de l'interviewé.

Toutes ces recherches méthodologiques, qui couvrent principalement la période 1950-1970 aux Etats-Unis, représentent plusieurs centaines d'articles et d'ouvrages dont nous avons extrait des échantillons marquants. La plupart s'inscrivent dans des présupposés théoriques. Le foisonnement de ces articles montre l'intérêt considérable que le courant scientifique porte alors sur l'entretien. Plus qu'un dispositif, c'est un véritable phénomène de société que les hommes de science cherchent à maîtriser.

Cela n'a pas eu lieu en France, pourquoi ? Peut-être parce que la psychothérapie est restée essentiellement psychanalytique avec d'autres référents, d'autres objectifs qui visent moins la justification de la science expérimentale que la fondation d'une nouvelle épistémologie.

L'E.N.D.R. EN FRANCE

La bibliographie en langue française concernant l'E.N.D.R. est peu abondante : quelques dizaines d'articles et ouvrages couvrant une période d'une vingtaine d'années, alors qu'elle se chiffre par plusieurs centaines pour la même période aux Etats-Unis.

L'introduction de la thérapie et de la pensée rogérienne s'est faite sous l'impulsion de M. Pagès (1952). G. Palmade (1955) reprend brièvement dans une note les consignes de F.J. Roethlisberger, discute l'apport rogérien et son transfert dans la recherche. Mais il faudra attendre les années 1960 pour voir apparaître les premières réflexions approfondies sur l'E.N.D.R. Il n'est pas exclu qu'une certaine résistance des psychologues, sociologues et anthropologues nationaux soit à l'origine de cette difficile pénétration du dispositif dans la recherche française. On se souvient du compte rendu de C. Levi-Strauss (1949) du livre de D.C. Talayesva *Soleil Hopi* dans lequel il considère que les documents biographiques ne doivent pas être systématiquement recueillis parce que l'expérience individuelle ne constitue pas selon lui un objet scientifique. On peut également citer les déconvenues du sociologue américain D. Lerner (1956) venu « interviewer des Français », devant la résistance farouche qu'ils opposaient à l'entretien. Le terrain n'était pas propice, ni du côté des spécialistes ni du côté de la population. Mais la cause principale de cette résistance à C.R. Rogers est sans doute l'influence majeure de la psychanalyse dans tous les secteurs concernés. C'est peut-être la raison pour laquelle c'est dans un domaine de « science appliquée » que l'E.N.D.R. s'est d'abord développé pendant une dizaine d'années avant d'être pleinement utilisé ensuite dans tous les secteurs des sciences humaines (psychologie, sociologie, ethnologie, histoire).

L'E.N.D.R. ET LES ÉTUDES DE MOTIVATIONS

La promotion de l'E.N.D.R. a été principalement faite en France dans les années 1960 par les spécialistes des études de motivation ; ces études de psychologie sociale appliquées à la connaissance des besoins du consommateur et des mobiles de ses comportements trouvent dans l'E.N.D.R. un instrument adéquat au projet :

> « La recherche de motivation se préoccupe de dégager les moteurs réels du comportement observable : elle cherche donc à identifier et à situer les différents besoins intéressés dans telle situation. Elle vise en même temps à déterminer le sens du comportement ; c'est-à-dire la forme questionnante que revêt la situation de tension pour un sujet concerné. » (G. Serraf, 1964.)

Orientés vers la recherche des niveaux stables des comportements (attitudes et motivations) et du sens de ces comportements (prise en compte de leur contexte), ces études poursuivent des objectifs qui ressortissent bien des indications formulées par F.J. Roethlisberger et W.J. Dickson pour l'utilisation de l'E.N.D.R. :

> « La méthode indirecte, quelles qu'en soient les applications particulières, présente l'avantage majeur d'éviter d'imposer un plan de réalité à l'interlocuteur, de s'abstenir d'introduire le biais systématique des rationalisations, d'ouvrir le champ des expressions spontanées à celui qui est en face de nous en tant que *sujet*, en qui est concentrée toute l'importance de l'entretien. » (*Ibid.*)

Mais alors que l'analyse des données jugées peu comparables est considérée aux Etats-Unis comme le point critique du procédé, ses promoteurs français soulignent l'importance de *l'interprétation* du contenu pour en dégager les structures stables et opérantes :

> « Si mon propos est d'atteindre à la compréhension des comportements concrets, à la connaissance du plus profond, à l'étude des colorations affectives que suscite le langage des mots et des images, à la signification des réactions dans la trame des valeurs essentielles d'un homme ou d'un groupe humain, c'est non pas en leur demandant ce qu'*eux-mêmes ignorent intellectuellement*, tout en le vivant intensément, mais en opérant *une prospection des signes à interpréter* [1] que j'y parviendrai. » (*Ibid.*)

---

1. Souligné par nous.

Ainsi, contrairement à sa version américaine qui vise à restituer à la personne sa propre parole sur une situation donnée et à décoder le sens dans le contexte de l'entretien, la version française telle qu'elle est développée par les spécialistes des motivations recherche, au-delà de cette parole à nouveau jugée suspecte d'ignorance, des pensées non conscientes qui seraient les véritables moteurs des discours et des comportements : les motivations.

> « Les motivations sont des besoins principalement inconscients, des mobiles, ayant leur logique propre, leur dynamisme spécifique, provoquant au niveau de la conduite les zones d'attirance (les intérêts, les désirs, les voies de facilitation) ; les zones de régulation (les craintes, les rejets, les blocages, les résistances). » (*Ibid.*)

L'E.N.D.R. s'inspire des données de la clinique psychanalytique pour mieux bénéficier de son label : la psychanalyse rentre ainsi dans le domaine public et la société de consommation. L'inconscient freudien devient dans cette nouvelle perspective le fourre-tout où se côtoient l'inconnu, l'implicite, l'inexpliqué, l'ignoré, etc. La nouvelle version du « sujet social » le constitue en objet de connaissance positive : version apocryphe elle déforme les apports de S. Freud, trahit sa conception du sujet, du désir et de l'inconscient, dont elle laisse croire qu'il est possible d'en rendre compte à partir de l'interprétation des données obtenues à l'aide d'un entretien.

C'est donc une conception « objectiviste » de la réalité psychique qui est soutenue par les spécialistes de l'étude des motivations :

> « Le stade indirect est un mouvement vers l'objectivité : on cherche enfin à utiliser toute l'information que l'on peut obtenir pour essayer de dégager ce que les consommateurs font, pensent ou aiment *réellement* [1]. La réalité se situe au niveau des phénomènes que les apparences permettent de déceler. Des signes, des symboles, des indices, sont utilisés dans la recherche des significations. » (J. Marcus-Steiff, 1960, p. 80.)

1. Souligné par nous.

Dans ces conditions, « l'important n'est pas ce que le consommateur dit, mais ce qu'il ne dit pas » et le paradoxe consiste à considérer ce qu'il ne dit pas comme la *réalité* de ce qu'il dit. Tout, l'hypothèse, l'explication, l'argumentation, la conviction, la réalité du phénomène, est dans les mains de l'interprète du discours. Rien n'est plus vérifiable ni discutable.

> « C'est par rapport aux besoins de l'analyse qu'on définit la profondeur de l'entretien et non pas par une démarche de l'enquêteur, qui prétendrait pénétrer en une ou deux heures dans l'inconscient de son interviewé. » (F. Avril, 1964.)

L'analyse de contenu est l'acte méthodologique essentiel pour ces auteurs alors que l'entretien proprement dit n'est qu'un moyen de recueillir les signes langagiers à interpréter.

Pour parer à d'éventuelles questions concernant la situation d'entretien susceptible d'introduire des biais en amont de l'activité d'interprétation du discours, J. Marcus-Steiff (1960, p. 49) écrit :

> « L'entretien non directif est régi par des règles très strictes, dues pour la plupart à Rogers et constitue un instrument d'obtention des données d'une assez grande rigueur, indépendante de l'enquêteur. Sa pratique exige une longue et difficile formation, voire des aptitudes spéciales. »

Cette affirmation n'est pas conforme aux travaux que de nombreux chercheurs avaient menés à l'époque sur cette question, dont nous rendons compte, et règle bien rapidement le problème.

Les justifications théoriques tirées de la pratique des études de motivation et inspirées de la clinique psychanalytique révisée dans une perspective positive marquent d'une façon durable l'usage de l'E.N.D.R. en France. Ces présupposés peuvent en partie expliquer à la fois la relative carence de réflexion méthodologique sur l'E.N.D.R. et sur son analyse de contenu et l'engouement des psychologues et sociologues pour ce procédé et son développement considérable dans tous les secteurs des sciences humaines en France.

L'E.N.D.R. DANS LA RECHERCHE EN SCIENCES HUMAINES

A la fin des années 1960, l'E.N.D.R. se développe en France dans de nombreux secteurs des sciences humaines ; les publications se font plus nombreuses : les uns émettent réserves et critiques, les autres proposent une validation théorique ou empirique du dispositif ; parfois une polémique se fait jour timidement, mais le plus souvent critiques et validations coexistent dans un même article.

La critique concerne trois domaines différents : elle porte sur les techniques employées, l'éthique de l'interviewer et le champ épistémologique implicite du dispositif. La validation est théorique : tentative de formalisation méthodologique de l'usage de l'E.N.D.R. : insistance sur l'efficacité de l'outil et la richesse des données produites.

La critique

La critique technique concerne l'absence de règles précises dans la conduite de l'entretien, l'imprécision du statut des données produites et l'arbitraire de l'interprétation comme méthode d'analyse de contenu.

– Les principes qui guident la conduite des entretiens sont inspirés de la thérapie rogérienne, or le champ thérapeutique et le champ psycho-sociologique définissent des situations d'interaction opposées en trois points essentiels (L. Kandel, 1972) ; contrairement à la thérapie, dans l'E.N.D.R., *la demande* d'entretien est à l'initiative de l'interviewer qui en définit *les objectifs* et en recueille *les bénéfices* : les interventions du chercheur simulent en partie l'attitude du thérapeute et s'ajustent empiriquement à la situation ainsi produite.

– Aucun critère établi ne permet d'apprécier la qualité d'un entretien (F. Lautier, 1977) : comment distinguer le bon entretien du mauvais ? Est-ce le niveau verbal suffisamment élaboré, la pluralité des dimensions présentes, le rapport plus étroit aux hypothèses de la recherche ?

– Le statut du discours produit est d'une totale imprécision : qu'en est-il du rapport de ce discours à la pratique réelle de l'interviewé :

> « Se plaçant hors des activités de l'enquête, on ne conserve de celles-ci que le regard refroidi de la conscience interrogée. » (F. Lautier, *ibid.*)
>
> « Pour les couches sociales moins "cultivées" ne leur impose-t-on pas de parler "comme il faut", comme à l'école ou comme à la radio ? » (*Ibid.*)

Ce mécanisme permet de souligner le caractère idéologique du discours : l'interviewé pour plaider sa cause fait appel aux idées générales que la société diffuse (A. Grelon, 1978). Le discours est composite. F. Lautier (1977) considère qu'en l'état actuel des choses, il est impossible de distinguer dans ces données ce qui provient du dedans (de l'interviewé) et ce qui provient du dehors (l'interviewer).

– L'interprétation du matériel verbal de type « clinique » pose le problème de la vérification impossible : A. Levy (1974) souligne l'impossibilité pour l'analyste *de voir* son désir de comprendre, de convaincre, de trouver et d'imposer un sens ; G. Namer (1975) rappelle l'absence de corrélation univoque entre le manifeste et le latent, entre un type de parole donné et un type de conflit psychique.

La critique éthique concerne essentiellement la question du pouvoir dans l'entretien. La conduite non directive renforce le pouvoir de l'interviewer : l'information n'étant pas réinvestie sur la personne, l'E.N.D.R. apparaît comme une caricature à tendance manipulatrice de l'entretien thérapeutique rogérien (M. Pagès, 1970) ; le rapport de dominance camouflé donne un pouvoir supplémentaire à l'interviewer (A. Grelon, 1978). L'E.N.D.R. constitue une situation sociale contraignante ; celle-ci est fondée sur un système d'échange, qui laisse le locuteur dans un état de désinformation et l'engage à donner des renseignements sur lui-même sans avoir en retour une information équivalente sur l'enquêteur. Dans cette situation, les fonctions d'interrogation et de dégagement du sens sont concédées provisoirement à la personne interviewée, alors qu'elles sont détenues et contrôlées réellement par l'interviewer (A. Blanchet, 1982).

La critique épistémologique porte sur l'effet de paralaxe « psychologisant » du dispositif, et sur la valeur « scientifique » des données produites. L. Kandel (1972) note que l'entretien surtout non directif ne fait pas que refléter un mode d'organisation social, il en véhicule une théorie. L'ensemble de la situation d'entretien privilégie une orientation qui tend à « privatiser » les rapports sociaux. M. Huguet (1976) souligne également le risque de psychologisation de l'E.N.D.R. susceptible d'éclipser les déterminants socio-économiques en imposant un système explicatif psychologique occultant. La critique épistémologique radicale est portée par P. Bourdieu, J.C. Chamboredon et J.C. Passeron (1968) : l'E.N.D.R. qui rompt la réciprocité des échanges coutumiers incite les sujets à produire un « artefact verbal ».

> « On peut demander n'importe quoi à n'importe qui et n'importe qui a presque toujours assez de bonne volonté pour répondre n'importe quoi à n'importe quelle question. »

Le chercheur croit s'annuler comme tel, neutraliser sa présence dans un empirisme radical, or :

> « Toutes les fois qu'il croit éluder la tâche de construire les faits en fonction d'une problématique théorique, le sociologue se soumet à une construction qui s'ignore et qu'il ignore comme telle, ne recueillant à la limite que le discours fictif que forgent les sujets pour faire face à la situation d'enquête et pour répondre à des questions artificielles, ou encore à *l'artifice par excellence de l'absence de questions*[1]. » (*Ibid.*, p. 65.)

La critique est formulée à partir d'une position scientifique rigoureuse ; rappelant Poincaré « les faits ne parlent pas », les auteurs remarquent alors « c'est peut-être la malédiction des sciences de l'homme d'avoir affaire à *un objet qui parle*[1]. » (*Ibid.*)

1. Souligné par nous.

Les travaux de F.J. Roethlisberger et W.J. Dickson montrent que c'est précisément cette « malédiction » qui les a amenés à poser, comme objet de leur démarche, ce qu'ils ont justement nommé « les non-faits » ; autre regard épistémologique susceptible de faire reculer les résistances du réel que peuvent renforcer dans certaines conditions les positions intangibles de « la science » canonisée.

De nombreux chercheurs ont ainsi souhaité déplacer les limites que créent les techniques soumises à des problématiques dogmatiques et ont été amenés à rendre compte de leur démarche et de leurs résultats.

La validation

Les premières tentatives de théorisation sont très limitées ; elles se réfèrent explicitement au langage de la thérapie : D. Legras (1971) insiste sur la nécessité dans l'E.N.D.R. de « lever les résistances » de l'interviewé pour éviter de recueillir un matériel discursif tronqué et superficiel ; pour cela il faut manifester son intérêt pour le sujet. Mais la validation du dispositif se mesure aux services rendus dans trois domaines principaux des sciences humaines : le recueil des données d'enquête, la clinique des idéologies, la recherche des savoirs sociaux.

Le recueil des données d'enquête

L'E.N.D.R. est appréhendé par R. Ghiglione et B. Matalon (1978) essentiellement comme l'outil de l'étude exploratoire ou éventuellement visant l'approfondissement d'une information. « Entretiens libres et entretiens semi-directifs » (ces auteurs remarquent la quasi-absence de limite entre ces dispositifs) permettent essentiellement d'appréhender globalement une situation et en particulier le problème et la population à laquelle on le pose. Les données collectées doivent être rigoureusement confrontées et analysées, la subjectivité du codeur et de l'analyste neutralisée. Les auteurs proposent une méthode d'analyse sémantique originale : l'analyse propositionnelle du discours qui permet de réduire les erreurs d'interprétation[1]. Dans le déroulement de l'enquête, l'utilisation de l'E.N.D.R. précède en général la constitution d'un questionnaire. Mais employé après la passation du questionnaire, l'E.N.D.R. permet d'élucider les mécanismes langagiers et en particulier les « ambiguisations » découlant de l'imposition stricte des questions (A. Trognon, 1978, p. 435).

La clinique des idéologies

Pour G. Michelat (1975), l'E.N.D.R. constitue un outil essentiel pour étudier les systèmes de valeurs, de normes et de représentations propres à une culture, c'est-à-dire les idéologies. Chaque individu dans une culture intériorise des modèles sociaux. Ces modèles intériorisés peuvent jouer un rôle explicatif dans les comportements sociaux : ainsi il est possible d'atteindre ce qui est le plus individuel et le plus affectif.

> « L'idéologie se situe exactement à l'interface des deux champs épistémologiques de la praxéologie sociale et de la subjectivité individuelle. » (J. Maitre, 1975, p. 252.)

Le caractère « idéologique » des discours prononcés dans l'E.N.D.R., élément critique du dispositif, est utilisé par G. Michelat d'une manière positive. Lorsque l'on observe combien la découverte d'un sens est l'enjeu primordial des interlocuteurs dans l'entretien, on peut à juste titre se demander si le discours prononcé n'est pas « pure idéologie », au sens que lui donne P. Ansart (1976) « thérapie par le verbe et lutte contre le non-sens ».

Ce sont donc ces systèmes de croyances implicites qui peuvent être mis à jour dans un corpus d'entretiens : l'analyse consiste à retrouver le raisonnement *affectif sous-jacent* ; elle procède d'un modèle clinique, modèle de lecture des signes et des symptômes visant à dégager un contenu latent ; elle comporte une part d'interprétation ; elle s'applique à un ensemble de discours (cf. également M.C. d'Unrug, 1974).

---

1. L'analyse propositionnelle du discours (A.P.D.) est présentée de façon détaillée par J.M. Léger et M.-F. Florand dans la cinquième partie du présent ouvrage « L'analyse de contenu » (cf. p. 237).

Les logiques subjectives et recherches de savoir sociaux

M. Simonot (1979) propose une théorisation originale qui ne doit rien au champ thérapeutique : il récuse le style rogérien qui entraîne, dit-il, une « fétichisation » de l'attitude de l'interviewer et détourne l'attention des objectifs. L'objectif premier est « faire dire » : la recherche de l'information est une construction de l'information. L'objectif second est de rechercher la logique subjective que chaque sujet entretient avec un problème, une situation.

Il faut distinguer deux types de rapport à l'objet : le vécu de l'objet ou sentiments de l'interviewé et le rapport à l'objet ; le premier est découvert par une écoute journalistique, le second par une écoute de recherche. L'objet de l'E.N.D.R. est donc l'élucidation par l'interviewé de son rapport au problème, élucidation qui doit tenir compte non seulement de ses propres positions individuelles, mais également du contexte social. Pratiquement l'interviewer fait « accoucher » la construction logique des faits que propose l'interviewé ; il effectue donc l'analyse du discours en temps réel et module ses interventions en fonction de son analyse. En d'autres termes, l'E.N.D.R. permet de construire et d'accéder aux « savoirs » de l'interviewé. Ce type d'utilisation de l'E.N.D.R. se rapproche de celle des biographes. Pour D. Bertaux (1980) l'attitude non directive doit correspondre à une écoute attentive, non passive, qui explore les logiques contradictoires. Le biographe considère son interlocuteur comme un informateur, et s'intéresse non à ce qu'il croit, mais à ce qu'il sait (pour l'avoir vécu directement) ; les récits oraux doivent se rapprocher de l'idéal du document biographique qui reste l'écrit « car l'écriture conduit à la constitution d'une conscience réflexive chez le narrateur ». L'analyse du discours n'est pas une phase secondaire de travail mais incorporée à l'entretien lui-même. La phase suivante sera seulement celle de la restitution des saisies.

L'E.N.D.R. apparaît, au terme de cette analyse des courants d'idées qui le traversent actuellement, comme un kaléidoscope riche en couleurs, mais changeant au gré des méthodes et des techniques. Dispositif empirique, modulable et adaptable aux projets et situations, celui-ci ne saurait dispenser d'énoncer le mode d'utilisation : la méthode de référence, les objectifs et les moyens utilisés.

Si l'on compare les éléments validants et invalidants (critiques), on peut souligner l'effort de définition des objectifs et des moyens effectué sous l'impulsion de l'approche biographique, la finesse et l'intérêt de la clinique de l'idéologie, la prudence de la méthode d'enquête et le développement de techniques d'analyses performantes[1].

La critique épistémologique peut être partiellement levée si l'on considère l'aspect heuristique de l'approche qualitative tel qu'il est reconnu par P. Lazarsfeld (1970) pourtant spécialiste des méthodes quantitatives.

> « Les recherches qualitatives excluent par définition les plans d'expériences et généralement l'analyse statistique. Malgré cela, elles peuvent suggérer l'existence de relations causales et même de processus. L'argument a même été parfois porté à l'extrême et on a suggéré que seule l'analyse qualitative – parce qu'elle est plus ouverte et permet de recueillir des données plus riches, nombreuses et inattendues – peut conduire à la découverte de processus et relations causales inconnues. » (*Ibid.*, p. 338.)

Seule la critique d'ordre éthique, qui s'applique à l'aspect « manipulateur » de l'interviewer, reste entière.

M. Benney et H. Everett (1956) contournaient déjà le problème en soulignant les bénéfices narcissiques que recueillent les personnes ainsi amenées à parler sans contradicteur ; ils montraient également qu'un plaisir de faire dire s'empare le plus souvent de l'interviewer, acteur d'un nouveau jeu social.

> « L'interview est plus encore qu'un outil et un objet d'étude. C'est l'art de la sociabilité sociologique, le jeu que nous jouons pour le plaisir de savourer ses subtilités. C'est notre flirt avec la vie, notre éternelle aventure ; jouer serré et gagner, mais jouer avec détachement et humour ce qui nous donne gagnant ou perdant le désir de continuer à interviewer encore et encore. » (*Ibid.*, p. 137.)

1. A.P.D. et A.R.O., cf. *infra* J.M. Léger et M.-F. Florand, « L'analyse de contenu ».

Deuxième partie

L'ANALYSE DES PRATIQUES

Les règles du jeu dans l'entretien

par A. BLANCHET

L'interviewée (I.E.) choisit le fauteuil, l'interviewer (I.R.) s'assoit sur le canapé, branche le magnétophone, donne à lire une note brève qui définit le cadre très général de la recherche (étude des modes de vie), énonce la consigne.

> I.R. : « Pour commencer, j'aimerais que vous me parliez de votre temps... qu'est-ce que cela évoque, qu'est-ce que ça représente pour vous ? »

I.E. raconte sa vie. Elle est sage-femme de nuit, elle a voulu cet horaire ; le travail c'est son temps de liberté : c'est son choix personnel, celui qu'elle a fait contre l'avis de sa famille. A dix-sept ans, célibataire, elle attend un enfant ; mal comprise par les siens, elle décide de sa vie, garde l'enfant, s'engage dans une formation professionnelle, gagne son autonomie financière et affective. Aujourd'hui, elle partage sa vie entre le jour : l'enfant, l'ami qu'elle voit deux à trois fois par semaine, la solitude, un certain rejet des autres, de la famille, de rares loisirs, et la nuit : le travail, les autres qu'on aide, l'institution protectrice, un sentiment de liberté.

I.E. énonce ses conceptions : elle n'aime pas les couples établis, leurs modes de vie, leurs idées. Le conflit des générations, elle n'y croit pas, il n'y a que les êtres humains. L'évolution technique n'a pas d'importance. L'enfant choisira sa vie lui-même, librement.

I.E. décrit ses pratiques, parle de son institution, de la hiérarchie, des médecins...

Pour cette recherche sociologique, l'objectif est atteint : ce discours à la première personne ajouté au lot des autres entretiens est bien susceptible de rendre compte des systèmes de valeurs véhiculés par les individus d'une couche sociale dont on recherche la définition.

A lire, entendre ou regarder le film de ces entretiens, on est frappé par l'aspect captivant des récits, témoignages, prises de position ; rien du dispositif ne transparaît. Mais si l'on considère comme P. Bourdieu et al. (1968) que les faits ne parlent que si on les interroge, à quelles questions, voire à quelles sollicitations ce discours répond-il ?

Nous voulons dégager les structures d'un entretien comme celui-ci, moyen, typique. Une quarantaine de pages dactylographiées qui vont rejoindre l'anonymat des quelque mille pages du corpus en général constitué pour une recherche donnée. Nous voulons montrer comment « s'écrit » le discours « non directif » :
– Quelles réponses à quelles interventions de l'interviewer offre-t-il ?
– Quel est le statut du matériel verbal produit ?
– Quels sont les mécanismes profonds de l'interaction ainsi générée ?

Les règles du jeu à partir desquelles se construit le mode d'interlocution de l'E.N.D.R. ne sont ni préalables ni directement observables ; les interventions et les discours ne font l'objet d'aucun plan structuré préparé à l'avance. Tout paraît se dérouler spontanément, sans déterminations précises ; pour l'observateur extérieur, chaque entretien est un cas particulier, une histoire singulière : interventions de l'interviewer et discours de l'interviewé s'engendrent de façon imprévisible. Le processus en jeu semble soumis à la seule règle de l'absence de principes qui caractérise l'empirisme absolu. Qu'il puisse exister des structures, c'est-à-dire des ensembles cohérents de fonctions et de mécanismes qui commandent le processus interlocutoire dans l'E.N.D.R. est une hypothèse.

Cette hypothèse repose sur l'idée que toute conduite apparemment improvisée met en jeu des schémas qui pour être ignorés de leur auteur n'en restent pas moins les véritables maîtres du jeu. Ainsi la conduite « non directive » d'un interviewer qui est avant tout constituée de sa seule expérience est aussi corrélative d'un certain savoir qu'il ignore ; de même le discours « non directif » de l'interviewé, considéré comme libre et spontané, est aussi construit par la situation.

Mais ces éléments de structure sont particulièrement difficiles à mettre en évidence dans l'E.N.D.R. dans la mesure où celui-ci tire précisément l'essentiel de son efficacité de leur masquage.

L'expérimentation (K.E. Weick, 1968) a montré que le sentiment de liberté de parole que provoque l'attitude non directive amène l'interviewé à ne pas percevoir les relances expérimentalement préconçues par l'interviewer et à considérer que l'entretien est parfaitement libre et spontané [1]. Aussi longtemps que l'interviewer favorise ce sentiment par son attitude non directive, il peut soumettre habilement à l'exploration de l'interviewé tous les thèmes souhaités pour une recherche donnée sans risque d'éveiller une quelconque résistance.

La magie du verbe fabrique l'alliage où se retrouvent dans un même contenu homogène, ces « figures imposées » et l'expression propre de l'expérience personnelle du locuteur.

Mais, hormis ces interventions calculées à l'avance qui peuvent se trouver dans l'E.N.D.R., la majorité des prises de parole de l'interviewer échappe à toute prévision. Elles procèdent d'un genre que l'on s'accorde communément à appeler « non directif ». L'étude de ces interventions pose un problème particulier : le genre « non directif » conditionne la fabrication d'un discours justement parce qu'il occulte son propre rôle dans cette fabrication. Si comme nous le pensons, une grande partie de l'efficacité de l'E.N.D.R. repose sur ce mécanisme, la description et l'analyse de celui-ci se heurtent à la difficulté de révéler une structure qui vise sa propre occultation.

---

1. Cf. *supra*, A. Blanchet, « Histoire de l'entretien non directif de recherche ».

De son côté, l'interviewé manifeste une intention en répondant positivement à l'offre d'entretien ; alors, que cherche-t-il ? Qu'est-ce qui le fait parler ? Est-ce simplement le désir ou le besoin de se confier à un « professionnel des sciences humaines » ? Est-ce un certain sens civique qui le conduit à participer à une recherche sociale ? Est-ce seulement la curiosité, le besoin de distraction, etc. ? Dans tous les cas, un certain type de relation du sujet à son propre discours est impliqué même si la présence de l'autre est importante.

Après l'analyse des interventions de l'interviewer et du discours de l'interviewé, nous étudions l'ensemble complexe de leurs interactions et proposons le schéma théorique de leur fonctionnement : nous montrons que la mécanique non directive repose sur une forme de dissimulation du niveau social de la communication par le niveau psychologique du discours ; ce deuxième niveau définit des positions discursives imaginaires qui occultent les positions manifestes des protagonistes dans le schéma social de la communication. Cette dynamique manipule la dualité psychologique du sujet interviewé.

Nous aborderons successivement trois points :

– l'analyse des types d'interventions des *interviewers* : le discours de l'E.N.D.R. n'est pas libre et spontané, il n'en a que l'apparence : il est dépendant ; il est adressé à un interlocuteur dont les interventions même « savamment pesées » peuvent être prises en compte, décrites et analysées, leurs effets comparés.

– l'analyse des différentes modalités du discours « non directif » d'un *interviewé* : le discours de l'E.N.D.R. n'est pas un, il est composite, relève de modalités discursives différentes qui peuvent se superposer ou se succéder. Ces modes de discours représentent un type de rapport particulier du contenu évoqué à la personne qui parle, rapport qui à la limite n'exclut pas la mauvaise foi ou le mensonge.

– l'analyse des mécanismes de *l'interaction* : le discours de l'E.N.D.R. n'est pas comparable à celui qu'engendre une conversation banale : une certaine répartition des pouvoirs et des jeux de rôle y exerce une influence importante sur les phénomènes observés : les attitudes et interventions de l'enquêteur s'articulent et s'adaptent aux différents types de parole, contraignent leur déroulement et influencent leurs thématiques. L'analyse des positions de pouvoir permet de montrer le mécanisme de production de la parole dans l'entretien.

Les deux premières parties utilisent des méthodologies spécifiques.

L'analyse des types d'intervention est effectuée à partir d'une grille typologique appliquée à un échantillon contrasté de trente entretiens réalisés avec des interviewers, des interviewés, des thèmes de recherche et des situations différenciés.

La discrimination des modes de discours est fondée sur une analyse propositionnelle particulière d'un entretien vidéoscopé.

Le schéma général du fonctionnement de l'interlocution non directive dans l'entretien de recherche reprend et synthétise les résultats des analyses 1 et 2.

LES TYPES D'INTERVENTION DE L'INTERVIEWER

Les prises de parole de l'interviewer dans l'entretien sont rarement prises en compte systématiquement dans les analyses de contenu. Elles semblent sans influence sur le discours. On les appelle habituellement « relances », terme générique qui pose implicitement que leur rôle n'a qu'un effet de stimulation du discours de l'interviewé ; en fait le terme de relance devrait s'appliquer exclusivement à la reformulation de ce qui a été dit ou à la répétition de ce qui vient d'être dit. Dans le cadre de recherches particulières[1] on demande par exemple aux interviewers de n'intervenir que sous forme de relance ; la lecture des entretiens ainsi effectués est alors assez surprenante : l'interviewer reprenant systématiquement les fins de phrases

1. Cf. *infra*, J.-M. Léger et M.-F. Florand, « L'analyse de contenu ».

de l'interviewé donne l'impression de pousser son interlocuteur à parler sans véritablement écouter ce qu'il dit : pour éviter que l'artifice ne soit trop visible, et que l'entretien ne tourne court, l'interviewer se trouve contraint d'opérer des relances sélectives qui, si elles ont l'effet redouté de renforcer certaines thématiques, manifestent au moins au locuteur qu'il est écouté et interprété.

Hormis ces situations volontaires, la grande majorité des entretiens comprend une palette de types d'interventions extrêmement large : on pose des questions, on demande des précisions, on interprète, on rassure, parfois même on donne son avis.

Il est vrai qu'aucune consigne précise ne saurait être donnée au chercheur puisque, non-directivité oblige, c'est l'absence de pré-structuration du questionnement qui justifie le procédé. Pourtant, on remarque empiriquement une grande différence entre l'attitude d'un interviewer expérimenté et celle d'un débutant : l'entretien semble naturel, sans à-coups et habilement soutenu dans le premier cas ; artificiel, heurté, l'interviewer souvent interventionniste au mauvais moment, dans le second.

S'il est difficile de formaliser l'habileté d'un interviewer, il est possible d'analyser ses interventions et de comparer les résultats de différents entretiens.

Les différents types d'intervention de l'interviewer influent chacuns à leur manière le discours et réciproquement, sont influencés par certaines variables de l'entretien (hypothèse de réciprocité de l'induction dans l'E.N.D.R.). Pour montrer ce jeu d'influence, nous élaborons dans un premier temps une grille d'analyse permettant de coder d'une façon stable les différentes prises de parole de l'interviewer.

Dans un deuxième temps, nous effectuons un codage systématique d'un échantillon d'entretiens permettant de mettre en évidence le jeu de certaines variables sur les types d'interventions.

Enfin, nous comparons les profils d'intervention obtenus et analysons les résultats.

LA CONSTRUCTION D'UNE GRILLE D'ANALYSE

La grille proposée rend compte de deux dimensions qui situent le sens des interventions par rapport à la position que prend l'interviewer dans la relation d'une part, et par rapport à l'effet de ces interventions sur le contenu du discours de l'interviewé d'autre part.

Le *style* des interventions définit la position de l'interviewer dans la relation, *l'efficace* se rapporte aux types de contenus visés par l'interviewer.

Le style des interventions

Celui-ci indique, notamment à l'interviewé, la position de l'interviewer dans la situation de communication. Ce dernier peut intervenir :

– Pour donner son propre point de vue sur le discours ou sur l'interviewé lui-même : « Voici comment je vous vois. » Il manifeste explicitement sa position d'interlocuteur : c'est le mode *déclaratif.*

– Pour demander explicitement le point de vue de l'interviewé sur un thème donné : « Voici ce que je veux savoir. » Il manifeste ainsi à la fois une demande et un pouvoir, c'est le mode *interrogatif.*

– Pour « relancer » la parole du point de vue de l'interviewé : « Voici ce que je prends dans ce que vous me dites. » Il manifeste ainsi une écoute insistante : c'est le mode *réitératif.*

L'efficace des interventions

L'efficace des interventions est définie par les types de discours visés. Nous distinguons trois niveaux principaux :

Le niveau thématique : il vise à redéfinir un nouveau champ de parole pour la personne interviewée. Tout E.N.D.R. est en fait composé de plusieurs séquences introduites par des interventions thématiques.

Le niveau expressif : il incite le locuteur à poursuivre son discours. Ce niveau est en fait constitué de deux sous-niveaux d'interventions :

– les interventions incitatives : elles consistent à favoriser une sorte d'exhaustivité du discours en soulignant ce qui pourrait paraître incomplet, insuffisamment abordé : ce sont essentiellement les répétitions écholaliques, les demandes de précision et aussi lorsque l'interviewer donne lui-même son point de vue ;

– les interventions déductives : elles comblent certains manques et favorisent la cohérence du discours : ce sont essentiellement les anticipations, les complémentations et les demandes d'explication.

Cohérence et exhaustivité réunies conditionnent l'expressivité du discours, c'est-à-dire sa capacité à formuler clairement et d'une manière compréhensible les contenus évoqués.

Le niveau réflexif : il amène le locuteur à se positionner par rapport à son propre discours, à le mettre en question, le soutenir, l'évaluer ; l'interviewer intervient sur le contenu du discours, son sens, et produit un effet de creusement, d'approfondissement du niveau expressif. Ce sont les reformulations, les demandes de développement et d'approfondissement, les interprétations. Ces interventions ont pour objet non plus la maintenance de la linéarité du discours mais le discours lui-même. Un certain rapport du locuteur à ce qu'il dit est ainsi mis en question. Ceci provoque une réflexion.

Cette réflexion, comme l'a montré C.R. Rogers (1942), peut être de deux ordres : soit centrée sur « le problème » (l'énoncé), soit centrée sur « les sentiments » (l'aspect subjectif de l'énonciation).

Le croisement des axes : définition des catégorisations précises des interventions

En croisant les trois modalités de style des interventions (déclarative, interrogative et réitérative) et les trois niveaux d'efficace (thématique, expressif et réflexif), on obtient une grille qui permet de repérer quinze types d'interventions [1].

	DÉCLARATIF D	INTERROGATIF I	RÉITÉRATIF R		
6	réfléchit une attitude ou un sentiment implicite	demande une réflexion sur l'attitude ou les sentiments	reformule une attitude ou un sentiment explicite	réflexif sur les sentiments	RÉFLEXIF
5	réfléchit un contenu implicite (interprétation)	demande un approfondissement du contenu	reformule un contenu explicite	réflexif sur le contenu	
4	complémente	demande une explication	anticipe sur la suite du discours	déductif	EXPRESSIF
3	donne son point de vue sur la question	demande une précision	répète ce qui vient d'être dit	incitatif	
2	prend position sur un thème nouveau	demande de développement d'un thème nouveau	relance sur un thème nouveau	thématique	THÉMATIQUE

Si l'on compare cette grille d'analyse spécialement construite pour l'E.N.D.R. à l'échelle de E.H. Porter élaborée pour l'entretien thérapeutique, on constate que la palette des types d'intervention dans l'E.N.D.R. est plus resserrée que dans l'entretien thérapeutique. Celui-ci comporte en outre des interventions ayant pour but de définir la situation et d'autres ayant pour but de provoquer la prise de décision et l'action du client (M. Pagès, 1952).

1. Le niveau 1 dit approbatif en partie non verbal ne peut être codé sur des retranscriptions d'entretien :

	D	I	R
1	acquiesce	s'étonne	ponctue

LE CODAGE DES INTERVENTIONS

L'opération s'effectue à partir d'entretiens retranscrits. C'est donc en fonction du texte de la phrase que l'on code. Un codage à l'écoute donne des informations supplémentaires (modalité interrogative par exemple) par la prise en compte possible des intonations, mais en contrepartie accroît l'indécidabilité d'un certain nombre de propositions.

Le codage pour être pertinent doit tenir compte de la réponse de l'interviewé.

Afin de représenter en résumé les différentes caractérisations des interventions et leurs effets, nous prenons un exemple tiré de notre entretien introductif. Nous reprenons une partie du texte du discours de l'interviewée, avec l'intervention réelle de l'interviewer et la réponse de l'interviewée, puis nous imaginons en référence à nos catégories quelques interventions possibles.

> I.E. : « C'est une personne qui tient beaucoup de place dans ma vie, oui, qui a une place importante. Bon, c'est la personne qui représente l'apport affectif, si vous voulez, qui est très importante, mais que je ne vois pas de façon ponctuelle, je... avec qui je ne vis pas, et je n'ai pas du tout envie de vivre. »

Intervention réelle : R_3 (répète ce qui vient d'être dit)

> I.R. : « Vous n'avez pas envie de vivre avec. »
> I.E. : « Non pas... je n'ai pas envie de vivre de façon quotidienne avec cette personne. »

Interventions et réponses fictives : R_2 (relance sur un thème nouveau)

> I.R. : « Vous me disiez tout à l'heure que votre travail représentait un temps de liberté. »
> I.E. : « Oui, mon travail me plaît, j'aime rencontrer des gens et avoir la responsabilité de ce que je fais. »

R_4 (anticipe sur la suite du discours)

> I.R. : « Constamment. »
> I.E. : « Oui, constamment. »

R_5 (reformule un contenu explicite)

> I.R. : « Cette personne tient une place particulière dans votre vie. »
> I.E. : « Oui, c'est quelqu'un qui compte beaucoup pour moi. »

R_6 (reformule une attitude ou un sentiment explicite)

I.R. : « Vous me dites que vous ne désirez pas vivre avec cette personne qui compte beaucoup pour vous. »
I.E. : « Oui, elle compte beaucoup pour moi et je crois... peut-être que je n'aimerais pas que notre relation s'abîme dans le quotidien. »

I_2 (demande le développement d'un thème nouveau)

I.R. : « Est-ce que vous pouvez me dire comme ça se passe dans votre travail. »
I.E. : « Bon... ça se passe normalement, j'ai des horaires souples et je suis assez libre. »

I_3 (demande une précision)

I.R. : « Vous voyez-vous souvent ? »
I.E. : « Deux à trois fois par semaine, ça dépend. »

I_4 (demande une explication)

I.R. : « Pourquoi vous ne souhaitez pas vivre avec cette personne ? »
I.E. : « Parce que j'ai déjà eu des expériences que je ne veux pas recommencer. »

I_5 (demande un approfondissement du contenu explicite)

I.R. : « Comment ça se passe alors avec cet ami, est-ce que vous voulez m'en parler ? »
I.E. : « Oui, ça se passe plutôt bien, on se voit souvent le samedi, parfois le mercredi... »

I_6 (demande une réflexion sur l'attitude ou les sentiments)

I.R. : « Est-ce que vous pouvez me dire ce que vous ressentez à son égard ? »
I.E. : « Je vous ai dit que c'était l'apport affectif, c'est donc que j'ai un certain attachement pour lui... »

D_2 (prend position sur un thème nouveau)

I.R. : « Finalement votre travail, c'est aussi une contrainte. »
I.E. : « Evidemment il y a des aspects contraignants mais c'est quand même là que je me sens le plus libre. »

D_3 (donne son point de vue sur la question)

I.R. : « Vous changerez peut-être d'avis plus tard. »
I.E. : « Je ne sais pas, c'est vous qui dites ça. »

D_4 (complémente)

I.R. : « C'est plus qu'un ami. »
I.E. : « Si vous voulez, d'ailleurs nous nous voyons quand même souvent. »

D_5 (réfléchit un contenu implicite (interprétation))

I.R. : « En restant seule, vous préservez quelque chose de votre relation. »

I.E. : « Peut-être, je ne sais pas, ça dépend. Pour le moment c'est comme ça. »

D_6 (réfléchit une attitude ou un sentiment implicite)

I.R. : « Vous vous sentez indécise par rapport à cet engagement. »

I.E. : « Oui, peut-être, c'est difficile à dire... »

Ces exemples, sauf le premier, sont des simulations qui n'ont qu'une valeur démonstrative, mais résument l'ensemble des types d'interventions que nous rencontrons dans l'E.N.D.R. (hormis la simple approbation que nous ne codons pas). L'exposé des résultats rend compte de façon détaillée des effets propres à chaque intervention selon les contextes et les personnes.

L'APPLICATION À UN ÉCHANTILLON EXPLORATOIRE D'E.N.D.R.

Nous avons choisi, pour des raisons avant tout démonstratives et sans souci d'exhaustivité, d'appliquer la grille d'analyse à trente entretiens dactylographiés correspondant à la définition de l'E.N.D.R. donnée en tête de cet ouvrage.

Définition

L'analyse porte sur trente entretiens effectués par sept interviewers, quatre femmes et trois hommes, différents par la formation (sociologique et psychologique) et par l'expérience.

Les personnes interviewées sont diversifiées selon le sexe, l'âge, la catégorie socio-professionnelle. Les situations d'entretiens sont contrastées : par exemple certaines interviews sont effectuées au sein d'une institution, d'autres au domicile des personnes concernées.

Les thèmes d'étude impliqués sont également différents : cinq thèmes figurent parmi l'échantillon.

Les variables en jeu

Cet échantillon exploratoire met en évidence des variations des styles d'intervention :
– en fonction de l'interviewer (son style propre, sa formation, son sexe) ;
– en fonction du contexte (présence d'un guide d'entretien ou non, la situation institutionnelle) ;
– en fonction de l'interviewé (le taux de loquacité).

Les résultats

Nous avons établi un profil d'intervention de l'interviewer pour chaque entretien et traité statistiquement les données :
– la durée moyenne des entretiens considérés est de une heure vingt minutes ;
– le taux d'intervention moyen à la minute est de 1,12, oscillant entre 0,5 et 2,5 ;
– le mode interrogatif représente moins du quart des interventions ; déclaratif et réitératif 38 % chacun ;
– les interventions les plus fréquentes sont les complémentations (27 %), les reformulations (13 %) et les répétitions (10 %) ; ces trois types représentent 50 % de l'ensemble ;
– les diagrammes de fréquence des complémentations et des reformulations sont bi-modaux : on utilise plutôt l'une ou plutôt l'autre des techniques d'intervention. Cette bipolarité définit deux types d'entretiens, les uns visant essentiellement l'expressivité, les autres visant en plus la réflexivité ; corrélativement les interviewers sont plus déclaratifs ou plus réitératifs.

Les profils se distinguent par la fréquence, le style et l'efficace des interventions.

Ces résultats permettent d'esquisser une typologie et de déterminer les variables en jeu.

Une typologie

L'usage sélectif des styles déclaratifs et réitératifs différencie deux types d'entretiens : le premier est caractérisé par des interventions de l'interviewer qui complètent le discours de l'interviewé, qui procèdent par ajout ; le second par des interventions qui extraient des contenus du discours, qui procèdent par retrait.

Comparons la projection de huit entretiens (effectués sans guide préalable) sur l'axe du style, effectués par deux interviewers expérimentés différents (K. et V.) dans le cadre d'une même étude :

Style utilisé selon les interviewers

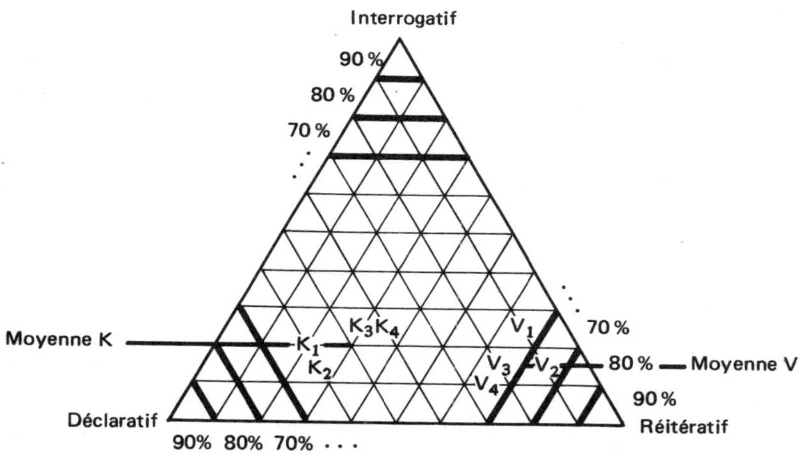

Le pourcentage d'interventions déclaratives, interrogatives et réitératives est représenté topologiquement. Par exemple l'entretien V_1 comporte 10 % d'interventions déclaratives, 25 % interrogatives et 65 % réitératives. Une proximité topologique indique une similitude de style.

On constate que ces deux interviewers se sont forgé, au cours de leur expérience professionnelle, un « style » d'intervention qui signe leurs entretiens. L'un est plus déclaratif, il utilise abondamment l'intervention dite « complémentation », l'autre est plus réitératif, il utilise surtout les interventions dites « reformulations ».

Ces interventions les plus fréquentes nécessitent une définition précise :

– la *complémentation* consiste à proposer à l'interviewé un complément, venant préciser ou généraliser son énoncé précédent. Ce complément peut être incertain et hâtif : l'interviewer fait « l'âne pour avoir du son » et l'interviewé comble aisément la lacune apparente qu'il croit déceler dans la compréhension de son interlocuteur.

Ce complément peut être conclusif et généralisant : l'interviewer indique qu'il a compris et confirme l'intérêt qu'il prend au discours produit.

Cette intervention est d'une grande habileté, car elle manipule l'implicite de la relation à l'interviewé : l'interviewer n'y donne pas son point de vue personnel tout en le laissant supposer, n'y opère aucune interprétation tout en indiquant qu'il analyse ce qu'on lui dit.

Son usage répété entraîne une relation intersubjective fondée sur une sorte de coopération commune pour produire le meilleur discours possible : le plus cohérent, le plus complet. L'interviewer semble mettre toute son énergie à comprendre et à aider la construction de l'histoire qu'on lui raconte.

Les profils caractérisés par une forte proportion d'interventions de ce type sont remarquables par l'absence quasi-complète de représentation des niveaux d'efficace dits « réflexifs ».

Les entretiens conduits ainsi sont majoritairement expressifs. Les interviewers favorisent dans le discours l'apparition des informations qui sont à la disposition immédiate du locuteur pour constituer ce qu'on pourrait appeler son discours social.

– la *reformulation* consiste à reformuler dans le sens du discours un contenu déjà exprimé par l'interviewé, sans induire de rupture thématique. La répétition plus ou moins littérale de ce qui vient d'être énoncé par une autre personne lui manifeste qu'on a bien entendu et compris, mais également que, à son insu, on opère une sélection dont on souligne l'importance en soi ou pour soi. Le discours ainsi repris se trouve marqué d'incomplétude.

L'usage fréquent de ce type d'intervention agace l'interlocuteur ou, s'il y consent, soumet son discours à l'emprise habile de l'interviewer. Contrairement aux apparences, la technique est offensive : son effet est insistant et problématisant alors que la complémentation a un effet plutôt banalisant.

La perspective de l'interviewer lorsqu'il utilise le mode réitératif est celle de l'aveu. Il s'agit de stimuler et faciliter l'émergence d'une parole singulière, qui répond à elle-même et de centrer cette parole sur le privé, l'intime, le caché.

Contrairement à la complémentation qui est une sorte d'*ajout* au discours de l'interviewé, la reformulation n'ajoute en principe rien, elle agit même plutôt comme une sorte de *retrait* ; alors que la complémentation procède pour reprendre une expression célèbre de Freud *via di porre* (comme la peinture), la reformulation procède *via di levare* (comme la sculpture).

Les variables en jeu

Les variables en jeu dans un E.N.D.R. sont innombrables, chaque entretien peut être analysé comme un cas ; l'humeur de l'interviewer ou de l'interviewé, son rapport plus ou moins conflictuel à la thématique explorée, la représentation que l'on se fait de l'autre, les phénomènes de sympathie ou d'antipathie, etc., conditionnent le déroulement de l'E.N.D.R.

Les variables que nous soulignons ici sont plus spécifiques ; ce sont celles qui agissent sur les profils d'interventions ; elles dépendent par ordre d'importance de l'interviewer d'une part, du contexte d'autre part, et enfin de l'interviewé.

L'interviewer

On constate que chaque interviewer tend à avoir une conduite personnelle qui se caractérise par des entretiens dont les profils d'intervention sont semblables ou proches. Cette conduite est beaucoup plus stable par rapport au style utilisé que par rapport à l'efficace visée ; et il est d'autant plus homogène qu'il vise l'expressivité du discours. Il est variable en fonction :

– de la formation de l'interviewer : le niveau visé par le sociologue diffère de celui du psychologue. Le premier recherche beaucoup plus l'expressivité du discours, le second la réflexivité ;
– de l'expérience de l'interviewer : les profils sont d'autant plus homogènes que l'interviewer est plus expérimenté.

Le contexte

Les variables influentes repérées sont l'utilisation d'un guide d'entretien et le cadre institutionnel.

La présence d'un guide d'entretien préstructuré ne perturbe pas la dynamique de l'interlocution ; elle tend au contraire à homogénéiser les modalités de style utilisées par les interviewers et intervient peu sur les niveaux visés.

Un cadre institutionnel identique (mêmes conditions extérieures, même lieu, même horaire, etc.) favorise la similitude des profils d'interventions d'interviewers différents.

L'interviewé : la loquacité

Ce facteur est lui-même corrélé à d'autres variables puisque l'indicateur de loquacité utilisé est le nombre d'interventions à la minute de l'interviewer ; la dispersion de ces taux pour un même interviewer tend à montrer qu'ils dépendent beaucoup plus de l'interviewé que de l'interviewer.

Toutefois si les entretiens effectués avec les personnes les moins loquaces concernent six interviewers dont les techniques sont très différentes, en revanche 7/8 des entretiens effectués avec les personnes les plus loquaces concernent des interviewers dont les interventions sont principalement à visée réflexive.

Cela nous amène à penser que les interventions à visée réflexive produisent un discours personnel et continu et, de ce fait, s'accompagnent d'un taux d'interventions plus faible dans le cas où les gens ne sont pas trop résistants à parler. Par contre, lorsque la loquacité est d'emblée très faible, quelle que soit la technique et l'interviewer, on obtient la même chose : un discours principalement expressif.

Cette observation nous permet d'argumenter déjà ce que nous développerons par la suite, à savoir que toute intervention qui vise la réflexivité déstabilise la linéarité discursive, touche l'incomplétude du sujet parlant et l'oblige à parler davantage ; mais cette action est impossible si elle ne rencontre pas une certaine connivence ou complaisance de la part du locuteur qui accepte de se prêter au jeu.

Les types d'interventions de l'interviewer sont déterminés mais également déterminants et leurs effets peuvent être en partie observés en analysant les différents modes de discours de l'interviewé.

LES MODES DE DISCOURS

Nous avons formulé l'hypothèse que le discours de l'E.N.D.R. n'est pas unitaire mais composé de modes discursifs différents dans lesquels le locuteur s'engage plus ou moins dans ce qu'il dit.

Ce discours est composite, à deux titres ; d'une part, parce qu'il s'applique à des thématiques qui ont une résonance personnelle plus ou moins forte pour l'interviewé : une thématique à forte résonance personnelle pouvant avoir pour effet de problématiser l'énoncé ; d'autre part, parce qu'il mobilise l'action d'un sujet qui est libre d'engager ou de dégager un certain investissement émotionnel ou affectif dans ce qu'il offre à l'écoute de l'interviewer, et ceci que les thématiques soient ou non associées à un problème personnel.

Pour repérer ces faits, nous effectuons l'analyse de l'entretien vidéoscopé présenté en introduction à ce chapitre.

Dans un premier temps, l'entretien est divisé en corpus qui correspondent aux grandes questions abordées par l'interviewer ou l'interviewé et qui alimentent un propos soutenu.

Dans un deuxième temps, nous effectuons l'analyse structurale de ces corpus en nous inspirant de l'analyse propositionnelle du discours : A.P.D. (R. Ghiglione, B. Matalon, N. Bacri, 1983) que nous adaptons au problème spécialement posé.

LE DISPOSITIF MÉTHODOLOGIQUE

L'analyse propositionnelle du discours[1] procède d'un découpage de celui-ci par proposition, c'est-à-dire par phrase comprenant en général un sujet, un verbe, un complément. Les propositions représentant l'unité d'analyse font l'objet d'un codage des référents noyaux (substantifs ou pronoms personnels) qui sont les termes autour desquels s'ordonnent les phrases découpées.

Pour mettre en évidence la place différenciée que l'interviewée se donne dans son discours, nous codons toutes les propositions dont le sujet-référent noyau est l'interviewée elle-même (je, moi ou on[2]) ainsi que le type de verbe utilisé (statif, factif, déclaratif).

Des colonnes supplémentaires permettent de rendre compte des polarités négatives des propositions, des types de modalisation et donnent d'autres indications notamment sur la gestualité de l'interviewée qui sont apparues moins centrales à l'analyse.

La totalité de l'entretien étant traitée (1 348 propositions), nous effectuons des comptages par corpus discursif, en tenant compte, dans un premier temps, d'une première partition.

Douze parties distinctes par les grandes questions abordées et la place spécifique du sujet sont repérées. Les référents noyaux, modèles argumentatifs simplifiés et indicateurs divers de ces douze parties sont comparés ; quatre modes de discours apparaissent en fonction des similitudes de structures observées.

LES RÉSULTATS

Nous reproduisons ci-après la structure propositionnelle de ces quatre modes discursifs telle qu'elle apparaît à l'analyse globale de l'entretien[3].

---

1. Cf. *infra*, J.-M. Léger et M.-F. Florand, « L'analyse de contenu ».
2. Le *on* est ici employé comme substitut indéfini du pronom personnel *je* ou *nous*.
3. Entretien entre I.R. et I.E. présenté en introduction à ce chapitre.

Pourcentage des propositions indexées par un référent noyau repéré

N°	tps	NP	PEI	T	TP	TA	E	G	R	L	In	lo	C	V	F	Gn	Pb	ét	S	MO
MODE I	28'	413	13		4,5		6,5	7,5	10			13	3	3	7,5					36
MODE II	24'	358	18	5,5	3,5	8,5	3,5	7	6,4	3	2,5		1		2,5			4,5	2,5	41
MODE III	13'	190	11				23	12						2,5	2,5	12	4			28
MODE IV	26'	387	13			3	6	11			20		6							19

Légendes :

NP = nombre de propositions
PEI = pourcentage de propositions énoncées par l'interviewer
T = temps
TP = temps personnel

TA = travail
E = enfant
G = gens
R = relations
L = liberté

In = institution
lo = loisirs
C = couple
V = vie
E = famille

Gn = génération
Pb = problème
ét = études
S = sage-femme
M = moi, je

O = on

Si l'on considère le pourcentage des propositions dans lesquelles le sujet se représente littéralement (pourcentages de M et O), on constate qu'il est plus élevé pour les modes discursifs I et II et moins élevé pour III et IV.

Les référents noyaux dominants dans les corpus I et II seront dits plus personnels, les autres plus généraux.

Si l'on prend en compte, maintenant, les seules propositions dont le sujet grammatical est l'interviewée elle-même, les quatre modes discursifs se distinguent par l'usage plus ou moins fréquent du pronom indéfini on, par le type de verbe utilisé et par la polarité des propositions.

Pourcentages (arrondis) du nombre de propositions dont le sujet est M ou O (je ou on)

	Sujets		Tl	Verbes			Tl	Polarité		Tl
	je	on		statifs	factifs	déclaratifs		—	+	
MODE I	95	5	100	70	20	10	100	40	60	100
MODE II	80	20	100	55	35	10	100	10	90	100
MODE III	90	10	100	35	15	50	100	25	75	100
MODE IV	60	40	100	35	50	15	100	10	90	100

Si l'on considère les discours I et II, qui ont en commun une forte représentation de l'interviewée comme sujet des propositions, on observe qu'ils ont dans ces mêmes propositions une forte proportion de verbes statifs marquant un travail de définition de soi, mais que I et II se distinguent essentiellement par la polarité négative importante de ces propositions dans I, peu importante dans II. Nous retrouvons la même distinction de polarité moins contrastée entre III et IV, à laquelle s'ajoute un emploi majoritaire des verbes déclaratifs dans III, factifs dans IV ; III et IV se distinguent également par l'emploi fréquent du pronom indéfini (on) dans IV, moins fréquent dans III. D'une façon moins contrastée, cette distinction se retrouve entre I et II.

Les autres indicateurs n'apportent pas d'éléments différenciateurs suffisants pour être ici mentionnés.

Résumons et extrapolons les résultats obtenus pour dégager une typologie des modes de discours dans l'entretien :

– Les référents noyaux « sujets » indexent une part importante des propositions : le discours est dit « embrayé » en référence à l'expression employée par R. Jakobson (1963, p. 182) ; dans les propositions indexées, les verbes statifs sont majoritaires ; le discours concerne des objets thématiques dits « à résonance personnelle » repérés par les référents noyaux « objets ».

– Les référents noyaux « sujets » indexent une part significativement moins importante des propositions : le discours est dit « débrayé » ; dans les propositions indexées les verbes statifs sont minoritaires ; le discours concerne des objets thématiques dits « généraux ».

Ces modes de discours « embrayés » ou « débrayés » se distinguent dans un deuxième temps par l'usage du « on », par l'occurrence de la polarité négative des verbes (surtout pour les corpus « embrayés » de notre échantillon), de même que par une tendance plus ou moins marquée (surtout pour les corpus « débrayés » de notre échantillon) à l'emploi des verbes factifs.

Nous appelons discours « engagé » ce discours à forte polarité négative des propositions indexées par les référents noyaux « sujet » : l'énonciateur s'y définit par ce qu'il n'est pas et s'y pose en s'opposant. L'usage du « je » y est prédominant.

Nous appelons discours « dégagé » ce discours à forte polarité positive des propositions indexées par les référents noyaux « sujet » : l'énonciateur opère une mise à distance ; il se définit lui-même comme personnage extérieur et se raconte dans ses actions. L'usage du « on » y est prédominant.

Discours embrayé/débrayé et engagé/dégagé définissent quatre modes discursifs selon le schéma suivant :

	Discours engagé	Discours dégagé
Discours embrayé	Discours I	Discours II
Discours débrayé	Discours III	Discours IV

QUELQUES EXEMPLES

Voici pour exemples quatre brefs échantillons des quatre modes de discours :

Discours I (intime)

I.E. évoque l'ami qu'elle rencontre deux à trois fois par semaine régulièrement ; elle est indécise et contradictoire dans ses sentiments (lapsus : « (...) que je ne vois pas de façon ponctuelle »), elle exprime son incomplétude et sa difficulté.

> I.R. : « Mais c'est une personne qui participe à votre vie, qui est... »
> I.E. : « Qui tient beaucoup de place dans ma vie, oui, qui a une place importante. Bon, c'est la personne qui représente l'apport affectif, si vous voulez, qui est très importante mais que je ne vois pas de façon ponctuelle, je... avec qui je ne vis pas, et je n'ai pas du tout envie de vivre. »
> I.R. : « Vous n'avez pas envie de vivre avec... ? »
> I.E. : « Non, pas... je n'ai pas envie de vivre de façon quotidienne, avec cette personne. Bon, j'ai eu des expériences de vie quotidienne avant d'avoir ma fille, et je n'ai pas du tout envie de recommencer. »

Discours II (maîtrisé)

I.E. se représente comme l'organisatrice de sa vie quotidienne ; elle fait la part des choses ; elle trouve des solutions aux difficultés qu'elle rencontre.

> I.R. : « Et comment ça se passe pour vous ? »
> I.E. : « Ça se passe bien, ça se passe très bien. Je suis arrivée euh... ça fait pas mal de temps, mais je suis arrivée maintenant, à rééquilibrer à peu près, si vous voulez, les différents moments dont j'ai besoin, sans trop empiéter l'un sur l'autre. »
> I.R. : « Comment ça ? »
> I.E. : « Bon, j'ai réussi à avoir un travail qui me plaise avec un moment qui n'empiète pas sur le reste, à avoir, la journée, un temps chez moi que j'apprécie, avoir le temps de m'occuper de ma fille, puisque je suis seule avec elle, à avoir quand même pas mal de temps de loisirs, puisque j'ai un travail où j'ai quand même pas mal de congés. J'arrive maintenant à être relativement organisée. Je pense avoir trouvé le moment, ce qui me convenait le mieux, au niveau de mes besoins ou de mes exigences. »

Discours III (idéologique)

I.E. prend position sur l'avenir de son enfant ; elle s'engage sur des problèmes généraux, mobilise une certaine émotion et énonce ses valeurs et ses conceptions.

> I.R. : « Et vous, ça vous est égal qu'ils construisent ça ou ça. »
> I.E. : « Oh oui, c'est leur vie, hein. Oui, tout à fait. Bon, c'est vrai qu'il y a un minimum de choses que je fais passer, c'est sûr, bon, des choses... Je prends des exemples très simples : j'essaie de faire passer à ma fille le fait de respecter les autres, le fait de... Bon, il y a des choses quand même que je fais passer. Mais dans les choix de ce qu'elle va faire, de la façon dont elle voudra s'organiser, j'essaie de faire passer les bases que je trouve importantes, mais en fait, il n'y a pas grand-chose, pas d'idées préconçues comme ça. Non, je ne cherche pas à voir dans quel cadre les enfants vont vivre. C'est vrai, on a tendance à parler : bon, il y a des problèmes de gens qui n'ont pas de travail, ou dans quelles cages à lapin les êtres humains vont être obligés de se parquer, parce que bon, il y a de grosses têtes de chapitres comme ça, un peu galvaudées. Bon, je crois qu'ils s'adapteront à ce qu'on leur a laissé, qui n'est peut-être pas merveilleux, et puis c'est à eux de construire ce qu'ils veulent construire. Je crois qu'il y a un minimum de confiance à avoir. »

Discours IV (superficiel)

I.E. décrit des événements courants de l'organisation de la vie quotidienne. Le style est narratif.

> I.R. : « Elle le voit des fois. »
> I.E. : « Oui, oui, bien sûr. Elle le voit. Jusqu'à il y a peu de temps, elle le voyait de façon très régulière, parce que chaque fois que je travaillais, c'est lui qui la gardait chez lui. Bon, maintenant, j'ai pris quelqu'un à la maison pour la garder, parce que ça faisait vraiment trop de va-et-vient, et comme elle va de temps en temps dans un atelier l'après-midi, je la ramène, elle est fatiguée ; alors c'est toute une organisation. En fin de journée comme ça, c'était vraiment difficile pour elle de changer de lieu deux ou trois fois dans la soirée, au moment où elle est fatiguée, ce n'était pas une solution. Et puis bon, l'année prochaine on verra. Il y a l'école qui va commencer, alors c'est quand même difficile qu'elle aille dormir, qu'elle dorme une nuit chez sa mère, qu'elle aille à l'école le lendemain, elle a dormi une nuit chez son père, elle va à l'école. C'est assez déroutant. »

LES MODES DE DISCOURS ET LES TYPES D'INTERVENTIONS

Existe-t-il un rapport entre les modes discursifs de l'interviewé et les types d'interventions effectuées par l'interviewer ? L'analyse des corrélations ne concernant qu'un seul entretien, il est difficile de tirer des conclusions générales. Toutefois nous avons l'hypothèse que le discours embrayé peut être particulièrement sollicité par des interventions réflexives (et réciproquement).

Si l'on note systématiquement les modes d'interventions pour les quatre modes discursifs, on observe qu'effectivement les discours I et II mobilisent une proportion plus élevée d'interventions réflexives que les autres [1] et que « le discours intime » (I) est plus particulièrement accompagné par des interventions dont la modalité est réitérative [2].

Bien sûr ces résultats confirment nos intuitions, mais ils ne sauraient constituer en la matière une référence établie puisqu'ils ne concernent qu'un seul entretien.

Au terme de cette analyse, on constate que les données recueillies par l'E.N.D.R. ont des statuts différents lorsqu'on se réfère au contexte psychologique de leur énonciation. L'analyste peut repérer ces variations dans le rapport du sujet à ce qu'il énonce mais ne peut en tenir compte qu'avec une méthodologie systématique qui décrit et mesure les indicateurs de ces différents modes de discours.

Le projet va au-delà : nous avons décrit les profils d'intervention de l'interviewer, montré les variations et leurs constantes en fonction des facteurs de situation ; nous avons interrogé dans ce qui est dit la part de liberté du sujet à s'y représenter ; nous avons observé que l'action réciproque des deux interlocuteurs est tellement intriquée dans l'E.N.D.R. qu'il est quasiment impossible de déterminer qui est le sujet réel du discours. Le

1. $p = .10$ (peu significatif).
2. $p = .03$ (significatif).

discours est « co-produit ». Du fait de l'attitude d'écoute de l'interviewer, à la fois attentive et marquant un certain retrait, le locuteur est amené la plupart du temps à répondre aux questions qu'il se pose sur le thème abordé, à jouer en quelque sorte seul les deux rôles que tiennent les interlocuteurs dans une conversation normale. Ce phénomène de dualité est hypostasié par les interventions réflexives de l'interviewer. Le locuteur est alors invité à réfléchir sur ce qu'il dit ou sur ses sentiments, à s'engager, à assumer la représentation qu'il offre de lui-même, à rechercher sa propre cohésion dans la cohérence de son discours, dans l'assentiment de l'interviewer.

C'est bien parce que l'interviewer est substituable imaginairement à cette partie de soi-même, qui est « conscience de soi » et écoute de sa propre parole, qu'il « co-produit » le discours dans l'E.N.D.R. Son influence sur les données produites joue en quelque sorte au deuxième degré ; c'est par la mise en relation du sujet « qui s'écoute parler » avec l'interviewer « qui l'écoute » que ce qui est dit s'élabore dans un sens donné. L'utilisation de techniques d'interventions réflexives accroît le processus ; celle des techniques visant l'expression dégage le locuteur de ce qu'il dit, lui donne une certaine maîtrise et modère le processus. Ces mécanismes de constitution du discours pris dans le jeu du pouvoir spécialement complexe de l'interviewer font l'objet de la troisième partie.

LES MÉCANISMES EN JEU : CONSTRUCTION THÉORIQUE

Pour éclairer plus précisément le fonctionnement de l'interlocution dans l'E.N.D.R., il faut rappeler quelques considérations théoriques sur la dualité de la personne particulièrement mobilisée dans l'acte discursif.

LA DUALITÉ DYNAMIQUE DU PROCESSUS DISCURSIF

Les apports théoriques

Cette notion de dualité de la personne a été développée particulièrement dans les sciences humaines, par la psychologie de la conscience, la linguistique sémantique, la psychanalyse. Nous avons l'hypothèse que le principe d'action du style non directif repose sur une mise en tension de cette dualité, dont la résolution toujours à recommencer est le ferment du « monologue » de l'interviewé ; mais quelles sont les instances qui fondent cette dualité ?

La dualité de la conscience de soi

L'approche behavioriste de W. James (analysée par H. Rodriguez Tomé, 1972) pose une dualité de la conscience de soi dont les deux modalités sont d'une part le Je, sujet connaissant, et d'autre part le Moi, sujet connu. Le Moi comprend tout ce que le sujet peut appeler sien : « le moi matériel » représenté par le corps, les vêtements, la famille, les proches, les possessions personnelles, « le moi social », la réputation, la reconnaissance, la considération qu'un individu détient dans son milieu, « le moi spirituel », constitué par la conscience de ses propres activités, facultés et tendances psychiques. Le Je, sujet connaissant, est la pensée ; mais qui est le penseur ?

Cette question du Je et de l'essence de la pensée est reposée par G.H. Mead (1963). La pensée n'est qu'une conversation intériorisée ou implicite de l'individu qui s'entretient avec soi-même.

Cela est dû à la spécificité de la parole qui est geste significatif, particulier, « qui affecte celui qui la produit, tout comme si elle était produite par un tiers. » Ainsi, « Je est un autre. » En réagissant soi-même à son propre discours, on en saisit le sens ; en effet, le sens de ce que nous disons, c'est la tendance à y réagir. Le Je, qui est indéfinissable comme source de la pensée, est représenté par G.H. Mead comme une instance participante qui est la réaction projetée d'un autre supposé, à sa propre parole. Le Je est toujours imprévisible ; en tant que réaction, il n'est saisi qu'après coup. Il contient le principe de liberté. Il s'agit d'une conceptualisation qui pose en fait les bases théoriques de l'école inter-actionniste et systémiste, à savoir que le psychisme et le social sont deux instances pratiquement constituées par le jeu de la communication verbale et non verbale.

Le sujet de l'énonciation, le sujet de l'énoncé

Le Je et le Moi sont à l'œuvre dans l'acte de communiquer, et par là même, repérables dans la phrase. Tout discours comporte une dualité implicite, il est à la fois énoncé et acte d'énonciation. L'énoncé « je suis heureux », ou « nous mangeons à la cuisine » est une affirmation, ou une constatation, ou une croyance, ou un vœu, etc. On distingue dans le discours ce qui est dit : l'énoncé, et le fait de le dire : l'énonciation. Si l'on considère un énoncé pur, par exemple le texte dactylographié d'un entretien, il perd beaucoup de son sens initial, parce qu'on ne peut se référer que très partiellement à son contexte d'énonciation.

L'énonciation s'inscrit dans la phrase, par exemple dans le cas des énoncés dits performatifs.

> « Des énoncés performatifs sont des énoncés qui, grammaticalement, ressemblent à des affirmations, mais ne « décrivent », ne « rapportent », ne « représentent » aucun fait, et ne sont ni vrais, ni faux, tout en étant parfaitement corrects. Leur caractéristique fondamentale est que leur énonciation équivaut à l'accomplissement d'un acte : c'est pourquoi Austin les a nommés performatifs. Exemple : je vous félicite – je baptise le bateau, etc. » (F. Récanati, 1979.)

Dans l'énoncé « j'affirme que nous mangeons à la cuisine », l'énonciation du fait indiqué est une affirmation. Dans la plupart des cas, cette « réflexion » de l'énoncé sur lui-même reste implicite, non dite. La position du sujet par rapport à son propre discours laisse peu de traces dans le texte ; elle est le contexte qui n'est pas seulement donné, mais qui s'élabore, et dont une bonne part se constitue en dehors du champ de l'explicite :

> « Tout énoncé est au moins préfixé par un je pense. » (*Ibid.*)

La division du sujet : la parole et le discours

Les acteurs de la cure psychanalytique travaillent avec le discours. Dans ce discours énoncé par l'analysant, J. Lacan (1966) distingue deux instances actives : la parole vraie qui est un acte, et le discours vrai constitué par la connaissance de la réalité. Le discours proprement dit est appelé discours intermédiaire ; il est élaboré pour convaincre l'interlocuteur, dans le but d'être reconnu (parole vraie), en tenant compte des éléments de savoir que l'on a sur la réalité (discours vrai). Cette bipolarité travaille le discours ; le discours qui se veut vrai engage la personne sur l'avenir comme un écrit, une parole donnée est de fait toujours vouée à l'erreur, à être démentie. La parole vraie interroge le discours vrai, elle est l'émanation de l'être qui veut être reconnu.

Le discours intermédiaire est le discours du mensonge et de la mauvaise foi :

> « La mauvaise foi, état métastable et évanescent, est constitutive de la duplicité de la réalité humaine. » (J.P. Sartre, 1943.)

mais il affirme l'existence d'une parole ; cette parole qui constitue le sujet lui est interdite, elle n'existe que dans le discours intermédiaire, aliénée et révélée.

La dualité du sujet dans l'entretien

Le genre non directif dans l'entretien incite la personne à raconter ses expériences et à exprimer ses sentiments, c'est-à-dire à produire des représentations de fait et d'opinion, et l'amène à s'interroger, réfléchir sur ce qu'elle dit, en évaluer l'intérêt dans le regard de l'interviewer, le questionner, explorer et structurer son rapport personnel aux thèmes qui lui sont proposés.

Tout discours conscient a la double caractéristique de représenter des événements, des pensées, et de se réfléchir lui-même. Ces deux éléments sont indissociables, intégrés dans l'acte de parole, mais nous avons été amenés à considérer que l'E.N.D.R. produisait une sorte d'insistance sur cette dualité du discours, et conduisait à une mise en tension de ses termes.

Un certain plaisir narcissique est mobilisé par le discours ; il est conforté par les attitudes confirmatives de l'interviewer ;

mais l'interrogation sous-jacente à l'attitude attentive trahit l'intention de recherche de l'interviewer ; elle maintient en permanence chez le locuteur un sentiment diffus d'évaluation qui renforce l'aspect réflexif de son discours (D. Bertaux, 1980) ; que la réflexion porte sur le contenu, et le discours sera maîtrisé et indépendant, qu'elle porte sur lui-même, son attitude et ses sentiments, le discours sera intime et dépendant. De fait la parole de l'interviewé est artificiellement bipolarisée par ces deux exigences : « se dire » et « se ressaisir ».

Cette mise « sous tension » du locuteur est la condition même du bon déroulement de l'entretien ; elle évite toute rupture de communication. Les formateurs savent combien il est difficile d'enseigner ce « savoir-faire » non directif qui suppose la compréhension et le jeu d'un certain rôle dans la relation comme condition préalable à l'usage des artifices techniques (reformulation, relance, etc.).

Ce rôle implique une certaine duplicité comme le souligne P. Lejeune :

> « Si attentif, si ouvert, si chaleureux qu'il soit, il reste que l'enquêteur ne risque rien et que, fatalement, il mène double jeu. Il ne s'agit pas de l'accuser d'hypocrisie, mais structurellement, son rôle est celui d'un agent double. Il a deux fonctions : l'une, principale, qui est de ramener le type d'information qu'ils attendent aux institutions ou au public au nom de qui il enquête ; l'autre, qui est le moyen de la première, consiste à jouer le rôle du narrataire en entrant dans le jeu du modèle. Dans certains cas, cela peut aller jusqu'au mime d'une réciprocité. » (1980, p. 281.)

C'est un phénomène comparable que nous appelons l'ambiguïté du chercheur en situation non directive. Celui-ci, visant à la fois la fiabilité et la validité des discours, poursuit deux objectifs souvent disjoints. Le discours fiable est constant, il rend compte fidèlement des pensées de la personne interviewée indépendamment des conditions de l'entretien, le discours valide est élaboré en référence stricte à la thématique, voire à la problématique de la recherche. Cela suppose qu'un discours est fiable et valide si la thématique proposée par l'interviewer se confond avec l'objet d'un discours personnel de l'interviewé, constant et indépendant de la situation de recherche. La superposition de la fiabilité et de la validité n'est jamais vraiment réalisée.

Nous avons vu que ces contraintes de la recherche commandent un certain double jeu qui concourt à accentuer la tension du locuteur entre lui-même et l'image qu'il présente de lui-même dans son discours. Cette situation hypostasie une certaine dualité de la personne interviewée dans la relation symétrique de double jeu qui s'instaure avec son interlocuteur. Cette relation mobilise des positions de pouvoir efficaces et complexes.

LES POSITIONS DE POUVOIR

Le modèle que nous proposons vise à reprendre les différents résultats de cette recherche dans un schéma synthétique et s'étaye sur l'observation des attitudes générales de l'interviewer telles qu'elles apparaissent sur le film vidéoscopé. Cette construction théorique restitue la complexité du jeu des pouvoirs dans l'interaction non directive ; elle intègre les observations faites sur les modalités des interventions par lesquelles l'interviewer se positionne dans (réitératif) ou hors (déclaratif) le discours de l'interviewé ; elle prend en compte les niveaux expressifs et réflexifs et leurs effets sur les modes de discours ; elle permet d'expliciter clairement le fonctionnement de l'E.N.D.R. dans le jeu de la dualité du sujet.

L'observation systématique montre que l'interviewer occupe simultanément ou successivement deux positions dans l'entretien : celle de disciple du discours et celle de maître de la communication. Dans le premier cas, un climat interrogatif contractuel est toujours à l'œuvre, mais en retrait derrière des attitudes majoritaires qui manifestent l'approbation des contenus, la confirmation de l'auteur, la satisfaction de la découverte, c'est la position de disciple qui conditionne la maîtrise du discours de l'interviewé (discours professionnel, militant, convenu, etc.).

Dans la seconde configuration, l'attitude confirmative se fait plus rare, la position marque la distance, l'intervention souligne les manques et frappe l'énonciation (vous pensez que, vous sentez que...), le pouvoir d'interrogation se fait écoute songeuse, le sujet porte son attention sur lui-même, évoque ses failles, en appelle à la compréhension et à la maîtrise de l'interviewer.

Les positions de pouvoir dans l'E.N.D.R. sont complexes, elles concernent deux niveaux relationnels distincts ou confondus : le niveau de la communication et le niveau du discours. Chaque interlocuteur est maître d'un registre : l'interviewer de la communication, l'interviewé du discours.

L'initiative de l'interrogation est détenue par l'interviewer ; dans le contrat de communication, il occupe donc une position de pouvoir particulière : celle de l'interrogateur questionnant le savoir de l'interviewé.

Dans le cadre défini par ce contrat, la personne interrogée détient la maîtrise de la sélection et de la composition de la réponse qu'elle impose à l'interviewer qui en déduit les éléments de son savoir.

Le schéma suivant résume les positions :

Niveau de la communication	interviewer S1	——————→	interviewé S2
	maître de la communication	interroge le savoir de l'interviewé	
Niveau du discours	disciple du discours S2'	←——————	S1'
	déducteur d'un savoir		maître du discours

Le trait qui spécifie cette situation discursive du dialogue égalitaire tient à la fausse réciprocité des positions. Dans la conversation entre pairs, chacun assure successivement la maîtrise du discours dont se déduit la maîtrise de la communication.

La fausse symétrie des positions dans l'E.N.D.R. tient à une simulation d'égalité dans un cadre inégalitaire. Le style non directif évite les questions franches. (Les questions entraînent un type de relation où niveau communicatif et niveau discursif sont confondus sur le modèle de l'interrogatoire (S1 → S2).) Les interventions (notamment réitératives) opèrent une reprise des contenus ou de l'énonciation qu'elles interrogent « de l'intérieur ». Le locuteur est amené à « répondre *de* son discours »[1]. Il le fait, selon les cas, par deux voies distinctes : soit il garde l'initiative de la maîtrise, en effectuant un développement argumenté complémentaire, soit il opère un dévoilement des arrières de ce qu'il dit, engage sa personne et sa sincérité, produit un discours confidentiel et intime, expose son incomplétude, manifeste son incapacité à s'appréhender seul. Interrogeant la cause de son discours, l'interviewé émet une demande de savoir sur lui-même qu'il adresse à l'interviewer : situation pré-transférentielle d'attente de compréhension et d'élucidation de l'énigme personnelle.

Le schéma suivant résume les nouvelles positions :

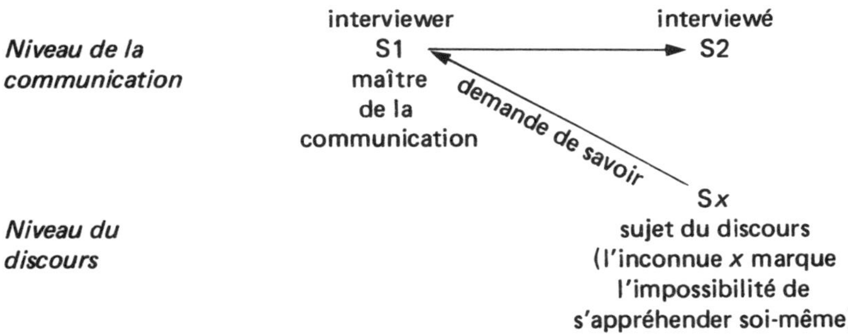

Cette nouvelle disposition conditionne le discours confidentiel et intime, mais place l'interviewer dans la situation embarrassante de verser dans le « relationnel » au risque d'échapper aux objectifs de sa recherche – une relance thématique réintroduit la configuration (S2' ← S1'). L'E.N.D.R. s'appuie sur une dynamique des relations de pouvoir dont le schéma général (voir page 114) résume l'ensemble des positions.

L'E.N.D.R. articule trois configurations discursives : la première S1 → S2 rend compte du contrat de la communication, l'enquêteur détient le pouvoir de l'interrogation, mais il se refuse à le

1. L'analyse de ce type de relation discursive est détaillée par A. Trognon (1981).

mettre en discours (poser des questions) ; la seconde S2' ← S1' rend compte du niveau du discours, un jeu de rôle de l'enquêteur le place en position d'écoute active et approbative, et soutient la maîtrise du locuteur ; la troisième : S1 ← S*x* rend compte de l'effet psychologique, voire psychologisant du système ; la maîtrise implicite de l'interrogation met en question les coulisses du discours et le sujet énonciateur qui répond par une demande de savoir sur lui-même.

La dynamique interne de ce processus, le passage constant d'une configuration à l'autre a pour effet de constituer le discours de l'E.N.D.R. Bien sûr, les variations dans le fonctionnement du schéma définissent des typologies distinctes selon les individualités, les objectifs de recherche, les thématiques explorées, le degré d'acculturation des interviewés au dispositif, la formation et les référents théoriques des interviewers, etc. Toutefois, l'ordonnancement des positions de pouvoir engendré par l'E.N.D.R. reste virtuellement le même.

Dans ce chapitre, nous avons cherché à reconstituer les structures d'un entretien dans ce qu'il a de commun avec tous les entretiens ; à travers l'étude systématique des interventions et des types de discours, nous avons construit un modèle théorique du fonctionnement de l'E.N.D.R.

L'étude systématique des interventions montre qu'elles ne sont ni aléatoires, ni prévues ou prévisibles, mais qu'elles traduisent immédiatement dans une formule condensée et chargée d'implicitations l'état instantané de la relation des interlocuteurs, l'intention de recherche de l'interviewer et la position d'énonciation de l'interviewé. Les trois dimensions : style, efficace des interventions et mode de discours rendent compte de trois fonctions de l'intervention.

Le repérage des modes de discours évoque le problème général de la fonction de la parole : comment ne pas tenir compte dans l'analyse d'un discours de la liberté de jeu qui caractérise le sujet parlant dans la relation qu'il entretient avec ses énoncés ? Ce qui semble même particulier à l'E.N.D.R., c'est que cette liberté s'applique presque exclusivement à ses propres énoncés alors que dans un questionnaire ou une conversation banale, le jeu d'ajustement aux énoncés de l'autre prend une part beaucoup plus importante dans l'activité du sujet.

Et pourtant il serait faux de dire que dans l'E.N.D.R. l'interviewé est « face à lui-même ». Dans ce pseudo-monologue, l'autre qui écoute prend une part prépondérante du fait qu'il a la particularité d'être intériorisable ; c'est à cette place « intime » qu'occupe le « Je », le sujet de l'énonciation (F. Récanati), la parole vraie (J. Lacan), que s'immisce naturellement l'interviewer « non directif » comme énonciataire du discours (C. Chabrol, 1982). L'interviewé n'est donc pas « face à lui-même », mais en partie « face à l'autre en lui-même » ; pour dégager la part d'artefact tout aussi importante dans ce dispositif d'observation que dans un autre, il faut saisir cette spécificité : le discours n'est pas particulièrement influencé sur tel ou tel point de son contenu, il est entièrement un « construit », une co-production, un genre discursif nouveau.

De ce fait, la question relative à la validité ou à la fiabilité des données est moins importante que celle-ci : « Pourquoi une personne parle-t-elle de sa vie pendant une heure trente minutes avec un interviewer ? A quel jeu social se livrent sans le savoir les interlocuteurs ? »

Le modèle théorique des relations de pouvoir dans l'entretien permet de préciser le processus de manipulation interne qui opère entre les interlocuteurs. Il confirme l'idée rousseauiste *qu'il n'y a pas d'assujettissement si parfait que celui qui garde l'apparence de la liberté* ; il souligne également que des phénomènes relationnels comme la dépendance, le transfert dont découlent le plus souvent des phénomènes émotionnels, idéalisation, sentiment d'attachement, sont le plus souvent l'effet d'une méprise, d'une erreur sur la personne de l'autre maintenue coûte que coûte par le sujet pour pouvoir rêver, imaginer, jouir. On ne s'étonnera pas, comme le font les sociologues américains, du plaisir manifeste que retirent de leur expérience les interviewés confirmés et narcissisés qui ont « rechargé » leur imaginaire. Le truc est vieux comme le monde et A.C. Kinsey avait bien remarqué combien l'art d'enquêter relevait de la même aptitude que l'art de bien vendre (on vend toujours l'image du produit et non le produit).

Il reste que la structure de l'entretien ne constitue qu'une trame générale qui autorise une grande liberté d'interprétation, comparable en cela à certaines partitions de musique contemporaine.

Chaque entretien est singulier, unique, la partition jamais rejouable à l'identique ; cette caractéristique en fait certainement l'élément le plus controversé et le plus précieux. Controversé : l'application rigoureuse d'un même scénario ne saurait que produire les mêmes données au regard de la science expérimentale. Mais si l'on repense à ces compositeurs contemporains comme Bussoti par exemple, le sens de leur démarche vise non seulement à rendre unique le moment de l'interprétation, ce qui vaut pour tout concert, mais à singulariser les contenus musicaux eux-mêmes : les processus aléatoires donnent la dimension de la vie, du temps, de la perte. De la même manière l'absence de reproductibilité de l'entretien est sans doute son bien le plus précieux qui engage le chercheur sur des pistes moins tracées et le mène au plus près du vivant.

Les interviewés parlent

par H. BEZILLE

Jusqu'à présent les auteurs se sont surtout intéressés à mettre en évidence les effets de biais introduits par les représentations et conduites des interviewers, laissant de côté les représentations élaborées par les interviewés eux-mêmes et leurs effets. Le matériel sur lequel s'appuient généralement ces travaux est constitué par les témoignages et analyses des conduites des interviewers eux-mêmes, et non par ceux des interviewés.

C'est de ce point de vue que E. Maccoby, N. Maccoby (1954) et également L.R. Kahn et E. Cannel (1963) rendent compte des effets induits par les représentations de l'interviewé par l'interviewer. Ces derniers auteurs rendent compte notamment des biais produits par la théorie implicite que les interviewers ont de leur propre rôle.

Le problème est souvent envisagé sous cet angle limitatif ; le témoignage de l'interviewé n'a-t-il rien de plus à apporter à ce sujet que le chercheur ne sache déjà ? Pourquoi ne pas supposer par exemple que l'interviewé, qui n'a apparemment pas d'idée précise à faire valoir dans ce domaine, a de ce fait un point de vue sur la situation d'une autre nature, qui peut être intéressant à prendre en compte.

Pour accéder aux systèmes de représentations propres aux interviewés nous avons effectué des entretiens structurés : une consigne assez générale, suivie de questions ouvertes, l'ensemble étant centré sur la situation d'entretien elle-même. Pour la commodité nous appelons ce dispositif « post-entretiens ». L'opportunité d'un tel dispositif nous a été suggérée par les travaux de R.K. Merton (1956) sur les entretiens focalisés :

entretiens centrés sur le vécu d'une situation par les interviewés eux-mêmes, et par ceux de H.W. Riecken (1969) et M.T. Orne (1969) relatifs aux consignes implicites dans une situation expérimentale.

Dans cette perspective, nous avons donc constitué un guide de « post-entretiens » focalisé permettant d'explorer les représentations que l'interviewé se fait de lui-même, de l'interviewer et de leur relation, en présupposant une articulation entre ces trois registres de représentation.

Ces post-entretiens ont été effectués auprès d'une population récemment interviewée dans le cadre d'une recherche dont le thème était l'héritage.

Dans ce cadre, les entretiens, de type exploratoire, avaient pour amorce une consigne générale : « Pouvez-vous me dire ce que l'héritage représente pour vous ? » Cette consigne étant le seul thème de départ structurant l'entretien. Le choix des interviewés et la procédure de prise de contact étaient guidés par une préoccupation méthodologique :

– Les interviewés devaient être directement concernés par le thème de la recherche : ils devaient avoir une expérience récente de l'héritage (deux ans maximum), ils devaient avoir hérité de personnes proches (parents par exemple).

– La prise de contact par un intermédiaire connaissant l'interviewé devait faciliter le travail de l'interviewer et la mise en confiance de l'interviewé. Cet intermédiaire précisait à l'interviewé le cadre universitaire de la recherche et assurait celui-ci des garanties d'anonymat. Ces précisions étaient reformulées par l'interviewer lui-même au moment de l'entretien.

Ces précautions devaient favoriser l'aisance et la liberté d'expression des interviewés sur un sujet supposé être difficile à aborder, parce que très impliquant.

Les post-entretiens sont effectués un mois environ après ces premiers entretiens, par un enquêteur différent. Ils sont guidés par une consigne de départ assez générale : « J'aimerais que vous me disiez ce que l'entretien auquel vous avez participé il y a quelque temps a représenté pour vous, ce que vous en avez pensé après. »

Le post-entretien donne lieu à l'exploration d'un certain nombre de thèmes : le vécu de la situation, ce que l'interviewer a représenté dans cette situation, son personnage. Sont recherchées également les représentations des interviewés relatives au cadre de la recherche, à ses objectifs, les représentations relatives enfin à la technique de l'entretien.

Cette seconde démarche des enquêteurs se heurtait à une difficulté méthodologique : les interviewés parviendraient-ils à s'exprimer librement sur la situation de l'entretien et sur ce que le premier interviewer avait représenté, sachant que les premiers interviewers et les seconds appartenaient à une même équipe ? Cet aspect particulier de l'interrelation nous a fait opter, dans la passation de ces post-entretiens, pour une démarche proche de celle utilisée par A.C. Kinsey lors d'une enquête relativement standardisée mais dont le sujet était délicat à aborder pour les interviewés [1]. Interrogeant une population sur son comportement sexuel, Kinsey contourne les effets inhibants d'un questionnaire trop standardisé en laissant à l'enquêteur la responsabilité d'adapter la forme de la question au style de son interlocuteur. Nous avons adopté une approche comparable. Les questions et particulièrement les questions relatives à l'interviewer sont posées sous une forme propre à favoriser l'expression libre de l'interviewé et à un moment opportun. Les thèmes standards constituant la trame de cette démarche étaient les suivants : (nous les présentons ici classés sous forme de questions).

Le vécu de la situation

– Comment ça s'est déroulé ?
– Est-ce que c'était un moment agréable ou désagréable ?
– A quelles autres situations ça peut faire penser ?

1. Cf. *supra*, A. Blanchet, « Histoire de l'entretien non directif de recherche ».

Les représentations de l'interviewer
– Quel personnage a-t-il représenté ?
– Imaginez sa formation, son rôle dans la recherche.
– Quelle est sa situation sociale, familiale ?
– Quelles sont ses origines sociales ?
– Quelles sont ses positions politiques ?
– Quelles sont ses opinions sur le sujet abordé ?
– Est-ce qu'il a déjà été concerné lui-même par l'héritage ?

Le cadre de la recherche
– Quel était le sujet de l'entretien ?
– Quels étaient les autres thèmes recherchés ?
– Pouvez-vous imaginer la manière dont il sera utilisé ?

La technique de l'entretien
– Est-ce que vous avez déjà été interviewé ?
– Quels sont les principes de cette technique et qu'en pensez-vous ?

Nous analysons dans ce texte un premier corpus constitué de quatre de ces entretiens et des quatre post-entretiens correspondants. Quelques précisions concernant les interviewés sont utiles :

Madame A a 35 ans, elle est employée de bureau, son mari est technicien. Elle a hérité de ses parents morts l'un et l'autre à six mois d'intervalle. Cet héritage se concrétise dans une somme d'argent, mais aussi par le déménagement de la maison qu'elle occupait, mise en vente pour faciliter le partage. Elle a deux frères concernés comme elle par cet héritage. L'intermédiaire précise dans ce cas à l'interviewée, outre le cadre de la recherche, ses propres liens avec l'interviewer : c'est une collègue de travail. Madame A accepte très volontiers l'entretien. L'interviewer est une femme, plus âgée que l'interviewée de quelques années.

Madame B a 60 ans, elle ne travaille pas, son mari est directeur d'une société. Cet héritage n'est pas vraiment une surprise ; concrètement il ne transforme pas sa vie. Elle précise d'ailleurs que ce n'est pas le premier héritage qu'elle fait. Elle est contactée par une amie qui lui explique le cadre de la recherche. L'interviewer est un homme beaucoup plus jeune qu'elle.

Madame C a 41 ans. Elle est cadre dans une entreprise, son mari est commerçant. Le partage de l'héritage entre les personnes concernées n'est pas encore fait. L'intermédiaire est amie avec l'interviewer, avec l'interviewée et les membres de la famille de celle-ci, concernés comme elle par l'héritage. L'interviewer est une femme plus jeune que l'interviewée.

Madame D a 40 ans, elle est cadre dans une administration, son mari est architecte. Elle a deux filles, elle est actuellement en instance de divorce. Elle vient d'hériter de sa mère. Son frère et son père sont concernés par cet héritage. Elle est contactée directement par l'interviewer sur recommandation de l'intermédiaire qui n'intervient pas directement auprès de l'interviewée. Madame D accepte l'entretien par « complaisance » mais préfère qu'il s'effectue sur son lieu de travail plutôt qu'à son domicile. L'interviewer est une femme de quelques années plus jeune que l'interviewée.

Les personnes interviewées sont donc concernées par l'héritage à des degrés divers : pour certaines l'héritage réveille des conflits familiaux et s'accompagne de transformation concrète du mode de vie (Madame A, Madame D), alors que ce n'est pas le cas pour les deux autres personnes. En ce qui concerne la relation interviewer-interviewé, selon les cas l'intermédiaire est plus ou moins proche de l'entourage de l'un ou de l'autre. Enfin, âge et sexe sont des variables à considérer dans la relation interviewer-interviewé. Dans trois de nos entretiens, interviewer et interviewé sont d'âge proche et de sexe identique (entretiens de Madame A, Madame C, Madame D). En revanche, dans l'entretien de Madame B l'interviewer est un homme nettement plus jeune que l'interviewée.

L'analyse de ces entretiens et post-entretiens attire l'attention sur certaines fonctions du dispositif, fonctions que le chercheur néglige le plus souvent : cette analyse montre à quel point le dispositif et les représentations qu'il suscite sont porteurs d'un message auquel l'interviewé se réfère constamment, que ce soit dans un souci de satisfaire à la demande de l'interviewer, ou de prendre la mesure de certains enjeux (clarifier sa relation au thème par exemple), ou encore dans un besoin de maîtrise de la situation.

Notre travail se référant directement à ces entretiens et post-entretiens, il nous a semblé souhaitable d'appuyer notre propos, dans ses principaux moments, sur des extraits de ce matériel. Soulignons enfin qu'il s'agit d'une démarche exploratoire, qui se donne pour but de préciser des hypothèses, hypothèses qui sont en cours de vérification sur un échantillon plus large.

L'AMBIGUÏTÉ DU DISPOSITIF

Les témoignages apportés par les post-entretiens, confrontés à l'examen des conduites réelles en entretien, permettent d'évaluer la fonction décisive de certaines représentations anticipées ou élaborées au cours de l'entretien par l'interviewé.

L'interviewé est sensible à l'ambiguïté fondamentale de la situation : s'il est invité à se confier dans une ambiance intime, la présence du magnétophone lui annonce par ailleurs que sa parole peut être divulguée. De même, l'image de l'interviewer, confident complice mais aussi technicien de l'exploration, est porteuse d'ambiguïté.

LE CADRE INVITE SIMULTANÉMENT A LA CONFIDENCE ET AU TÉMOIGNAGE PUBLIC

Cette double dimension du dispositif impose d'emblée à l'interviewé quelques contorsions.

La dimension intimiste de la situation demande à l'interviewé de faire un travail personnel qui fait appel à son statut de sujet du discours. Cet objectif fait oublier, quand il est privilégié, l'idée d'une divulgation possible, la présence même du magnétophone est oubliée. L'interviewer et l'interviewé sont avant tout attentifs à la recherche de l'interviewé. Une telle lecture du dispositif s'inspire largement de la mise en scène de la relation psychothérapique.

La seconde dimension de la situation, celle du témoignage public, convie l'interviewé à jouer le rôle d'un représentant, d'un porte-parole. Le dispositif s'inscrit dans un cadre plus large que celui de l'ici et maintenant de l'entretien. L'interviewé n'oublie pas en effet que sa parole prend sa valeur dans un processus de recherche qui la destine à être transformée par le dépouillement et l'analyse. La relation interindividuelle est donc marquée par cet ailleurs de la recherche qui est en l'occurrence concrétisé par la présence du magnétophone.

Ces deux types de représentations semblent difficilement intégrables dans une conception unitaire de la situation et les signes de cette difficulté apparaissent quand, après avoir exposé brièvement la finalité de la recherche, l'interviewer invite plus ou moins explicitement l'interviewé à s'exprimer comme sujet porteur d'une vérité singulière. L'interviewé, parfois séduit par une proposition qui le place sous les feux de la rampe, s'appliquera souvent consciencieusement à s'exprimer « librement » comme il y est convié, alors qu'il n'est pas sans savoir par ailleurs que l'interviewer est guidé par des objectifs et des attentes précises.

Cette dualité induit des effets semblables à ceux de n'importe quelle injonction paradoxale. L'interviewé est mis dans une situation comparable à celle, fort connue, qui est citée comme exemple de l'injonction paradoxale par P. Watzlawick (1972) : « Soyez spontané. » De toute évidence, une telle injonction barre l'accès à un discours libre. Nous repérons de tels phénomènes dans nos entretiens à travers les hésitations du discours, hésitations dont la signification est confirmée par les témoignages des post-entretiens ; c'est le trébuchement d'une parole tâtonnante voire errante ou immobilisée entre une volonté de maîtrise et un impératif d'expression « vraie ».

Une représentation cohérente de la situation s'accommoderait mieux de la version intimiste. Celle-ci est valorisée par des interviewers séduits par une théorie qui met l'accent sur « les attitudes profondes ». L. Kandel (1972) s'est attachée à souligner le poids idéologique d'une telle théorie. Il est certain que cette option incite l'interviewé à oublier l'existence des impératifs de la recherche.

Lorsque les deux versions de la situation coexistent, le discours de l'interviewé reste prisonnier d'un certain nombre de préoccupations. Ni conquis par l'ambiance intimiste, ni séduit par les possibilités qui lui sont offertes de faire étalage de son expérience vécue, il reste attentif aux objectifs et attentes supposés de l'interviewer et n'oublie pas la dimension technique de la démarche de celui-ci. Observateur autant que participant, l'interviewé alors peut faire obstacle à toute possibilité d'instauration de la relation, comme il peut s'efforcer de satisfaire à la demande de l'interviewer.

Ces difficultés transparaissent clairement dans l'attitude d'une des interviewées ayant accepté de parler de son héritage et qui se plaindra en post-entretien de la trop grande neutralité de l'interviewer. A la consigne « Je voudrais que vous me disiez ce que représente pour vous l'héritage », Madame C adopte un point de vue très général vis-à-vis du thème : elle commence l'entretien par un exposé des représentations de l'héritage dans notre société ; ce n'est que par une succession de « recentrages », encouragés par l'interviewer, qu'elle en vient à faire allusion à sa situation personnelle. Dans un premier temps elle recherche une « piste » sur laquelle engager son propos :

> I.E. : « Quand on voit le problème du patrimoine, ça peut être bien autre chose que l'héritage. Je sais pas si vous vous cantonnez à la partie héritage, on hérite de ses parents, parce qu'il y a tout l'héritage intellectuel. Je sais pas, quel est votre point de vue ? »
>
> I.R. : « Oui, vous disiez, l'héritage ça peut être bien autre chose... »
>
> I.E. : « Oui, je pense que l'héritage c'est pas uniquement des biens matériels, ça peut être intellectuel, ça peut être... Alors je sais pas, votre étude c'est du point de vue sémantique, c'est du point de vue... »
>
> I.R. : « Pour le moment, c'est tout ce que vous mettez sous le mot héritage. »

L'interviewer confirme l'absence de bonne ou de mauvaise piste à priori. Cette confirmation encourage l'interviewée qui poursuit une exploration descriptive, procédant par associations d'idées : « l'héritage génétique », « les inégalités des chances », la conduisent à évoquer le thème « des enfants déshérités ». Arrivée à ce point de son discours, elle juge vraisemblablement s'être trop centrée sur des représentations négatives de l'héritage, « l'aspect sanction de l'héritage » selon ses propres termes. Elle interroge alors l'interviewer :

> « Qu'est-ce que je pourrais vous dire encore ? »

et après une pose silencieuse, aborde le thème de « l'héritage conte de fée », pour constater :

> « L'héritage a quand même un aspect... quelque chose de positif. »

et réintroduire alors dans l'entretien son interrogation initiale :

> « C'est entre parenthèses, quel est le but de la chose ? Qu'est-ce que vous voulez que je vous dise ? »

Cette conduite n'est pas attribuable selon nous uniquement à une attitude défensive à l'égard de certaines représentations fortement investies émotionnellement. Elle signale autant la nécessité pour Madame C de se situer par rapport à une représentation relativement simple et non contradictoire de ce qui est attendu d'elle : cette nécessité apparaît comme une condition préalable à tout engagement suivi de son discours ; Madame C veut savoir s'il lui est demandé de parler à titre de témoin de son époque ou si vraiment son point de vue personnel, son expérience vécue intéresse la recherche. L'ambiguïté du dispositif, l'attitude de l'interviewer, laissent Madame C dans l'expectative : « Quel est le but de la chose ? » dit-elle. L'interviewer invite alors Madame C à parler de son histoire personnelle et celle-ci, rassurée, fixée quant à des attentes non contradictoires et cohérentes, s'engage sans interruption dans un discours qui rend compte tout particulièrement de la dimension affective de son histoire.

Cet exemple montre combien l'interviewé a besoin d'une définition claire des objectifs de l'entretien. A défaut d'une telle définition, les orientations lui semblent difficiles à choisir, il procède par approximation, il peut parfois être tenté de mettre en place une véritable stratégie de conduite, il est toujours hésitant. La signification à attribuer à ces hésitations est confirmée par le témoignage de cette même interviewée en post-entretien :

> « J'ai changé plusieurs fois de direction pour être sûre d'avoir pris au moins une fois la bonne. »

Si l'interviewé ne peut pas opter pour une solution précise, cohérente, son discours porte la trace de cette impossibilité, de ce défaut de clarté des règles de l'échange. La préoccupation ainsi suscitée engage un déplacement du discours vers d'autres thèmes ne concernant pas l'héritage. L'alternative est la suivante : ou bien l'interviewé réussit à élaborer une représentation claire de la situation en privilégiant l'une ou l'autre des deux options, le pôle intimiste ou le pôle « public », son discours porte alors la trace de ce choix ; ou bien la tentative d'élaboration d'une représentation stable échoue et l'objet de l'entretien est alors pour l'interviewé largement constitué par ce problème.

L'AMBIGUÏTÉ DE L'IMAGE DE L'INTERVIEWER ET SES EFFETS

La poursuite d'une représentation cohérente et stable de la situation va de pair avec la nécessité de pouvoir se référer à une image claire, précise et nette de l'interviewer : il est indispensable à l'interviewé d'avoir un minimum d'indices réels de la situation objective de l'interviewer (son statut social par exemple). Une trop grande imprécision à ce niveau-là s'avère perturbatrice. De même l'intéressé devra pouvoir se représenter l'interviewer simultanément comme un sujet singulier et familier, et un acteur social distant, sans que cette double image soit incompatible.

La netteté de l'image de l'interviewer

Si l'interviewer offre une image trop floue de ce qu'il est, ce défaut de définition suscite de l'inquiétude chez l'interviewé. C'est ce qui se produit par exemple quand l'interviewer n'affirme pas un parti pris d'intérêt pour le discours de l'interviewé, quand son écoute peut paraître trop non sélective ou lorsque sa volonté non interventionniste est jugée trop systématique.

L'inquiétude émerge plus généralement lorsque l'interviewer ne montre pas en cours d'entretien un minimum de signes extérieurs (par son habillement, sa personnalité, ses interventions, etc.) propres à le situer dans une représentation relativement claire et structurée.

La relation d'identité et de proximité

B.S. Dohrenwend, J. Colombotos et B.P. Dohrenwend (1968) citent des expériences à travers lesquelles sont mesurés les effets d'une plus ou moins grande distance sociale entre interviewer et interviewé. Pour ces auteurs, les biais induits seraient d'autant plus prononcés que la distance sociale entre interviewer et interviewé est trop grande ou trop petite.

Nos observations, qui tiennent compte de la version de l'interviewé, donnent des résultats plus nuancés. La représentation que l'interviewé a de l'interviewer est plus rassurante quand ce dernier peut être considéré simultanément comme quelqu'un de différent et de proche, quand par exemple, interviewer et interviewé sont de sexe et d'âge différents et que par ailleurs l'interviewer est comparé ou assimilé à une personne proche de l'interviewé ; à fortiori quand cette personne proche est l'intermédiaire de la prise de contact. A l'opposé la représentation que se fait l'interviewé de l'interviewer est perturbante lorsque l'interviewer est considéré simultanément comme quelqu'un de distant (à travers une attitude très « technique » par exemple) et semblable à soi. Identique à soi et cependant étranger, l'interviewer ainsi perçu suscite une inquiétude certaine.

LA LECTURE DU DISPOSITIF FAITE PAR LES INTERVIEWÉS DÉFINIT LES TYPES D'ENTRETIEN

Les interviewers opposent couramment l'entretien de recherche d'inspiration clinique à l'entretien de recherche de type sociologique. Ce repérage est fondé sur l'idée que leur attitude détermine la forme de l'entretien.

Quand on considère le point de vue des interviewés, leur représentation de la situation, de l'interviewer, d'eux-mêmes dans cette situation, ainsi que leur propre conduite, il apparaît que, si effectivement l'attitude de l'interviewer a une fonction très importante, cette attitude n'a pas dans tous les cas une fonction aussi déterminante qu'on le souligne en général. L'interviewé joue un rôle très important. A travers la perception qu'il a de la situation et de l'interviewer se dessinent quatre types d'entretiens :

1) La situation donne lieu à une représentation ambiguë : l'interviewé ne sait pas s'il doit s'exprimer comme s'il avait affaire à une situation intime ou publique. L'interviewer quant à lui est clairement situé par l'interviewé.

2) La situation d'entretien donne lieu à une représentation clairement définie, soit dans l'option intimiste, soit dans l'option du témoignage. En revanche, l'interviewer est le support d'une image trouble : l'interviewé a de la difficulté à situer celui-ci par rapport à des repères tels que son statut social et familial, ses opinions, son âge, etc. L'interviewé ne sait donc pas qui est l'interviewer, ce qu'il veut, il lui prête des intentions ambiguës, parfois même une certaine duplicité.

3) Interviewer et situation sont dégagés de toute ambiguïté et donnent lieu à une représentation claire, transparente, stable.

4) A l'inverse du cas de figure précédent, situation et interviewer donnent lieu à des représentations ambiguës, confuses, au regard desquelles l'interviewé a de la difficulté à se situer.

– Le premier cas de figure, caractérisé par *une situation ambiguë et un interviewer suscitant une image claire de lui-même*, est illustré par l'entretien de Madame A. Le projet de Madame A est largement constitué par la volonté de témoigner sur une scène publique d'un vécu qui, selon les règles familiales, devait rester secret.

> « Au départ, quand on n'a pas l'habitude c'est un peu gênant, si j'avais beaucoup plus de facilité d'élocution, je préfèrerais faire une conférence devant tout le monde plutôt que de parler devant un magnétophone. Je trouve ce principe de magnétophone assez frustrant. Ce serait aussi intéressant de discuter avec d'autres personnes de ce genre de choses, de les écouter aussi, pour savoir ce qu'elles en ont pensé si elles ont été dans la même situation que vous. »

Cette représentation de la situation qui privilégie le pôle public vient se heurter ici à la conception de l'interviewer lui-même qui privilégie le pôle intimiste.

L'interviewer de Madame A est quant à lui clairement situé. La première impression de Madame A suscitée par l'interviewer se résume en ces quelques mots : « C'est une fille vachement sympa. » Cette perception immédiate, tout à fait favorable, semble confortée dans l'entretien par l'attitude de l'interviewer qui, par une écoute très « clinique », vient offrir à l'interviewée cette oreille que celle-ci ne trouve pas dans son entourage.

– Le deuxième cas de figure, dans lequel domine *une représentation claire de la situation et une représentation confuse de l'interviewer*, est illustré par l'entretien de Madame D. Rappelons que Madame D accepte l'entretien avec une certaine réticence, que celui-ci est effectué sur son lieu de travail et pas à son domicile. Rappelons d'autre part que Madame D est contactée directement par l'interviewer sans intervention de l'intermédiaire.

L'attitude technique de l'interviewer, le lieu où s'effectue l'entretien sont autant d'éléments qui contribuent à définir l'interviewer comme un personnage jouant un rôle professionnel qui masque ce qu'il est réellement :

> « Elle a joué que le rôle d'interviewer et il n'y a pas eu d'autres contacts de complicité, à la limite elle était trop professionnelle et c'est très embêtant de se faire triturer comme ça pendant une heure. C'est peut-être pour ça que j'ai beaucoup d'agressivité. »

Mais par ailleurs, pour Madame D la conduite de l'interviewer n'est pas conforme à l'image globale que celui-ci donne de lui :

> « Elle peut être fantaisiste dans sa vie courante et très scientifique dans son travail, faut pas laisser déborder les choses et tout mélanger. »

D'une façon générale, l'interviewer est difficilement situable, il manque de définition.

> « Je me suis posé la question pendant tout l'interview, j'ai pas réussi à la situer, seule ou pas seule, je l'imagine plutôt ayant des aventures qu'un truc fixe. »

Ce défaut fait obstacle à l'engagement de Madame D dans l'entretien : elle reste plus soucieuse de situer l'interviewer que de se situer elle-même vis-à-vis du thème de l'héritage. Cette attitude interrogative la conduit par exemple à imaginer la position de l'interviewer vis-à-vis de l'héritage :

> « Etant donné que je connais sa sœur qui serait plutôt de gauche et très anti-conformiste, je pense qu'à priori elle doit être contre les héritages, elle trouve que c'est malsain, que c'est immoral ; tout ce qu'on peut penser des héritages. Il me semble que je lui ai senti des réactions assez négatives, il me semble, à une ou deux réponses, ou est-ce que c'est moi qui avais été assez négative, plus négative que je ne m'en étais rendu compte ? Mais ses parents sont pas dans une situation trop mauvaise donc tôt ou tard elle sera confrontée à la même chose que moi. »

Un défaut de définition de l'interviewer peut être induit également par une attitude de celui-ci jugée trop « neutre » par l'interviewé. Ainsi pour Madame C, qui se plaint d'une telle attitude de la part de l'interviewer :

> « Elle était très gentille, elle faisait ça très bien, elle laissait des blancs très remarquables, elle doit avoir un rôle très passif et je

> pense que c'était son rôle relativement passif. Elle ne parle presque pas, c'est vous qui parlez presque uniquement, donc c'est difficile de la juger. »

Dans ces deux cas, l'interviewer représente un miroir trouble. Pour Madame C cette « neutralité » reprochée à l'interviewer est à l'image de sa propre gêne, de sa crainte d'en « dire trop ». Cette crainte s'avère justifiée quand on considère que l'intermédiaire de la rencontre est en relation également amicale avec les frères et sœurs de l'interviewé, concernés comme elle par un héritage dont le partage serait problématique.

– Le troisième cas de figure, caractérisé par *une certaine transparence de la situation et de la démarche de l'interviewé*, est illustré par l'entretien de Madame B. Rappelons que dans cet entretien, la différence d'âge entre les interlocuteurs est importante, que l'interviewé est une femme, l'interviewer un homme. De ce fait, la dimension de l'altérité et de la familiarité nécessaires sont conjuguées dans une relation homme/femme, où l'homme, interviewer, est associé à une place comparable à celle du gendre, en quelque sorte la place de l'étranger/familier :

> « J'aurais pu rencontrer l'interviewer avec des amis de ma fille, parce qu'il est plus près, point de vue âge, des amis de ma fille que de mes amis à moi. »

Ces caractéristiques objectives qui situent interviewer et interviewé dans une distance familière facilitent l'élaboration par l'interviewée d'une représentation rassurante du parcours professionnel et social de l'interviewer. Ainsi à la question concernant les origines sociales supposées de l'interviewer, Madame B répond :

> « Il peut très bien être d'origine assez modeste et avoir très bien évolué. »

Le mode de vie supposé de l'interviewer donne également lieu à une représentation claire, nette, rassurante. Enfin, cette place étrangère et familière confère à l'interviewer un certain droit à la différence de point de vue.

> « Il a des parents, donc il lui arrivera peut-être aussi un jour de penser à l'héritage de ses parents, mais il n'y pense peut-être pas du tout de la même façon que moi, vu la différence d'âge. »

Madame B rassurée et séduite, devient véritablement complice de la démarche de l'interviewer.

– Le quatrième cas de figure, celui dans lequel *situation et interviewer ne donnent lieu à aucune représentation précise*, n'est illustré par aucun de nos entretiens.

Ces conduites, qui définissent des types d'entretien, font apparaître à quel point il convient de ne pas minimiser la position active de l'interviewé, position qui dégage ainsi celui-ci d'un statut de « contenant » d'un matériel discursif brut à extraire et à raffiner. Elles montrent également que les attitudes des interviewés ne sont pas à considérer uniquement dans leur visée protectrice et défensive. Enfin elles annoncent l'instauration d'un projet : projet de mise à jour d'une parole, d'élaboration d'un discours.

LES ENJEUX

La participation à l'entretien a parfois pour l'interviewé une finalité précise et anticipée. Quand ce n'est pas le cas, l'existence des enjeux se révèle en cours d'entretien, le plus souvent à l'insu de l'interviewer. L'interviewé est surpris par ce qu'il entrevoit : sa participation lui apparaît alors comme un engagement dont il n'avait pas pris la mesure. Il est alors tenté de se repositionner à l'intérieur d'un contrat relationnel qui semble inclure une possibilité de gain ou de perte, engager un risque difficilement calculable.

L'enjeu autour du savoir secret et de la valeur de celui-ci a une fonction tout à fait active dans le déroulement de ces entretiens. La possibilité de son dévoilement fascine autant l'interviewer que l'interviewé.

LE REPÉRAGE DES ENJEUX

Alors que dans l'entretien à visée thérapeutique la demande est formulée par le « client », dans l'entretien de recherche elle est à l'initiative du chercheur. C'est une caractéristique apparente de différenciation de ces deux types de rencontres, soulignée par la plupart des auteurs. Ce statut bien particulier de la demande de l'interviewer induirait certains biais dans le discours : l'interviewé ayant accepté de participer à l'entretien s'efforcerait de satisfaire à cette demande en produisant un discours, des réponses, supposés attendus.

Si dans certains cas ce processus est dominant, dans d'autres nous avons constaté que le discours peut se dégager ou tenter de se dégager de ce cadre qui impose une réponse à une demande supposée : l'interviewé considère alors la demande de l'interviewer comme une proposition qu'il lui appartient à lui, interviewé, de négocier. La nécessité de se situer par rapport à cette proposition est d'ailleurs bien souvent l'occasion à partir de laquelle les enjeux se révèlent et prennent sens pour l'interviewé, exposant celui-ci à un risque qu'il s'efforcera d'évaluer.

L'existence de cet enjeu peut se révéler à d'autres moments dans la « préparation » à l'entretien, ou même en cours d'entretien. L'interviewé acceptera par exemple de participer à l'entretien en intégrant celui-ci à un projet de clarification de sa propre pensée : la situation d'entretien sera alors conçue comme lieu propice à une mise à l'épreuve nécessaire (c'est pourquoi l'accord n'implique pas nécessairement adhésion totale car ce projet suppose aussi une certaine appréhension, une certaine crainte, anticipées) : qu'il y ait ou non investissement anticipé de la situation, l'entretien et même l'après-entretien sont des moments de révélation, révélation de l'engagement de l'interviewé dans un processus qui déborde largement tous les effets qui avaient pu être anticipés (ce pouvoir heuristique de l'entretien explique pour une large part la difficulté dont témoignent les interviewés à raconter l'entretien à une tierce personne). Cette révélation d'un engagement dans un processus qui le déborde provoque l'interviewé à la réévaluation de la situation ; et plus précisément de son rôle, des risques encourus. Traversé par un certain nombre d'interrogations vouées à rester sans réponse, l'interviewé ne dispose d'aucun critère objectif d'appréciation de la justesse de sa position et du risque. On ne s'étonne donc pas de voir ces entretiens ponctués de signes d'inquiétude, d'interrogations, de tentatives de réajustage, de renégociation implicite du contrat relationnel.

Si l'existence de ces enjeux ne fait pas de doute – elle se manifeste à divers moments, avant l'entretien, pendant celui-ci, voire après – si elle est confirmée par les interviewés eux-mêmes en post-entretien, la nature des enjeux est quant à elle plus difficile à cerner.

Le contrat explicite proposé par l'interviewer est complété par l'interviewé avant, pendant et après l'entretien. Celui-ci définit ses propres objectifs, compte tenu de ceux qui ont été exposés par l'interviewer. La nature de ces enjeux varie d'un interviewé à l'autre, ainsi que leurs effets.

Madame D

Les enjeux avant l'entretien sont assez vagues. Ils sont révélés par l'entretien lui-même et mesurés ultérieurement.

Avant l'entretien l'enjeu lui semble confus et se présente d'emblée sous forme d'un risque :

> « Il est possible de parler de choses pas trop brûlantes, pas trop problématiques, sinon on vient pas en parler à un inconnu. »

Pendant l'entretien elle est prisonnière de la demande de l'interviewer, tout en refusant la situation initialement acceptée : parler de choses personnelles à une inconnue :

> « J'avais pas envie de me déballer pour des choses très personnelles, très profondément, il faudrait vraiment avoir une immense sympathie pour la personne. Encore, encore hein !... et comme l'autre ne dit vraiment rien. »

Après l'entretien elle a tiré quelques bénéfices de la situation, bénéfices qui n'étaient pas escomptés :

> « Ça m'a obligée à structurer un peu ma pensée, à la formuler si vous voulez, alors que jusqu'à présent, je l'avais pas vraiment fait, quoi. »

Mais elle reconnaît que le risque encouru en situation d'entretien s'est révélé être plus important qu'il n'y paraissait au premier abord : elle s'est trouvée piégée par la demande de l'interviewer.

> « J'étais vraiment la bonne petite élève qui voulait vraiment extirper d'elle tout ce qu'elle pouvait dire sur le sujet pour arranger la personne qu'il y avait en face d'elle, surtout qu'en plus de ce problème d'héritage, je me suis rendu compte qu'il y avait une part de culpabilité dedans, donc ça me replongeait là-dedans et une fois que je l'avais réalisé pleinement et que j'en avais pris conscience, c'est pas l'interviewer qui allait me régler mon problème. »

Le bilan est dans l'ensemble négatif et conduit Madame D à imaginer un dispositif qui impliquerait un partage équitable des bénéfices entre interviewer et interviewé et évacuerait ainsi l'éventualité insupportable d'avoir été lésée. On perçoit par ailleurs dans cette attitude une demande de réparation affective :

> I.E. : « Ça aurait été sympa de me renvoyer la balle, après avoir été charcutée dans tous les sens, pour voir comment on se situe par rapport aux autres et au moins par rapport à sa propre interview, qu'on se sente pas comme ça complètement pressurée. »
>
> I.R. : « Sous quelle forme ? »
>
> I.E. : « Une page écrite. »
>
> I.R. : « Pas forcément la copie de la cassette ? »
>
> I.E. : « Oh non ! La copie de la cassette j'en ai rien à faire, au contraire, surtout pas ! Non, plutôt un truc un peu synthétique, qui fasse un peu le boulot à votre place. C'est la petite chose qui fait plaisir. »

Madame C

Les enjeux manifestes avant l'entretien sont oubliés en cours d'entretien : les attentes supposées de l'interviewer sont au cœur de sa préoccupation et c'est après l'entretien que les enjeux de départ sont reconsidérés à la lumière de ce qui s'est effectivement produit. Dans ce cas, les enjeux définis avant de participer ne semblaient donc pas avoir eu une fonction essentielle dans le déroulement de l'entretien. Concrètement, les objectifs sont les suivants :

Avant l'entretien la nature des enjeux est claire : cette situation doit être pour elle l'occasion d'une mise à l'épreuve qu'elle juge nécessaire. L'aspect limitatif et contraignant du cadre est valorisé, elle compare cette situation à celle d'un examen :

> « C'est pour me forcer, une sorte d'exercice, me forcer à faire quelque chose que je ne ferais pas spontanément. »

> « C'est quasiment plancher sur un sujet, quand on vous oblige, on vous focalise sur un sujet, vous êtes à ce moment-là obligé de penser, d'analyser un tas de choses, donc on vous fait faire un effort. »

Pendant l'entretien l'objectif principal est de s'exprimer sur un thème correspondant à la demande de l'interviewer : il s'agit de trouver « la bonne piste ».

Après l'entretien Madame C reconsidère l'épreuve qu'elle s'était fixée avant l'entretien : elle a réussi dans la mesure où elle est parvenue à exprimer ses sentiments mais elle pense avoir échoué dans le maniement du discours :

> « L'impression que j'ai eue c'est que ce que j'ai répondu c'est très près, pas assez structuré du point de vue logique. »

L'interviewer n'est pas impliqué par Madame C dans ce bilan.

Madame A

Les enjeux, manifestes avant l'entretien, sont importants et comme dans le cas de Madame C oubliés en cours d'entretien. A ce moment-là, l'implication dans la situation absorbe totalement celle-ci, mais après l'entretien le bilan fait par l'interviewée montre que l'interviewer a contribué à la réalisation des objectifs de Madame A, tels que ces objectifs étaient anticipés. C'est le seul entretien de ce type.

Avant l'entretien, l'objectif est clair : l'entretien représente à ses yeux une possibilité qui lui est offerte de s'exprimer, de confier à une écoute étrangère ce qui ne peut être entendu par l'entourage familial. Pour cet entourage, l'héritage est un sujet tabou dont on ne parle pas en famille et encore moins à l'extérieur de la famille. En participant à un entretien sur ce thème, Madame A passe outre cette censure. On entrevoit donc l'importance de l'enjeu : il s'agit pour elle en premier lieu de signifier à son entourage le refus de cette contrainte et, dans le même mouvement, de se libérer du poids de celle-ci. Ainsi Madame A participe à l'entretien malgré le désaccord de son mari.

> I.E. : « J'ai mon mari qui était absolument contre cet entretien... »
>
> I.R. : « Ah oui ? Expliquez-moi... »
>
> I.E. : « Parce qu'il me disait que je n'avais pas du tout à dévoiler des problèmes qui s'étaient passés chez moi à... à des gens étrangers... Il m'a bien dit que ça ne regardait personne, que c'est personnel et que... que lui ne pourrait pas le faire, que... il garde ça pour lui... »

Elle évoque par ailleurs l'impossibilité de parler de l'héritage à son mari et sa préférence pour une écoute étrangère. La participation à l'entretien représente donc une certaine aubaine :

> « Pour moi personnellement y avait déjà une part de curiosité, peut-être une envie de me libérer un petit peu de tas de choses que... je ne pouvais pas raconter finalement. Je pouvais le raconter à qui ? hein ? »

Enfin, la demande d'entretien est d'autant mieux acceptée qu'elle met en valeur une femme habituellement peu confiante en elle-même :

> « C'est Nicole (l'intermédiaire) qui m'a dit de le faire parce qu'elle a pensé que finalement j'étais apte à le faire. »

La participation à l'entretien représente donc pour Madame A une possibilité de se libérer de la censure familiale. Sensible au « profit » qu'elle peut tirer d'une telle participation, elle n'entrevoit d'emblée aucun risque.

Pendant l'entretien Madame A est « prise par le truc » selon ses propres termes.

Après l'entretien, qui aurait eu des effets physiques non négligeables (malaises, maux de tête) et des effets psychiques importants, Madame A dit avoir changé d'attitude à l'égard de son entourage :

> « Ça m'a certainement rappelé beaucoup de choses, j'avais froid, j'étais pas dans mon assiette mais ça m'a éclairée. »
>
> « Avant l'entretien j'étais l'opposé de ce que j'étais après. »
>
> « Finalement cet entretien m'a fait du bien quand même parce que j'étais liée à mon plus jeune frère et je ne comprenais pas pourquoi il avait agi de cette façon. Après l'entretien je l'ai rejeté et si je n'avais plus aucun lien avec lui ça ne me gênerait pas. »

Madame B

Les enjeux semblent peu importants et ont une fonction minime. Contrairement à Madame A et Madame C, Madame B ne se fixe pas de but avant l'entretien. Elle reste vigilante à la demande de l'interviewer pendant l'entretien. La situation suscite peu d'interrogations et peu de bouleversements après l'entretien.

Avant l'entretien elle n'a pas d'objectifs précis, elle rend un service à la personne qui a assuré le contact. Cet accord ne s'accompagne d'aucune représentation anticipée de la situation.

En cours d'entretien elle est soucieuse de répondre aux demandes de l'interviewer. Contrairement à d'autres interviewés, elle ne perd pas de vue ces demandes. La nature de cette demande serait d'abord d'ordre général, il s'agirait de « tout dire » :

> « Comme on sait pas exactement à quoi peut servir votre recherche, donc il faut parler de tout, de tout ce qui peut se rapporter à ça, mais sous différents aspects. »
>
> « J'ai essayé de dire les choses franchement, comme je les pensais ; je ne voudrais pas avoir caché quelque chose qui me serait resté sur le cœur. »

« Tout dire » ou plutôt ne rien cacher :

> « Il fallait dire tout ce que comportait sur le moment les choses agréables d'un héritage mais aussi les choses désagréables qu'il y avait après, après la mort de la personne. »

Pendant l'entretien, Madame B a donc le sentiment que l'interviewer l'invite à tout dire. Elle accepte entièrement cette proposition.

> « Je sentais qu'il fallait que je dise ce que je pouvais dire. »

> « Par rapport aux questions qu'il m'a posées, je me suis exprimée, j'ai décidé de répondre. »

Sans oublier que l'intérêt de l'interviewer se double d'un intérêt plus spécifique pour certains thèmes :

> « Il a insisté un peu sur les, sur certains aspects de l'héritage. »

> « La partie qui paraissait être intéressante pour l'étude c'était que mon père avait exprimé par écrit certaines choses qu'il voulait absolument laisser à ses enfants. »

> « Il voulait savoir pour moi personnellement ce que ça avait changé dans ma vie, je crois ; non seulement ce que j'avais pu penser au moment où ça s'était passé mais ce qu'il en reste encore maintenant. Peut-être une question de sentiments, pas forcément uniquement les choses matérielles, quoi, je crois qu'il a insisté pas mal là-dessus. »

Etre attentive à satisfaire aux exigences de l'interviewer n'exclut pas l'envie d'aborder certains thèmes qui certes peuvent intéresser les chercheurs mais surtout elle-même. Il lui importe de s'exprimer sur l'attitude spécifique des femmes par rapport à l'héritage :

> « J'ai insisté là-dessus, actuellement, euh, les femmes voyaient les choses tout à fait différemment des hommes. »

L'entretien est donc l'occasion de se faire le porte-parole d'une « cause » :

> « Oui, parce qu'entre autres je lui ai parlé des choses qui se passaient au niveau des femmes ; une histoire de bijoux à transmettre, des choses comme ça. Ça j'ai pensé que ça pouvait peut-être servir. »

Satisfaire l'interviewer autorise Madame B à s'exprimer sur des préoccupations personnelles. Ce type d'échange permet donc à l'interviewée de satisfaire, de son point de vue, simultanément aux exigences de la recherche, aux attentes plus spécifiques du chercheur, et à ses exigences personnelles.

Après l'entretien un doute concernant l'intérêt de sa collaboration à cette recherche apparaît :

> « Est-ce qu'il a coupé la moitié ? Il y avait peut-être la moitié qui ne l'intéressait pas. »

Ces exemples attirent l'attention plus particulièrement sur deux points :

– *Selon le moment où se révèlent ces enjeux, les effets sont différents.* Le déroulement de ces entretiens montre que des enjeux anticipés par l'interviewé n'ont une fonction active dans le déroulement de l'entretien que s'ils coïncident avec les objectifs de l'interviewer : c'est le cas de l'entretien de Madame A. Sinon ils sont neutralisés (Madame B). Les enjeux qui se manifestent en cours d'entretien, alors que rien de tel n'avait été anticipé, ont en revanche une fonction plus décisive : c'est le cas de Madame D.

– *Les objectifs de l'interviewé sont souvent contraires à ce qu'il imagine être la demande de l'interviewer.* L'interviewé est souvent persuadé que ce qui l'intéresse lui dans l'entretien ne peut intéresser celui qui l'écoute. Dans trois de nos cas (Madame B, Madame C, Madame D) les enjeux propres à l'interviewé viennent buter sur les objectifs supposés de l'interviewer. Cette opposition explique certains « blocages » en cours d'entretien (Madame C). Elle peut également entraîner la soumission de l'interviewé à ce qu'il imagine être l'attente de l'interviewer (Madame D). Cette opposition peut aussi donner lieu à un compromis (Madame C).

UN ENJEU PRIVILÉGIÉ : LE SAVOIR

Interviewer et interviewé sont en quête d'un savoir à révéler ou à dévoiler. Sur la base de ce constat se met en place une relation complexe puisque chacun ignore ce que l'autre cherche implicitement, quand il n'ignore pas ce qu'il cherche lui-même.

La scène de l'entretien est un lieu qui autorise l'interviewer à déployer librement son savoir-faire. A ce titre, il est en position de maîtrise par rapport à l'interviewé qui, lui, n'ignore pas que, s'il est producteur d'un certain savoir qui le définit comme sujet unique, singulier, ce savoir est insuffisant. En effet, si sa parole est nécessaire, elle ne vaut le plus souvent que parmi d'autres. Elle ne vaut aussi qu'à être traitée par l'analyse. Cette dissymétrie des positions de pouvoir entre l'interviewer et l'interviewé apparaît ailleurs : l'interviewer sait en partie ce qu'il cherche ; il a des hypothèses. Il peut aussi produire un énoncé relatif à ce qu'il ignore, c'est là le signe de l'activité scientifique et de ses exigences de rigueur. L'interviewé, quant à lui, n'a pas de telles connaissances à sa disposition : il ignore les objectifs de la recherche et cette ignorance est d'autant plus inconfortable qu'il doit apporter une information supposée attendue par l'interviewer.

La fragilité de cette position expliquerait certaines conduites de l'interviewé, quand celui-ci par exemple essaie de mesurer, à un moment ou à un autre de l'entretien, les conséquences possibles du dévoilement de sa parole, de la divulgation de celle-ci. Il va sans dire que de telles conduites sont très certainement amplifiées par le thème de la recherche : l'héritage est un sujet qui effectivement oblige les interviewés à prendre position vis-à-vis du secret et des conséquences de son dévoilement. L'interviewé est conscient de cet engagement, il n'ignore pas que sa démarche dépasse le cadre de la simple confidence, il sait que son témoignage est destiné à la divulgation.

Le jeu avec le secret et son dévoilement n'est sans doute pas toujours clairement perceptible, mais il est toujours présent sur la scène de l'entretien. Il a une double fonction de structuration du discours et de structuration de la relation. Pour l'interviewé il s'agit d'apprécier, eu égard aux enjeux qui se révèlent dans l'entretien, quel savoir divulguer et quel savoir garder secret. Les questions qui se posent sont multiples : le « bon savoir » est-il celui dont la divulgation, par le dévoilement du secret, a des effets immédiats de soulagement d'une tension ? Est-il celui qui est supposé être attendu par le chercheur ? Celui dont le clan familial estime qu'il gagnerait à demeurer secret ? Celui qui concernerait la « vérité » du sujet ? Celui qui masque particulièrement bien l'existence d'un secret relatif à un autre savoir ? etc. Par approximations successives l'interviewé essaie de se définir et de se positionner dans une représentation cohérente de ce que doit être le « bon savoir » à divulguer, en conséquence de quoi il procède à une suite de choix, de sélections et d'éliminations qui structurent fondamentalement son discours.

Concernant la relation, le statut du secret dans l'économie subjective de chaque interviewé a des effets certains sur son mode d'engagement ; la mise en scène du secret et de son dévoilement participe activement à l'instauration et au développement de la relation imaginaire à l'interviewer sur le mode du jeu ou de l'épreuve. Ainsi, pour Madame D, s'exprimer sur ce thème représente une réelle épreuve, un risque de dépossession. A l'opposé pour Madame A et Madame B la confidence s'inscrit dans une relation de séduction et de jeu qui tempère la crainte de l'échec et de la perte.

D'une façon générale, la relation subjective au secret semble évoquer, sur la scène de ces entretiens, une relation imaginaire marquée du fantasme d'une inévitable transparence à l'autre.

LA RELATION IMAGINAIRE À L'INTERVIEWER : son rôle dans la dynamique de l'entretien

Parler du thème de l'héritage invite les interviewés qui ont hérité récemment à évoquer les liens familiaux et peut-être plus particulièrement les liens conflictuels. Il est donc prévisible que l'interviewer soit « utilisé » comme support à la réactualisation fantasmatique de la relation de l'interviewé avec sa famille.

Les conditions optimales pour la réalisation d'entretiens dont le déroulement serait fondé sur une relation de type pré-transférentielle supposent bien sûr :

– l'existence d'une demande implicite d'écoute de type clinique de la part de l'interviewé et une attention de l'interviewer centrée sur la dimension affective du discours de l'interviewé ;

– un interviewer porteur d'un minimum de signes objectifs susceptibles de favoriser les projections imaginaires sur des images parentales (être plus âgé que l'interviewé par exemple). L'existence réelle de tels signes s'avère nécessaire quand la rencontre est de courte durée, comme c'est le cas pour les entretiens de recherche.

La fonction de la relation imaginaire dans le déroulement de l'entretien diffère vraisemblablement selon que l'interviewer est assimilé à la mère, au père (dont l'interviewé vient d'hériter et qui est le plus souvent décédé), ou au frère, à la sœur complice ou rival. Selon que sera privilégié, d'une problématique œdipienne, la rivalité ou la relation de séduction, la relation instaurée dans l'entretien impliquera une organisation particulière du discours.

Un de nos entretiens, celui de Madame A, illustre très clairement comment peut se mettre en place ce type de relation et sa fonction dans l'entretien. Dans l'entretien de Madame A, la relation imaginaire est le principal moteur de l'entretien. Plusieurs éléments se cumulent qui rendent possible un tel processus : d'abord le désir de Madame A de se confier à une oreille étrangère. Ensuite une attitude de l'interviewer fondée sur la réassurance, la sollicitation amicale qui séduit l'interviewée.

> « Elle a une telle façon de parler et de poser des questions que j'ai été prise par le truc. »

Enfin, Madame A repère très rapidement des points communs entre un de ses parents (la mère) et l'interviewer. Une brève discussion avant l'entretien situe l'interviewer d'un point de vue familial et social comme une femme indépendante et autonome, comparable en cela à la mère de l'interviewée.

Sur cette base se développe une relation imaginaire à travers laquelle Madame A assimile progressivement l'interviewer au personnage idéalisé de la mère. Le développement de cette relation imaginaire en cours d'entretien fait apparaître l'image ambivalente d'une mère qui n'a pas élevé ses enfants :

> « Ma mère n'avait besoin de personne pour subvenir à ses besoins... Ma mère ne s'est jamais occupée de nous et on s'est toujours très bien débrouillés tout seuls et je fais le rapprochement de L. par rapport à ma mère. »

Dans le cas de Madame A, l'instauration d'une relation de ce type est favorisée par ailleurs par un dispositif d'entretien qui évoque pour l'interviewée le double aspect intime et officiel des échanges d'autrefois avec sa mère :

> I.R. : « A quel autre genre de situation cet entretien a pu vous faire penser ? »
>
> I.E. : « Comment à quel genre de situation ? »
>
> I.R. : « L'interviewer est venu, il y a eu un entretien... »
>
> I.E. : « Je vous ai dit que ça me faisait penser aux entretiens avec ma mère... De temps en temps... c'était pas des entretiens, euh... avec L. (interviewer) y avait quand même une petite barrière puisqu'on se connaissait peu mais... toujours cette admiration... et j'ai l'impression de retrouver... ma mère... quand on avait quelque chose à se dire elle s'asseyait dans un fauteuil et elle me disait : "bon on parle"... ça me rappelle exactement les entretiens que j'avais autrefois avec ma mère... c'est marrant, euh... et... et cette admiration que j'avais par rapport à elle, euh... Ah oui c'est tout à fait ça. Je m'asseyais donc dans un fauteuil pour... pour parler de choses plus ou moins sérieuses, toujours... quand on avait à parler de choses importantes, je me souviens ma mère disait : "On a à parler de ça, assied-toi" et ça me faisait penser un peu à ce genre de choses... "assied-toi... bon alors qu'est-ce que tu en penses ? qu'est-ce que tu fais ?" Vraiment le sérieux de la chose. »
>
> I.R. : « C'est ça, c'était un moment privilégié... »
>
> I.E. : « Oui, un cérémonial, on devait s'asseoir pour parler toutes les deux... ça me fait penser tout à fait à ça hem... c'était un moment où on devait euh... se retrouver pour parler de choses importantes, voilà, ça me fait penser exactement à ça. »

On perçoit là un des effets possibles d'une attitude de l'interviewer qui opte pour une conduite très clinique. L'entretien sera très largement structuré par la relation spécifique au parent dont l'image est projetée sur l'interviewer. Toutefois il est clair que l'incitation au discours intime trouve là une parole complaisante qui précède le désir supposé de l'interviewer et lui donne, en écran, un savoir sur soi tout empaqueté.

L'ambiguïté du dispositif, l'interférence d'enjeux divers et parfois incompatibles entre interviewer et interviewé, la fonction plus ou moins déterminante de la relation imaginaire à l'interviewer, telles sont les trois dimensions de l'entretien auxquelles l'interviewé est inévitablement confronté, auxquelles il doit nécessairement faire face. Le type d'engagement de celui-ci vis-à-vis de ces trois aspects devrait permettre sur un large échantillon de repérer des styles d'entretiens, tout comme la conception que l'interviewer a de son rôle permet de le faire, d'un autre point de vue. Bien sûr une telle classification trouve son intérêt quand ces différents aspects sont pris en compte au niveau de l'analyse de contenu.

Reste à aborder la question de la définition de l'entretien par l'interviewé. Tout comme le chercheur élabore sa propre définition de cette situation [1], l'interviewé est confronté à cette même interrogation. La situation d'entretien ne représente-t-elle pas pour l'interviewé un hors-lieu dont la définition s'éclairerait de ce qu'il n'est pas : ni un lieu de prise de parole publique, ni un lieu confidentiel, la situation d'entretien serait irréductible à une situation sociale d'interlocution autre.

Ce « hors-lieu », nous l'avons vu, trouve son prolongement dans l'après-entretien. C'est bien dans l'après-coup que l'interviewé est confronté à un possible désenchantement, voire à un certain bouleversement, effets opposés aux attentes de réparation et de soulagement qui avaient pu être anticipés : la complicité

1. Cf. *supra*, A. Blanchet, « Histoire de l'entretien non directif de recherche ».

peut faire défaut là où l'interviewé attendait un cadre intimiste ; inversement, il peut être confronté aux pièges d'un inquiétant tête-à-tête enregistré, là où il pouvait s'attendre à occuper le devant de la scène et à faire publicité de son cas pour un public anonyme.

Les témoignages des interviewés de notre échantillon, témoignages marqués par ce travail de réélaboration, montrent que ces effets de désenchantement ont dans certains cas une contre-partie positive, quand pour l'interviewé la participation à l'entretien ouvre la possibilité de réamorcer un monologue intérieur ou de remettre en circulation une parole restée en suspens. Mais il s'agit là, bien sûr, de bénéfices « secondaires » qui ne constituent pas le plus souvent l'objectif de l'entretien.

Troisième partie

LE STATUT DE LA CONNAISSANCE

La neutralité vue sous l'angle de l'E.N.D.R.

par A. GOTMAN

Evoquant les devoirs d'un professeur envers ses étudiants, Max Weber notait que l'enseignant devait permettre à l'étudiant de « soustraire sa propre personne pour servir une cause et par suite réprimer avant tout le besoin de faire étalage inopportunément de ses propres goûts et autres impressions personnelles » (1917). Davantage qu'une simple leçon d'humilité et de modestie, ce discours sur la formation à la cause scientifique pose le principe de l'abandon du caractère *indivis* de la personnalité comme préalable à l'exercice non politique de toute profession ; « Il n'est pas vrai, poursuit M. Weber, que la personnalité constituerait ou devrait constituer une "unité" au sens où elle pourrait, pour ainsi dire, courir le risque de se perdre si on ne la met pas en évidence en toute occasion (...) Quelle que soit la tâche professionnelle, celui à qui elle est posée est obligé de se limiter et d'exclure tout ce qui est étranger à la cause, la plupart du temps la haine et l'amour personnels. » (*Ibid.*)

Celui qui voyait dans la bureaucratie le danger de dépersonnalisation préconisait donc comme principe de conduite professionnelle une ascèse sentimentale, sans confusion possible avec un engagement politique investi par ailleurs et en d'autres lieux.

Quiconque a appliqué la consigne de neutralité dans la passation d'entretiens non directifs aura ressenti *cette froide logique professionnelle* à la fois comme un confort, une garantie de légitimité, et comme une expérience « dépersonnalisante », par là-même fragilisante.

Lorsqu'en 1945 Carl Rogers introduit pour la première fois l'idée que l'entretien non directif appliqué à la recherche peut utilement s'inspirer de l'entretien de conseil thérapeutique, en s'appuyant notamment sur un protocole de neutralité bienveillante lui-même inspiré de la psychanalyse freudienne, il dessine pour les générations futures de chercheurs une configuration (très éloignée de celle d'un Max Weber) où *chaleur et disposition amicale* devaient au contraire élargir le champ de l'observation.

Que la recherche *emprunte* à la psychanalyse, et plus largement à la conduite thérapeutique, son modèle d'entretien, modèle au demeurant très controversé par les psythothérapeutes eux-mêmes (Mathieu, 1983) ne constitue pas à notre avis un argument suffisant pour rayer d'un trait la pertinence de cette pratique dans le travail d'enquête : à débattre indéfiniment de la légitimité d'un tel transfert, à tant insister sur ce qui sépare les disciplines professionnelles, ne fait-on pas l'économie de ce qui les rapproche et qui se trouverait dans un statut socio-historique commun des modes d'élocution ?

De même il serait illusoire de tenir séparée la « noble » question de la neutralité scientifique – et celle de la construction de l'objet – du problème soulevé par ce qui se présente plus modestement comme une simple question technique : de recueil d'information, dans la mesure où toute méthodologie implique à la fois une conception du monde social, du sociologue, et de la relation entre les deux (Gouldner, 1970). S'il convient de replacer l'entretien (et l'exercice de la neutralité *dans* l'entretien) au sein de la division professionnelle du travail, comme l'une des phases du processus de recherche, il faut également situer l'entretien (et la neutralité *de* l'entretien) dans la division du travail social, car cette démarche spécifique consiste non seulement à rencontrer les *usagers* et à les observer, mais à incorporer au travail d'enquête le travail de ces « usagers-chercheurs » (devenus collaborateurs de recherche). La neutralité de l'enquêteur est ainsi indissolublement liée à la neutralité de la parole sociale comme objet sociologique ; la question n'est pas seulement de savoir écouter – observer – ni de savoir ce qu'on écoute – construire l'objet – mais de connaître l'usage social de ce dispositif.

Technique d'information, emblème professionnel, position politique, la neutralité est tout cela à la fois : une méthode et un principe qui, dans le moment de l'entretien, se confondent plus ou moins heureusement, mais dont on essaiera ici de distinguer les enjeux.

Savoir rester neutre, c'est tout l'art de l'interviewer. Entre la raideur, le silence, l'immobilité, l'humilité, la distance à l'autre qu'impliquerait la profession de foi du doute scientifique, et les possibilités d'empathie, d'acquiescement voire de collusion, de protection et de soutien considérées comme propices à l'exercice de sa maïeutique, l'interviewer en vient souvent à jouer sur la corde raide en adoptant une posture suspensive pour maintenir un équilibre instable entre des forces contraires qui cependant entrent en jeu dans sa conduite.

Entre le naturel, la franchise qu'il est supposé provoquer chez son locuteur et la politesse feinte qu'il peut être amené à adopter en certaines circonstances (lorsque le respect de l'autre par exemple vient à manquer), l'interviewer choisira une indifférence contrôlée qui n'est pas sans rappeler un comportement blasé, cependant paré de bienveillance.

Entre l'apparente décontraction affectée par l'enquêteur pour susciter sa pareille chez l'interviewé dans un semblant de conversation ordinaire, et la réflexion qu'il poursuit silencieusement à part lui-même sur l'intérêt de ce qu'il enregistre par rapport à ses enjeux professionnels, le chercheur se construit une attitude que l'interviewé ne tarde pas à repérer lorsque, décidant de forcer cette position pseudo-énigmatique, il interroge « Et vous... qu'en pensez-vous ? », « Au fait... tout ça c'est pour quoi ? », « Qu'est-ce que vous allez en faire ? »

Il serait néanmoins insuffisant de réduire la neutralité à une pure façade dont la fonction serait simplement manipulatrice c'est-à-dire capable de révéler davantage d'information qu'une attitude inverse telle, par exemple, l'agressivité. Tenu d'être neutre envers celui qu'il écoute pour favoriser son expression, l'interviewer se doit également de l'être envers lui-même lorsque, pour s'engager dans une véritable exploration, il se voit amené à commuer sa position sociale de « savant » (celui qui sait) en un rôle d'ignorant (celui qui apprend) ; à jouer de naïveté à la fois vis-à-vis de ce qu'il entend et de ce qu'il avance ; à surveiller ses inclinations en usant de son esprit critique chaque fois que les choses semblent aller – trop bien – de soi ; à surmonter sa gêne pour explorer des zones d'ombre par trop incertaines et ainsi maîtriser les faits ; cette même neutralité lui dicte d'inviter à parler et non de questionner, de laisser un blanc là où la question contient déjà un savoir, et se heurte presqu'inévitablement à une sommation du genre « Posez-moi des questions », injonction destinée à faire sortir l'interviewer de ses retranchements lorsque sa pensée, non mise en avant, est suspectée d'arrière-pensées.

Cette *tactique* est également une *stratégie* dans la mesure où elle est une interrogation sur ce qui vient d'être dit ; adopter une attitude neutre c'est se donner les moyens de neutraliser les réactions qui, dans une conversation ordinaire, nous dicteraient une *réponse.* La neutralité est ici l'espace vacant laissé entre l'énoncé et la théorie de cet énoncé, espace nécessaire à l'élaboration du fait scientifique qui ne s'impose pas de lui-même mais se construit. Ce travail pour accéder à la connaissance détourne l'interrelation de ses implications immédiates, introduisant ainsi une distance dans un protocole pourtant choisi pour ses qualités implicantes.

La neutralité, technique relationnelle et méthode d'investigation, prend ainsi au moins deux visages (qui, dans le temps de l'entretien, se superposent) puisqu'il s'agit à la fois de maîtriser une relation interindividuelle et de contrôler sa position par rapport à l'objet scientifique, incarné à ce moment même par la parole de l'autre.

Que la neutralité soit finalement une position difficile pour l'interviewer (et pour l'interviewé) ne fait pas de doute, mais il est non moins remarquable qu'en dehors des péripéties propres au débutant, ces difficultés se développent plus qu'elles ne régressent ; l'expérience se révèle plus incertaine que confortable. Sans doute est-ce là l'effet positif de l'usure qui conduit le praticien rompu à sa technique à s'interroger non plus sur sa capacité à la maîtriser, mais sur ce qu'il maîtrise : les implications sociales, morales et politiques de l'entretien qui précèdent son déclenchement se poursuivent au-delà de sa réalisation et positionnent l'interviewer non plus comme récepteur/émetteur, mais en entremetteur social. Eventuellement mû par sa curiosité et son désir de connaissance, l'enquêteur agit pour le compte d'un groupe social plus ou moins institutionnalisé, qu'il soit ou non politiquement « engagé ». Et lorsqu'il interroge quelqu'un, ce n'est pas en tant que personne mais comme représentant d'un groupe d'intérêts.

Aussi bien la neutralité prend-elle ici un troisième visage, en amont et en aval de l'entretien lui-même, indépendamment si j'ose dire de la conduite de l'entretien, car déjà jouée dans la commande de recherche, le choix de l'objet, celui des interviewés et la publicité qui sera donnée à la recherche. En dire suffisamment mais point trop sur l'objectif et le commanditaire de la recherche, sur ce que les autres interviewés ont dû ou vont sans doute vous dire, manifester un intérêt immédiat mais néanmoins médiatisé pour l'individualité du locuteur, rendre compte de l'utilité de la recherche sans préjuger des intérêts qu'elle saurait servir : là encore la neutralité se présente davantage comme une clause suspensive d'un contrat social passé entre enquêteurs et enquêtés avec laquelle chacun se débrouille au coup par coup.

L'« empirie » qui semble ainsi régner sur l'exercice de la neutralité ne doit cependant pas faire conclure à son inexistence ni renoncer à sa compréhension. En connaître les enjeux, distinguer sa valeur heuristique, ses limites sociologiques et l'idéal scientifique qu'elle condense devrait au contraire permettre de pratiquer l'entretien non directif de recherche avec plus de prudence, mais aussi peut-être avec plus de souplesse. Du discours édifiant à la mise en forme de dispositifs spécifiques, la neutralité relève assurément du domaine du bricolage, et c'est là sans doute son intérêt majeur.

Les profits escomptés et les effets obtenus de la neutralité qui sont les plus spécifiques à l'entretien non directif ont trait à la qualité et à la qualification de la parole recueillie : technique facilitante, destinée à favoriser l'expression, cette neutralité d'écoute est ce qui se réfère le plus immédiatement à l'entretien comme protocole particulier de recueil d'information, et comme situation interactionnelle ; au contraire, la neutralité de l'enquêteur-chercheur et de l'enquêteur-acteur social déborde beaucoup plus franchement la technique de l'entretien en élargissant la question aux problèmes de la recherche en général, et de la recherche sociologique en particulier. On commencera donc par le plus simple : cette modalité de mise en œuvre de la non-directivité qui, avec l'attention flottante notamment, concourt à établir un type particulier de parole.

L'ART D'INTERVIEWER

Il n'est pas facile de distinguer ce qui, de la non-directivité, l'attention flottante et la neutralité, contribue finalement à créer un « rapport », comme le disent les Anglo-Saxons, et à faire produire une forme particulière de discours : l'expression, décidée librement et non pas dirigée (conséquence de la non-directivité ?), développée (grâce à l'attention flottante ?), approfondie (du fait de la neutralité ?). La neutralité, en tout état de cause, participe de l'ensemble des moyens mis en œuvre pour obtenir ce qu'on a coutume de nommer « expression », et qui distingue l'entretien non directif en particulier du questionnaire : elle attire ainsi notre attention sur le statut de l'expression.

LES PROBLÈMES DE L'EXPRESSION

Si rester neutre est une technique de prédilection en cas de conflit, la neutralité ne peut se réduire à ce qui s'apparenterait d'ailleurs plus à une tactique qu'à une technique ; elle est, c'est du moins notre hypothèse, coextensive à la dimension conflictuelle du type particulier de parole produite dans l'entretien non directif. C'est pourquoi elle trouve à s'exercer non seulement dans les situations thérapeutiques où le conflit est patent, mais aussi en situation dite normale d'enquête où le conflit n'est certes pas le moteur direct de l'entretien, mais un médiateur tout aussi structurant de la qualité expressive de la parole de l'interviewé. L'expression, condition même – et non pas conséquence – de l'émergence de la neutralité, serait en quelque sorte une expression-problème, au sens où elle fait problème au locuteur par définition.

Nul doute que nous sommes ramenés ici aux racines de l'entretien non directif comme méthode thérapeutique, et comme approche des mécanismes psychiques de la personne. Le client, pour reprendre les termes de C. Rogers, rencontre, pour se raconter, des difficultés et encourt un certain nombre de risques du fait d'une incoercible tendance à résister à sa propre vérité, tout au moins à son histoire ; d'où la nécessité de neutraliser ses parades et d'éviter en même temps au locuteur l'impression de se trahir en l'assurant de l'intérêt de ce qu'il dévoile.

En d'autres termes, la bienveillance est là pour signaler que la valeur de l'expression réside bien dans le caché ou l'implicite du discours autrement bloqués, verrouillés par les ruses de la raison. Si parler est cause d'embarras, pire, de souffrance, c'est que la souffrance est au principe même du refoulement : sa cause mais aussi sa raison d'être ; et le refoulement est un discours en souffrance. L'expression en tant que telle est thérapeutique dans la mesure où elle est une forme de discours révélé ; le fait même de manifester le manque en supprime le défaut. L'hypothèse qui préside à l'expression étant que le discours, défini comme duel, libère un discours qui lui préexiste, délivre un texte non écrit.

La neutralité est donc un procédé actif qui consiste à amener le locuteur sur le terrain de l'expression ou, pour employer l'image de C. Rogers (1945), à se voir lui-même plus clairement, à se réfléchir dans un miroir verbal pur de toute opinion, évaluation, diagnostic et suggestion susceptibles d'empêcher le processus de clarification. Elle est pour cette raison une attitude sélective car, si elle exige du thérapeute qu'il soit à même de *tout* entendre, ce « tout » n'est certes pas n'importe quoi, mais tout particulièrement ce qui est difficilement audible car difficile à dire. Même lorsqu'il se contente de reprendre les derniers mots du locuteur (figure minimale de la reformulation), ne fait-il pas l'hypothèse que cette phrase suivie d'un silence est en quelque sorte inachevée et recèle un discours potentiel, non encore dit. Si, toujours d'après Rogers (in Pagès, 1970), l'activité du client, premier détenteur du sens, doit se comprendre comme une activité de communication avec lui-même, l'attitude du thérapeute est alors déchiffrement d'un message, élaboration du sens (interprétation), compréhension authentique et non pas tautologie ; proche parente de l'interprétation psychanalytique, elle ne saurait se suffire d'une répétition pure et simple des paroles du locuteur dénoncée, toujours par Rogers, comme le défaut et le refuge des débutants. C'est ce que les paroles cachent et dérobent qui doit orienter le thérapeute et l'engager à utiliser ses propres mots, non pas simplement ceux de son client. C'est par sa présence à l'autre que le thérapeute obtient non plus seulement un discours, ni une réponse, mais une expression, une présence tout entière questionnante où le thérapeute ne formule pas de questions, mais se constitue lui-même en question pour l'autre afin de faire surgir à son tour questions, problèmes et dédoublement du discours ; non pas redoubler le discours, confirmer le locuteur, mais introduire un blanc entre ce qui est dit et ce qui fait dire, considérant que la source du mal-être réside dans l'inadéquation entre les deux.

Signalons ici quelques pièges auxquels ces perspectives peuvent conduire si l'on n'y prend garde. Ainsi du postulat rogérien selon lequel ce n'est qu'en s'interrogeant soi-même que l'autre peut s'interroger, l'interviewer risquera-t-il de glisser vers des croyances du style : s'interroger et l'autre s'interrogera ; souffrir avec l'autre, et par là-même penser se protéger de ses éventuelles agressions ; communiquer d'inconscient à inconscient... figures de la neutralité où l'identification devenue identité, le miroir devenu effet miroir, infiltrent de mystérieure magie ces encombrants attributs de la neutralité que sont la bienveillance et l'empathie.

Mais dira-t-on, quel rapport entre tout cela et l'entretien de recherche, de quel droit prêter à l'interviewé, qui ne souffre pas et ne demande rien, des problèmes ? d'où viendrait qu'on attende de lui qu'il s'exprime, quid de la neutralité et de ses vertus libératoires ?... En quoi, somme toute, lors d'un entretien de recherche serions-nous tenus de lever des résistances, neutraliser des rationalisations, en quoi surtout des interviewés auraient-ils *a priori* quelque chose à cacher ou même seulement à préserver qui exigerait de l'interviewer, outre la plus élémentaire courtoisie, des ménagements particuliers ?

L'EXPRESSION DE PROBLÈMES SOCIAUX

Dans ce type d'entretien le problème n'est plus de faire en sorte que le discours du client soit *fidèle* à lui-même, mais d'obtenir un discours *valide*, qualité qui ne se réfère plus à la personne du locuteur, mais à l'objet de la recherche. Il ne s'agit plus que le client s'exprime, mais que l'interviewé s'exprime sur un thème donné, le thème en question fût-il lui-même embarrassant. De l'entretien thérapeutique à l'entretien de recherche on passe d'un cas de figure où la personne est un embarras pour elle-même, et son expression un problème, à une situation où demande est faite à l'interviewé d'exprimer un certain nombre de problèmes. La neutralité s'imposerait dès lors que les recherches ont pour objet tel ou tel problème de la vie des gens.

Si l'expérience montre que le locuteur embarrassé ou mal à l'aise dans un thème a toutes les chances de donner des réponses biaisées ou évasives, quand toutefois il ne met pas fin à l'entretien (Richardson, Dohrenwend et Klein, 1965), et si la neutralité bienveillante est un moyen pour mettre le locuteur à l'aise, notre attention est attirée cette fois non plus vers les mécanismes psychiques de la personne, mais vers la nature de recherches qui font que les interviewés ont des problèmes à exprimer, et non pas simplement des faits à relater.

Derrière les faits, le sociologue est à la recherche des idéologies, des valeurs, des symboles, des représentations qui sous-tendent les conduites et, s'il veut y accéder, il lui faut savoir se dégager des stéréotypes, pur reflet de la parole dominante. Il cherche, en clair, les enjeux, le *ressort caché de la parole*.

Cet intérêt des sciences sociales pour les contenus sous-jacents à la parole des citoyens n'est pas sans rappeler comment Karl Mannheim situe et explique la naissance de l'idéologie comme science de la connaissance (1960). Le contrôle de l'inconscient collectif est, dit-il, un problème de notre époque, corrélatif au développement de la discussion politique au sein des démocraties modernes, à partir desquelles il devint de plus en plus clair que les idées étaient plus particulièrement représentatives de certains groupes, et la pensée déterminée socialement et existentiellement ; c'est dans la bataille politique, poursuit K. Mannheim, que les hommes devinrent véritablement avertis des motivations collectives inconscientes qui avaient de tout temps guidé la direction de la pensée. La discussion politique serait dès lors plus qu'une argumentation, lorsqu'elle arrache les déguisements et démasque ces motifs inconscients qui lient l'existence du groupe à ses aspirations culturelles et à ses arguments théoriques. La découverte des racines sociales de la pensée aurait ainsi pris comme forme première le démasquage. Autrement dit, tout se passe comme si le déploiement du discours démocratique s'alimentait de la nécessité de contrôler ce qui le sous-tend, et de relativiser la parole à ses fondements existentiels et sociaux.

Dans ce cas, la neutralité ne consiste pas à « ne pas prendre part au débat », mais à porter tout particulièrement son attention sur ce qui ancre le discours à son point d'origine, à questionner le discours manifeste, en amenant notamment l'informateur sur ce qui singularise sa position, d'une certaine manière l'éloigne de la conformité sociale de surface (du stéréotype), et à aboutir ainsi à ce qu'il problématise son discours.

LA PROBLÉMATISATION DU DISCOURS

C'est à l'individu, auteur de sa propre expérience et dépositaire d'un « vécu » (problématisation de l'identité) que s'adresse tout particulièrement l'entretien non directif. C'est dans son rapport à autrui et à la société que l'individu, plus ou moins amarré, est interrogé, dans ce qui le distancie et le décale d'une réalité re-construite, re-présentée, re-connue, bref dans sa subjectivité, sa conviction de sujet que la non-directivité opère de façon plus spécifique. Ainsi Guy Michelat (1975) faisait-il remarquer qu'à l'informateur de la communauté étudiée, l'ethnologue demande en règle générale des informations de type objectif sur ce qu'il sait des mythes, rites, traditions, etc. (autant dire des réponses collectivement établies à la question de l'identité), contrairement au sociologue maniant l'entretien non directif qui, lui, s'adresse à un participant de la culture étudiée et lui demande non plus ce qu'il sait mais ce qu'il pense et ressent à titre d'individu.

A l'interviewé qui nous fabrique son histoire, nous prêtons un certain type de compétence et attendons de lui non pas qu'il s'y connaisse mais qu'il s'y entende. Attentif à ce qu'il nous apprend, nous sommes tenus de ne pas nous en satisfaire, de ne pas se faire prendre comme objet de désir, mais de lui retourner une fin de non-recevoir sous forme d'interrogation implicite. En lui refusant d'avoir prise sur nous, en nous dérobant au lien de réciprocité qui supposerait que nous lui rendions sa parole sous forme de contentement ou d'informations, et en rompant ainsi l'échange coutumier, ne reproduisons-nous pas dans l'entretien lui-même une certaine conception existentielle de l'homme pensant, toujours aux prises avec la question de ses origines, conception très régionale certes d'une culture dépourvue de mythologie, conception également datée d'une société dite libérale où l'identité et la position de l'individu toujours en concurrence avec autrui sont posées comme objet de conquête ?

La neutralité se présenterait ici comme la rupture du lien de dépendance, en ce qu'elle est aiguillon de la pensée, « barrière à la fonction substitutive » (Mathieu, 1983).

Cette conception « énigmatique » – c'est-à-dire productrice d'énigme – de la neutralité relève d'une théorie psychanalytique de la socialisation du sujet articulée sur le défaut de l'autre. Ainsi le psychanalyste par sa réserve, sa distance, sa neutralité, le refus de se laisser connaître et donc l'énigme qu'il est amené à représenter pour le patient, contraint ce dernier à revivre une énigme fondamentale issue du défaut de la mère et du refus maternel qu'il a subis nourrisson, qui inaugurent le travail de la pensée, et l'ont conduit à désirer « savoir sur le désir de la mère » (Dorey, 1983). Redoublant cette question historique et l'actualisant par sa non-réponse, l'analyste tente ainsi de « maintenir au niveau le plus élevé cette valeur d'appel, ce mouvement d'interrogation qu'une réponse trop prompte ou toute édulcoration de la situation analytique risque de désamorcer. » (*Ibid.*)

On retiendra de ce point de vue que la neutralité-énigme a pour vertu d'échauffer la frénésie de savoir et pour fondement cette pulsion originelle de savoir que l'absence de la mère suscita chez l'enfant. En faisant du patient et de l'homme commun un sujet en mal de savoir, un sujet en question, la psychanalyse lui donne également compétence pour sinon résoudre du moins poser, éventuellement dépasser ou déplacer la question qui le constitue, celle de sa place dans le couple parental.

C'est ainsi que dans l'évolution du modèle psychanalytique la neutralité est venue prendre la relève de la suggestion, en substituant à « l'espace théâtral » de l'hypnose délibérée et à l'influence arrêtée du thérapeute sur son patient un « espace mental » où le patient, censé reconnaître ses propres désirs, contribue en tant que sujet – et non plus comme malade – à constituer le champ d'investigation de l'expérience (Mathieu, 1983). Le sujet se fait chercheur, il ne parle plus dans l'inconscience, mais parle son inconscience.

Cet effet de problématisation du discours est aussi à l'œuvre dans l'entretien non directif de recherche. Si l'interviewé se voit contraint de renoncer à connaître son interlocuteur, ne sera-t-il pas dès lors conduit à rechercher, même dans ce qu'il croit connaître, ce qui lui échappe et ainsi problématiser son propre savoir : notamment faire la part entre ce qu'il aurait souhaité et ce qui est, entre ce qui le rapproche d'autrui et l'en sépare, entre ce qui le lie et ce qui l'isole, entre ce qu'il pense et peut penser, entre la réalité du moment et la réalité de toujours ? Ainsi l'interviewé à qui rien n'est jamais donné, mais qui doit précisément toujours s'approprier l'objet, va-t-il le retourner dans tous les sens, l'examiner sous toutes les coutures, prendre imaginairement la place de l'enquêteur-chercheur, à moins que sourd au silence et au mystère de ce dernier, à la compétition dans laquelle on veut l'entraîner, il ne lui retourne que réponses triviales et affirmations définitives. « Mystère », cet autre piège de la neutralité où l'interviewer renvoie au locuteur une opacité indécidable et non pas un refus de se laisser connaître, refus qui suppose que l'enquêteur se sache rejeté ou convoité.

Mais surtout l'interviewé ne sera-t-il pas induit à parler aussi et toujours de sa place dans la société, à se situer dans ce qui l'oppose et le lie aux autres, l'oblige à être lui-même avec et contre autrui, à se présenter comme le lieu d'un conflit de socialisation ?...

Artefact ou postulat ?

L'enquêteur qui estime nécessaire d'intervenir pour neutraliser les rationalisations postule en réalité que la socialisation est un noyau de contradictions entre les conduites rationnelles et dites irrationnelles. Lorsqu'il interroge sur les pratiques, ce n'est pas tant pour elles-mêmes que pour ce qu'elles valent, représentent et symbolisent, et qui dans notre société aurait tendance à passer inaperçu. Lorsqu'il prend l'individu seul à seul et à part, ce n'est pas tant pour détecter ce qu'il a d'unique que pour apercevoir les compromis et arbitrages qu'il a été amené à faire pour s'approprier la morale du groupe. A cet égard la différence de traitement appliquée par les ethnologues et les sociologues à leurs informateurs ne semble pas aller de soi, sauf à considérer que le primitif si bien nommé car « habité » par le groupe n'a pas à connaître des méandres de la socialisation.

LA MAÎTRISE DES FAITS

Nous sortons là du domaine réservé de l'entretien non directif et de la neutralité comme technique d'expression pour aborder le problème méthodologique de la construction de l'objet qui, dans les sciences sociales et tout particulièrement dans l'entretien non directif, conduit inexorablement à la redoutable hantise du biais. L'entretien est un véritable paradigme de la question de la neutralité dite scientifique, dans la mesure où le danger obsédant de l'influence du chercheur sur son objet de recherche et le caractère éminemment trouble du rapport qu'il entretient avec un être vivant comme lui deviennent ici tout à fait brûlants : un protocole comme l'entretien non directif qui consiste à *entrer en relation* avec les individus afin de les mieux observer n'expose-t-il pas au maximum l'enquêteur aux risques de la contamination, de la collusion, de la fusion, et finalement de la confusion ? Epineuse question en effet que celle du territoire de la science, lorsque ses frontières sont menacées de tous bords par les empiètements de la subjectivité, les transports inconsidérés de l'âme humaine que, pour garder la tête froide, il faudrait sans cesse déloger.

Si l'enquêteur se laisse volontiers aller à la sensation d'avoir manipulé l'interviewé, un autre sujet de désagrément le guette encore : la peur d'avoir été floué par ses propres à priori, ses hypothèses et ses intérêts tant bien que mal endigués par une précautionneuse neutralité, censée régler sa propre activité exploratoire. Inutile de préciser que cette figure de la neutralité, destinée à filtrer la propre voix de l'enquêteur et non plus à sonoriser celle de l'enquêté, est dans la pratique totalement imbriquée avec la neutralité qui consiste à favoriser l'expression, et que toutes deux sont le plus souvent énoncées d'une seule et même voix.

COMMENT SE PLACER ?

Le sociologue (ou le psychosociologue) qui étudie sa propre société se trouve dans une situation paradoxale puisqu'il doit observer une réalité dont il est partie prenante, et s'expatrier dans son propre pays. Face à cette difficulté, « le sociologue objectivise, de peur d'être dupe » (Lévi-Strauss, 1973), et se condamne par avance à extirper de la société qu'il étudie « toutes les nuances et tous les détails, et jusqu'aux valeurs ; en un mot tout ce dans quoi l'observateur de sa propre société risque d'être impliqué » ; inconfort inconnu de l'ethnologue, estime Claude Lévi-Strauss, « puisque la société lointaine qu'il étudie ne lui est rien », mais du même coup menacé par un autre danger : celui de ne pas atteindre l'objet.

Lorsqu'il observe son prochain, le sociologue est donc d'emblée confronté à la reconnaissance de ses propres intérêts, même s'il leur a déjà fait prendre la teinte plus neutre de l'hypothèse. Il est en quelque sorte un homme averti, tout au moins il passe pour l'être, même s'il lui manque encore de l'information.

Cette dernière, ainsi que le fait remarquer A.W. Gouldner, n'est pas neutre non plus, mais toujours « expérimentée sinon expressément définie, comme étant soit "amicale" soit "hostile", soit consonnante, soit dissonnante avec les objectifs de quelqu'un » (1970). Aussi bien l'enquêteur aura beau minimiser son appétit, en dire le moins possible sur ce qui l'intéresse, tenir ses idées en sourdine, et se présenter sous couvert d'une institution aussi anodine que lointaine, il n'en sera pas moins suspecté de rechercher tel ou tel « type » d'information, comme le disent si bien les enquêtés lorsque, nous retournant notre neutralité, ils nous questionnent : « Que voulez-vous savoir *au juste* ? », « Quel *genre* d'information voulez-vous que je vous donne ? ».

Si l'interviewer qui se croit désintéressé se trompe lui-même, son prochain, lui, n'est pas dupe. Rien ne sert de s'effacer, de regarder en biais, de baisser les yeux, de prendre un air modeste, de se faire tout petit et oublier, nul ne croira que vous n'avez pas d'opinion sur le sujet qui vous occupe, ni préférence aucune. Si l'interviewer cherche, l'enquêté a son idée, ou cherche à s'en faire une, rétablissant ainsi bon gré mal gré le « face-à-face ».

C'est assurément prendre la neutralité par le petit bout de la lorgnette que de l'aborder sous l'angle de la visibilité/invisibilité de l'enquêteur par rapport à l'enquêté. C'est aussi commencer par le plus simple et supposer résolue la question de la « clairvoyance » de l'enquêteur vis-à-vis de lui-même. Partant ainsi du principe que l'enquêté sait un minimum de choses sur la position de l'enquêteur relativement à l'objet d'étude, tout au moins qu'il a seulement une « hypothèse » là-dessus, il peut soit forcer son accord plus que nécessaire (cas le plus fréquent, cf. Hyman, 1950), soit au contraire prendre le contrepied de l'opinion qu'il prête à l'enquêteur, soit encore feindre de n'en avoir cure, alléguer une parfaite indifférence à la question même de l'enquête, l'ignorer, et se mettre en situation de pouvoir avancer une chose comme son contraire. En tout état de cause l'informateur s'oriente [1] ; il s'oriente parce qu'il parle à quelqu'un et non pas tout seul ; même lorsqu'il pense à voix haute, du plus profond de lui-même, il assigne à ses paroles un destinataire. En toute logique, il est difficilement concevable d'imaginer un discours qui ne soit pas orienté ; en cherchant d'ailleurs au maximum à « supprimer » l'orientateur, on « désoriente » le locuteur mais du même coup on se condamne à ignorer la question à laquelle son discours répond. Toutes tentatives s'épuisant à séparer l'or pur du minerai, le discours de la communication et de ses fondements interactifs.

DU CÔTÉ DES INTERVIEWÉS

Face à cet incontournable obstacle de la communication, dans l'impossibilité d'y échapper, L.A. Dexter biaise et retourne ainsi la question : s'il est impossible d'être nulle part, alors de quel côté se mettre ? Dans les études qu'il mena sur le libre-échangisme et le protectionnisme aux Etats-Unis entre 1953 et 1956, L.A. Dexter ne tarda pas à s'apercevoir que son opinion à lui avait bel et bien été identifiée par ses enquêtés en conformité avec son statut socio-professionnel de chercheur membre d'une communauté scientifique (*an academic*) connue pour avoir pris des positions favorables « au libre-échange, à l'internationalisme et tout ce qui s'ensuit » (Dexter, 1956).

1. Cf. *supra*, H. Bézille, « Les interviewés parlent. »

Ayant pris soin d'interroger les partisans des deux tendances, Dexter se trouvait donc engagé dans des relations différentes selon qu'il avait en face de lui quelqu'un de son bord ou bien un protectionniste ; la nature de l'interaction dans l'un et l'autre cas étant hétérogène, la stabilité de la méthode s'en trouvait d'autant diminuée. Dexter se savait par ailleurs dans l'impossibilité de se déclarer « neutre » sous peine d'être pris pour un menteur ; il n'ignorait pas non plus que choisir de déclarer sa position personnelle tout en précisant qu'elle n'affectait en rien sa position de chercheur eût vraisemblablement transformé l'entretien en une conversation argumentée et relativement exempte de nuances. L'auteur note toutefois que le problème n'est pas la position *réelle* des enquêteurs mais celle qu'on leur *assigne* ; il pose alors la question en ces termes : « De quel côté serai-je neutre ? » sinon en acceptant une définition que l'enquêté donnerait lui-même de la neutralité, sur laquelle existerait, aux Etats-Unis en l'occurrence, un consensus ; autrement dit, être neutre dans les termes de l'enquêté. Or qu'est-ce que la neutralité pour les informateurs (nord-américains) ? C'est être de leur côté... L'enquêteur s'y emploie qui sait devoir parler le même langage qu'eux, partager leur point de vue, parler comme eux. En résumé, toujours selon Dexter, « On peut obtenir une coopération en cherchant délibérément à établir une "neutralité du côté de l'interviewé" en utilisant sa phraséologie et aussi en adoptant un style et une façon d'être qui conduisent l'interviewé à sentir que l'interviewer est de "son côté". » (*Ibid.*)

Neutralité caméléon...

Le raisonnement de Dexter indique deux choses : la neutralité est un *rôle*, joué, non un élément de la personnalité, qui exige du chercheur qu'il différencie sa position personnelle de celle qu'il est amené à adopter face à son interlocuteur. Mais en tout état de cause, la définition de la neutralité dont peut se servir le chercheur doit dépendre du statut et de la valeur spécifique attribués à ce terme dans un système socio-culturel donné. La neutralité est un véritable rapport de sociabilité. Etre neutre revient en somme à adopter le rapport de sociabilité coopérative qui prévaut dans le groupe ou la société étudiés.

Aux Etats-Unis, ce rapport dominant de sociabilité serait, si l'on en croit l'auteur, de « compréhension sympathique », terme assez vague et peu éloigné de l'idée de consensus social. Sans doute différente est la vision d'un Howard S. Becker qui n'hésite pas à prôner le cas échéant une attitude plus agressive – tel un mutisme très « parlant » – lorsque face à un discours trop conformiste ou « moral », il force son locuteur à en dire plus, affirme sa position (il en sait long et l'interviewé sait qu'il en sait long) au lieu de l'atténuer (Becker, 1970).

En outre le point de vue développé par L.A. Dexter vaut (peut-être) pour des enquêtes d'opinion où le problème des *hypothèses* est supposé résolu ; et où ne se pose plus que la question de leur éventuelle influence sur le discours de l'enquêté. Plus complexe est le cas des enquêtes de type exploratoire, ou de sociologie des modes de vie par exemple, où les hypothèses ont trait non seulement aux attitudes, opinions et positions, mais aux valeurs et aux conduites, et engagent l'enquêteur de façon beaucoup plus diffuse dans l'objet d'étude ; et où surtout ces hypothèses ont uniquement valeur indicative et provisoire. Dans des recherches de ce type, qui utilisent l'entretien non directif non seulement comme une technique de recueil d'informations mais comme un support d'exploration, le problème de la neutralité se complique car l'on n'induit jamais si bien que ce que l'on ignore.

A DISTANCE

La première condition pour être neutre, ou tendre vers la neutralité, consiste à chercher ce qu'on ignore et non pas à ignorer ce qu'on cherche. Si l'activité de recherche se traduit par un questionnement et des hypothèses, elle engage aussi à des degrés divers une part d'autoclarification à quelqu'étape que ce soit, et notamment dans la phase de recueil des données.

L'autoclarification, soit l'analyse de son propre rapport à l'objet, est susceptible de surgir y compris lorsqu'une première objectivation a déjà eu lieu, car il en va de la recherche comme de toute autre activité où l'on n'avance qu'en marchant, et où le parcours est modification permanente de la position du marcheur relativement à ses points de départ et d'arrivée. La neutralité étant ici cette disposition qui permet au chercheur itinérant de se mouvoir tout en saisissant le mouvement qui l'anime, disposition qui, au demeurant, rapproche fort l'interviewer de celle de l'interviewé engagé dans un protocole non directif. Ce que dit Max Pagès du domaine thérapeutique pourrait à notre avis s'appliquer à celui de la recherche [1] ; « Il n'est pas exagéré, dit-il, de comparer le processus chez le thérapeute à celui du client. Le thérapeute est lui aussi en thérapie. » (1970.)

Est-il certain en effet qu'à l'instar de Max Pagès, l'on puisse si aisément opposer le thérapeute rogérien, qui « s'assume lui-même et assume ses valeurs », à l'homme de science qui, toujours selon l'auteur, « s'efforce de séparer complètement le domaine des sentiments qui est celui de l'homme privé de celui de la science » d'une part, au psychanalyste censé subordonner la connaissance de ses sentiments à une perception objective de la réalité d'autre part (*ibid.*)? Car si les perspectives rogériennes marquent un « troisième moment de l'évolution des sciences humaines » où « sentiments, valeurs et connaissance sont donnés dans le même acte » (*ibid.*), il semble que thérapeute rogérien, homme de science (et psychanalyste) ne puissent tous trois progresser qu'à condition de dé-lier, à une phase ou à une autre de leur démarche, sentiments, valeurs et connaissance, notions et pré-notions. L'impératif de « chaleur froide » (*ibid.*) de l'empathie rogérienne par lequel la communication est à la fois perception d'autrui et perception de soi, le fait que l'attitude non directive, toujours selon Rogers, est « une affection de soi » (*ibid.*) et nécessite une neutralité qu'il qualifie de non-ambivalence vont également dans ce sens.

Percevoir la question derrière l'évidence, la contradiction au-delà de l'apparente logique, et explorer ce qui se dérobe

1. J'emprunterai largement à l'analyse de l'entretien thérapeutique car s'il est vrai que l'entretien de recherche n'a pas valeur thérapeutique, l'entretien thérapeutique, lui, est aussi un entretien de recherche.

à la compréhension sont autant de manières d'interroger tout en s'interrogeant, de se laisser troubler par le grincement inopiné d'une soudaine disharmonie entre ce que l'on attend et ce que l'on entend. Si être neutre c'est pouvoir écouter et l'air et la chanson, tout ce que nous avons dit sur les mécanismes de l'expression chez les interviewés vaut pour le silence – combien expressif – de l'interviewer : il pense. De son côté, l'interviewé à qui il est demandé de s'exprimer se voit lui aussi soumis à cette même règle de neutralité, grâce à quoi d'ailleurs son discours « vulgaire » devient « savant ».

NEUTRALITÉ ET MÉTHODE

Sommes-nous bien avancés, à retomber ainsi sur une pétition de principe, laissant totalement scellée la boîte noire de la neutralité ou de l'esprit critique ? Il est à craindre que dans ce domaine de la neutralité relatif à la forme active de la construction de l'objet (et non plus à son résultat), le mystère demeure grand, et que nous soyons renvoyés à nos exercices, entraînements et expériences.

Si la neutralité résiste tant à l'exposé méthodique dans le domaine de l'entretien non directif de recherche, n'est-ce pas qu'elle est le dernier recours du chercheur confronté à des objets qui résistent à la méthode expérimentale ? Aussi serait-on tenté de définir la neutralité dans ce type d'entretien comme ce qui s'impose quand on n'a pas d'autre méthode.

A ceux qui trouvent dans cette définition la preuve même de l'inanité « neutraliste », je dirais que c'est là son attrait, mais aussi sa limite.

Sa limite : la neutralité ainsi définie ne peut s'enseigner ni être testée par d'autres chercheurs. Or si l'on donne à la profession scientifique la définition de G. Easthope par exemple : « L'essence d'une science est que les méthodes qu'elle utilise puissent être présentées à l'examen d'autres scientifiques, et s'ils le souhaitent, à leur reconduction » (1974), la neutralité n'a aucune place dans l'organisation du travail scientifique.

Ses limites ne tiennent pas à la subjectivité ou à l'intuition requise par sa mise en œuvre, au demeurant incluses dans toute science, mais à sa non-communicabilité.

Son attrait : la neutralité, véritable secret de fabrication, soulève dans le milieu professionnel de la science des critiques acerbes et définitives du style « rien n'est neutre », ou bien suscite de pieuses pensées (la neutralité conduit à la vérité).

Lorsque P. Bourdieu, J.C. Chamboredon et J.C. Passeron (1968) montrent comment une question apparemment simple – « Avez-vous travaillé aujourd'hui ? » – posée à deux groupes de paysans – Kabyles et Sud-Algériens – peut ne pas avoir le même sens dans les deux cas, et se révéler non pertinente ; quand ils affirment à juste titre qu'il n'est pas d'enregistrement neutre ni de question neutre et concluent : « C'est à condition qu'il s'interroge sur le sens de sa propre question au lieu de conclure précipitamment à l'absurdité ou à la mauvaise foi des réponses que le sociologue a quelque chance de découvrir que la définition du travail qui est engagée dans sa question est inégalement éloignée de celle que les deux catégories de sujets engagent dans leurs réponses » (*ibid.*), ils pointent une difficulté réelle propre à toute enquête, mais n'avancent rien d'autre comme « solution » à ces difficultés que des « chances » de découverte, et l'apprentissage d'une auto-discipline acquise à force d'expérience.

A L'ÉCOUTE DE SOI

Considérer ses questionnements personnels comme des questions sociologiquement significatives : telles sont les propositions aujourd'hui avancées au problème que l'on vient d'évoquer. Certains auteurs s'accordent ainsi à reconnaître que, relativité oblige, le chercheur n'est jamais complètement extérieur à son objet, mais toujours impliqué dans sa recherche, et productif *car* impliqué. Ils substituent au monisme qui prévalait traditionnellement une conception dualiste du rapport à l'objet et accordent à l'implication personnelle une véritable valeur heuristique.

Lorsque Louis Wirth, introduisant l'ouvrage de Karl Mannheim *Ideology and Utopia* (1960), déclare à propos des sciences sociales « L'observateur fait partie de l'observé », « l' "insight" peut être considéré comme le cœur de la connaissance sociologique » ; lorsqu'il oppose une conception traditionnelle de la philosophie et de la science autrefois soucieuses d'autopurification à un point de vue plus moderne qui au contraire met l'accent sur l'importance cognitive *positive* du biais personnel ; quand il réfère l'objectivité à la « pertinence de nos propres intérêts » et non plus seulement à la « fiabilité de nos données et à la validité de nos conclusions », il conclut à la particulière « acuité du problème de l'objectivité dans les sciences sociales », laissant ainsi le soin à Karl Mannheim de décrire les voies censées conduire au paradis de la science.

Que prescrit Karl Mannheim : abandonner une attitude de contemplation purement théorique, avoir une conscience critique et contrôler l'évaluation au lieu de l'exclure, développer « l'autoclarification critique de notre orientation dans le monde de chaque jour », partant du principe que « tout diagnostic sociologique est intimement lié aux évaluations et orientations inconscientes de l'observateur » (*ibid.*). Injonction paradoxale grâce à laquelle « l'opportunité d'une émancipation relative à la détermination sociale augmente proportionnellement avec la perspicacité envers cette détermination. » (*Ibid.*)

De même lorsqu'A.W. Gouldner légitime la prise en compte de la « réalité personnelle » comme point de départ et infrastructure obligée de toute recherche en faisant observer que cette réalité n'est pas unique mais socialement et collectivement définie (quand bien même elle peut aussi tirer son origine d'une « expérience personnelle récurrente »), il en conclut que les présupposés et sentiments libèrent et contraignent la théorie sociale, dès lors plus fermement ancrée dans le monde social. « Les sociologues, dit-il, ne sont pas plus disposés que quiconque à jeter un regard froid sur leurs propres activités » (1970) ; et s'il leur faut s'engager dans une « sociologie réflexive », ce n'est pas pour parler de leurs désordres d'une « voix de ventriloque », mais de la même voix que leurs « sujets » ; traiter leurs propres croyances comme ils traitent celles des autres, et abandonner cette fausse dichotomie selon laquelle « les autres tiennent leurs croyances de la nécessité » tandis qu'eux-mêmes tireraient les leurs « uniquement ou prioritairement des diktats de la logique et de la preuve » (*ibid.*).

Nous pourrions multiplier à l'envi les plaidoyers pour l'auto-réflexion, l'autoclarification désormais admises comme passages obligés de l'activité sociologique par ceux qui considèrent qu'observateur et observé ne sont pas simplement en interrelation (cas des interactionnistes notamment) mais mutuellement constitués, engagés tout entiers dans une démarche cognitive et non pas seulement dans un jeu de rôles.

La prise de conscience suppose que le chercheur construise son objet en échangeant une information pour une autre par un procédé alchimique qui le rend successivement aveugle et clairvoyant ; il est agi et non plus seulement acteur. L'enquêteur attendra-t-il alors que, par le détour de l'autre et de la chance, survienne la révélation ? Les civilisations et religions sont riches d'enseignement sur les mille et un exercices praticables pour hâter son avènement. Le chercheur, bricoleur de la trouvaille, dispose dans le temps de l'entretien d'un certain nombre de trucs susceptibles d'étendre son champ d'expérience. Comme l'interviewé butant sur un problème, il aperçoit la limitation de son territoire et peut dès lors tenter d'enfreindre ses limites. Mais à l'inverse de l'interviewé supposé parler personnellement de l'expérience qu'il a d'un problème repéré et identifié par le chercheur comme étant socialement défini (à titre d'hypothèse) et ainsi amené à vivre « l'objectivité », l'interviewer, lui, doit transformer son expérience personnelle en problème sociologique, objectiver son vécu, reconnaître dans sa situation particulière un potentiel d'extension.

Il pourra notamment saisir dans les sentiments exprimés par l'interviewé ce que ceux-ci comportent de détermination sociale, et parallèlement saisir dans les faits apparemment banals et généraux ce qu'ils ont de personnel. De même que le discours expressif produit dans l'entretien non directif n'a rien de « naturel », la neutralité de l'enquêteur ne saurait se réduire à une attitude naturelle ; elle est tout au contraire une activité permanente de dé-naturalisation de l'énoncé.

LA GESTION D'UN CONTRAT SOCIAL

Neutralité vis-à-vis de l'enquêté ; neutralité vis-à-vis de soi-même ; reste la neutralité de l'enquêteur par rapport à ses pairs et à ses commanditaires. Nous avons fait jusqu'à présent comme si l'entretien se limitait à une situation duelle alors qu'en réalité l'entretien de recherche implique des personnes qui sont en même temps les représentants de groupes sociaux : les chercheurs d'une part, l'échantillon d'une population d'autre part, qui lorsqu'ils sont ainsi mis en présence à travers un protocole d'enquête sont de fait engagés dans une situation socialisée, en particulier par la commande de recherche.

On considère généralement l'entretien non directif de recherche comme un dérivé de l'entretien thérapeutique à qui il manque toujours l'élément structurant de la demande (du patient, ici de l'interviewé). Cette définition « par défaut » oublie l'existence d'une « demande » sociale de recherche qui pour être médiatisée par une institution – le plus souvent gouvernementale –, et donc indirecte, n'en est pas moins constitutive de la situation d'entretien. De même si la question de la neutralité dans l'entretien thérapeutique est indissolublement liée aux règles de la déontologie thérapeutique, on ne saurait ignorer les contraintes socio-professionnelles qui pèsent sur le marché de l'entretien de recherche avant même, pour ainsi dire, que celui-ci n'ait lieu.

LES CONTRAINTES DE LA STANDARDISATION

On a jusqu'à présent considéré l'entretien et l'interviewer comme réunissant à eux seuls la totalité du processus de recherche. C'est toujours un peu vrai, dans la mesure où chaque étape de la recherche est aussi une recherche, mais néanmoins inexact car incomplet. Qu'il soit ou non associé aux phases antérieures et ultérieures de la recherche, seul ou en équipe avec d'autres interviewers, l'enquêteur n'a point à rendre une pièce unique et définitive sur le sujet, mais il est au contraire tenu de fournir un matériau destiné à être traité, analysé et le cas échéant reproduit. L'entretien n'est jamais que l'élément d'un ensemble plus vaste, et les degrés plus ou moins poussés de la division du travail exigent que l'entretien soit plus ou moins brut ou raffiné d'une part, qu'il soit plus ou moins standardisable d'autre part.

Si l'on tient à séparer le plus nettement possible la phase préliminaire (élaboration des hypothèses), la phase de traitement des données (analyse de contenu) de la phase d'enquête proprement dite, afin que les entretiens soient le plus « neutre » possible par rapport aux hypothèses et aux résultats escomptés; si l'on cherche à rompre ainsi la chaîne des inductions, la conduite des entretiens sera la plus automatique qui soit. Si l'on souhaite au contraire lier ces trois phases dans un processus itératif, l'entretien sera plus raffiné au sens où il aura intégré pour partie les étapes amont et aval, et sa conduite éventuellement plus interprétative.

De même plus l'échantillon est vaste et le traitement standardisé plus l'entretien doit être standardisable, « neutre » là encore et dans un autre sens que précédemment : c'est-à-dire mené d'une façon telle qu'il soit possible de conduire tous les autres entretiens de la même manière, afin de réduire au minimum les variations d'un entretien à l'autre, et obtenir les données comparables nécessaires à la confection d'un corpus. Neutralité et intervention minimale sont ici voisines car pour gagner en extension on se condamne à perdre en relief. Si l'on souhaite obtenir des entretiens comparables, on s'imposera de niveler les interventions, d'épouser au minimum les aspérités de chacun, de pousser le moins possible une démarche intuitive et plus aléatoire, bref de faire aussi peu que ce soit appel au «génie» – par nature instable et imprévisible – de l'enquêteur, et autant que faire se peut à la constance de son style, mieux, à une codification de la conduite.

Le niveau de formation requis dans ce dernier cas de figure est également plus faible et se suffit de l'apprentissage d'un certain nombre de formalités garantissant sinon la stabilité de l'information, du moins celle de la conduite. Le calcul qui est à l'origine d'une semblable conception de la neutralité – degré zéro de l'intuition – est rigoureusement le même que celui qui régit le bel ordonnancement des ateliers Renault. Pour un débrouillard combien d'incompétents ? ou, pour paraphraser Herbert Hyman (1956), pour un Freud combien d'enquêteurs médiocres, et ne vaut-il pas mieux mettre un Freud dans une camisole que de libérer tous les autres à mauvais escient ?

Nous ne discutons pas ici de la valeur heuristique de ce type de conduite. Nous disons simplement qu'une conduite de ce type peut être déterminée par les impératifs de la standardisation du produit scientifique qui précisément fait le départ entre une production scientifique et une production artistique par exemple.

L'ENGAGEMENT DE L'INTERVIEWER

Lorsqu'elles se font expérimentales et calquent leur modèle sur les sciences exactes, les sciences sociales se voient une fois encore accusées de vivre d'emprunt, de pécher par convoitise. Débat stérile ? Sauf à considérer que l'expérimentation ainsi importée relève de la division du travail social au sens de Durkheim.

On a déjà évoqué les limites de l'entretien non directif relatives aux conditions culturelles dans lesquelles il trouve à s'exercer, et qui peuvent éventuellement faire échec à la neutralité de la non-directivité au sens où elle n'est pas indifféremment reproductible, parfois même inutilisable. Je rappellerai pour mémoire l'enquête de L. Schatzman et A. Strauss menée auprès de deux groupes d'habitants de l'Arkansas, l'un appartenant à la classe populaire, l'autre à la classe moyenne, supposés faire le récit de la tornade qui s'était abattue sur la région quelque temps auparavant : enquête de laquelle il ressort que la structure des discours s'opposerait point par point d'un groupe à l'autre, constat qui « obligerait à renoncer à l'illusion de la neutralité des techniques et, en l'occurrence, à se donner les moyens de contrôler, pour en tenir compte, les effets de la situation d'entretien » (Schatzman et Strauss, in Bourdieu, Chamboredon et Passeron, 1968). De même, la consigne de neutralité, pour reprendre cet exemple, eut été certainement incommode, voire inadéquate, pour s'entretenir avec les ouvriers décrits par Richard Hoggart (1970) volontiers évasifs et parfois peu accueillants car très attentifs à ne pas s'exposer devant un interlocuteur d'une autre classe. La situation d'entretien peut en effet mettre en jeu toute la morale d'un groupe. C'est dire que l'entretien non directif et la neutralité ne se distribuent pas également d'un groupe social à l'autre et qu'ils constituent ainsi que nous l'avons dit un rapport de sociabilité spécifique.

Toutefois, avant de conclure trop rapidement à l'ineptie d'une technique, sous prétexte que les modèles culturels engagés sont trop différents, il convient de se demander si les différences identifiées dans la structure formelle du discours (cas des interviewés de Schatzman et Strauss) ne proviennent pas plutôt de ce que les enquêteurs auraient échoué à poser la bonne question ; cas notamment lorsque l'on ne s'en pose aucune, et que l'on mène des entretiens « pour voir ». Ainsi, pour David Riesman (1964), « l'absence de mobilité psychique » repérée chez certains interviewés de Schatzman et Strauss tiendrait au fait que les enquêteurs murés dans une attitude non directive, affichant une absence d'opinion possiblement perçue comme une sorte de scepticisme athée, seraient passés à côté de la seule vraie question de théodicée chère aux témoins de la catastrophe : pourquoi ce désastre, pourquoi tue-t-il les uns, et épargne-t-il les autres ?

Dire que l'entretien est un rapport de sociabilité spécifique nécessite que l'on en discerne les enjeux, comme du reste le fait Richard Hoggart lorsqu'il interprète la résistance de la classe ouvrière anglaise comme une façon de se préserver face à des interviewers représentant la classe moyenne.

L'ENGAGEMENT DE L'INTERVIEWÉ

En tout état de cause, l'entretien est un rapport de sociabilité spécifique dans la mesure où, quel que soit le contexte de son emploi, il est d'abord et avant tout un artifice dont le protocole est supposé (anonymat, non-directivité et neutralité obligent) « libérer » au maximum l'informateur des contraintes sociales qui, en d'autres circonstances, déterminent ses divers modes d'élocution. Indépendamment des *effets* en retour d'une telle consigne – effets spécifiques de l'injonction paradoxale « Soyez spontané » et problématisation de l'expression –, on peut se demander si le fait de « sortir » ainsi les informateurs des contraintes sociales dans lesquelles ils vivent, de les isoler ponctuellement dans l'expérience, en « neutralisant » toutes les contraintes extérieures, n'est pas de nature à renforcer le caractère aléatoire du résultat. Tout enquêteur sait d'ailleurs fort bien accéder à ce que les gens disent faire, et pas nécessairement à ce qu'ils font.

D'où la surabondance de travaux méthodologiques visant à cerner et éliminer l'influence malheureuse de la situation d'enquête sur le résultat, et qui oublient généralement que cette influence n'est pas simplement un parasite mais coextensive au dispositif même de l'entretien. D'où également la valeur heuristique de l'entretien comme support d'analyse des phénomènes de la communication.

> « Supposer, comme le note Howard S. Becker (1970), que les sujets d'une recherche de terrain sont affectés par le biais de l'observateur, et moulent leurs actes et mots sur ce qu'ils pensent être son désir, suppose non seulement qu'ils souhaitent agir ainsi, mais qu'ils soient libres de le faire. »

Assurez à l'interviewé que ses paroles n'auront pas le moindre effet sur sa vie réelle, et il ne sera « contraint par rien d'autre que les pressions émergeant de la situation immédiate du face-à-face de l'entretien » ; or, poursuit Becker, « ces pressions ont plus de chance d'avoir un effet biaisant sur ce qu'il dit. Les Blancs sont-ils embarrassés d'admettre leurs préventions contre un interviewer noir ? Les femmes hésitent-elles à discuter sexe avec un jeune interviewer mâle ? Ils sont chacun libres de s'adonner à de tels embarras et hésitations dans la mesure où ils ont la garantie que la franchise de leur réponse (ou l'absence de franchise) n'aura pas de conséquence au-delà de la situation immédiate. Autant s'éviter l'embarras dès lors que ce que vous dites ne fait aucune différence. » (*Ibid.*)

Certes la longueur de l'entretien et l'exploration contradictoire qu'il est censé permettre sont là pour réduire le caractère socialement a-typique – neutre ? – de la situation, et limiter la contingence du résultat au profit d'éléments plus permanents et plus stables ; l'interviewer n'échappe pas en effet à devoir vérifier certaines assertions en procédant par recoupements, mais la protection inhérente au protocole oblige à traiter le discours produit comme un matériau idéal-typique et non pas comme un cas en situation. Telle est la limite et la spécificité de la valeur heuristique de l'entretien non directif, comme du reste de tout protocole artéfactuel.

LES CONSÉQUENCES DU SUCCÈS DE L'ENTRETIEN NON DIRECTIF

Aussi « neutre » que puisse être une « conversation entre classes », comme le dit David Riesman de l'entretien, quel que soit le degré de banalisation atteint par cette méthode, aussi démocratique et émancipatoire puisse-t-on le considérer, et quelle que soit sa valeur initiatique – David Riesman lui donne le statut de « rite de passage » –, il n'est pas indifférent de savoir que dans la vaste panoplie des sciences sociales l'utilisation de l'entretien est inévitablement liée aux rapports sociaux qui unissent interviewés, chercheurs et commanditaires de la recherche.

De façon très générale et avec Pierre Bourdieu (1980), on peut dire que la sociologie travaille à la connaissance du pouvoir et notamment à la méconnaissance sur laquelle celui-ci se fonde. De même lorsque David Riesman met en parallèle les grandes enquêtes sociales du dernier quart du XIXe siècle (dont celle de Charles Booth) censées « découvrir comment "l'autre moitié" ensevelie (les pauvres de Londres) vivait » et la démarche de Freud pour accéder « aux ordres inférieurs ensevelis » (in Riesman, 1964) de la personnalité, ne sous-entend-il pas que cette curiosité allait tout particulièrement à la moitié aliénée de l'humanité et travaillait à alléger la pression et l'oppression par elle subie ?

Lorsque Roethlisberger et Dickson utilisaient pour la première fois des méthodes non directives à la Western Electric Company en 1929, n'escomptaient-ils pas tirer d'entretiens plus permissifs de quoi réduire des tensions issues du pouvoir hiérarchique en empruntant précisément une autre voie que la voie hiérarchique ?

Depuis l'époque historique de ses débuts, l'entretien s'est propagé et développé dans des circonstances infiniment plus variées où sa vertu libératrice est certes beaucoup plus indirecte. S'étant banalisé il est aussi devenu multiforme et, si les chercheurs tiennent jalousement à la spécificité de leur méthode et de leur compétence, il n'est pas vrai qu'aujourd'hui l'entretien de recherche puisse se dérouler, dans des pays fortement médiatisés, en dehors de tout contexte, et notamment de la familiarisation des citoyens aux entretiens radiophoniques et télévisés. Un des éléments sans doute important de l'évolution de l'entretien est la publicité à laquelle les interviewés savent pouvoir prétendre ou craindre d'être exposés, publicité qui peut soit les motiver – « dites-*leur* que... » – soit les rebuter – « *ils* n'ont pas à savoir que... » – mais qui, dans tous les cas, les rend plus avertis de l'usage et de l'utilité/inutilité de la chose ; avec pour conséquences éventuelles : un renforcement des résistances à parler et à voir « étaler » ses problèmes (cf. de Singly, 1982), ou bien un discours déjà préstructuré par le traitement auquel l'entretien est destiné ; discours vraisemblablement plus proche de l'opinion, de l'information que de l'expression. La conduite de l'entretien, et la consigne de neutralité sont de ce fait amenées à devoir évoluer elles aussi.

On peut faire l'hypothèse que les consommateurs interrogés sur des marques et des produits, sur le choix desquels ils détiennent un réel pouvoir, perçoivent mieux l'utilité immédiate des enquêtes dites « de marché ». Et que face à d'autres types d'entretiens ils cherchent à identifier en faveur de quel « produit » l'interviewer travaille. Si le produit sur lequel on les interroge est aussi vaste que le mode de vie, la relation au travail ou aux enfants par exemple, l'identification de la position de l'interviewer devient plus malaisée, et il n'est pas dit que ce dernier améliore les conditions de l'entretien en taisant les intérêts visés par un commanditaire dont il se veut le neutre interprète.

LA NEUTRALITÉ CAUTION DES POLITIQUES, REFUGE DES SCIENTIFIQUES

Banalisé et plus flou qu'auparavant, l'entretien de recherche est en effet aujourd'hui massivement pratiqué par des professionnels rémunérés sur crédits publics, pour des travaux le plus souvent commandités par l'Etat ou les services publics, auprès d'administrés. Si de tels entretiens ont par exemple pour objet la vie privée des gens c'est parce que celle-ci relève de la gestion publique de leur bien-être. Ainsi que le note A.W. Gouldner, dans les pays où le *welfare state* [1] s'est développé on observe – à travers l'augmentation des crédits publics de recherche notamment – une demande croissante de sciences appliquées pour le *welfare* et ses objectifs. « On attend des sciences sociales qu'elles aident l'administration à planifier, concevoir et mettre en œuvre des politiques nationales, l'appareil de *welfare*, les implantations urbaines et même industrielles » (Gouldner, 1970). Ces enquêteurs d'un nouveau type, occupés à connaître le marché des biens publics (les *market researchers of the Welfare State*, comme les appelle Gouldner), dont les méthodes sont si voisines de celles des études de marché du secteur privé auraient donc bien du mal à arguer d'une indépendance – qu'ils seraient d'ailleurs bien les seuls à s'infliger – et, partant, de leur totale « neutralité ».

Mais l'inconfort n'est peut-être pas celui qu'on pense à première vue lorsque, soumis à la question « A quoi ça sert » et « Pour qui travaillez-vous », ils répugnent à dire et à se dire « pour tel ou tel ministère », ou « telle ou telle réforme » ; car la réponse la plus franche à laquelle souvent ils doivent se résigner

1. « L'Etat-providence ».

est bien plutôt « à rien », sinon à être publié sous forme de rapport. Pessimiste ou réaliste, A.W. Gouldner voit pourtant dans cette fin (ou finalité, selon) de publication non pas le signe du destin maudit de la science mais la nécessité rhétorique à laquelle le *welfare state* est soumis s'il veut légitimer les ponctions fiscales entraînées par ses interventions.

> « L'Etat, dit-il, n'exige pas seulement d'une science sociale qu'elle facilite l'intervention planifiée pour résoudre certains problèmes sociaux ; il exige aussi de cette science sociale qu'elle serve de *rhétorique* pour persuader les segments résistants ou indécis de la société que de tels problèmes existent bel et bien et sont de dangereuses proportions. » (*Ibid.*)

Donner publicité aux problèmes pour lesquels l'Etat cherche des financements, exposer les problèmes sociaux que l'Etat entend traiter, tel est donc le service du sociologue œuvrant pour le welfare state. D'où la qualité nécessairement « dramatisée » des discours recueillis, dramatisée au sens où il est fait état de problèmes. D'où aussi la course aux armements méthodologiques (les *hard methodologies*, comme se plait à les nommer Gouldner) dont la force persuasive transite par l'image de la « neutralité scientifique ».

S'il nous renseigne sur les tenants et aboutissants de l'idéologie – au sens le plus trivial du mot [1] – de la neutralité scientifique : survalorisation de la méthodologie comme alibi et refuge, en stigmatisant les déviations obsessionnelles de chercheurs soumis à la tyrannie gouvernementale et politique, A.W. Gouldner est moins disert sur la nature même de ce que les chercheurs produisent et qui, à n'en pas douter, est étroitement déterminé par leur statut socio-professionnel.

UNE QUESTION DE CRÉDIBILITÉ

Ce n'est pas parce qu'il n'est pas indépendant que le chercheur n'est pas neutre et qu'il faut abandonner une fois pour toutes

1. Soit une élaboration à posteriori destinée à justifier un pouvoir existant.

la question de la neutralité, que l'on peut voir davantage comme un compromis que comme un absolu. Lié au pouvoir, inféodé ou résistant, le chercheur se voit d'ailleurs beaucoup plus souvent taxé de partialité à l'endroit des administrés que l'inverse, et davantage soupçonné de sympathie pour les opprimés – les *underdogs* – que pour les fractions dominantes du corps social ; ne prétend-il pas en effet, lorsqu'il rapporte ainsi la parole des usagers d'un service public par exemple, donner crédit au point de vue d'un groupe subordonné, et ce faisant, leur attribuer au moins autant de crédit, ou de compétence qu'à ceux qui les administrent.

Or ce parti pris serait, selon Howard S. Becker, contraire à la distribution même du crédit qui prévaut dans une structure hiérarchisée, distribution « par définition » inégalitaire et hiérarchisée. N'est-il pas généralement admis, remarque l'auteur, (et les flèches montantes des organigrammes en sont le symbole) que, de tous les membres d'une organisation, le sommet de la hiérarchie est le mieux placé pour avoir accès à l'image la plus complète de ce qui s'y passe ; et que les membres des groupes inférieurs ayant une information « incomplète », « leur vision de la réalité sera partiale et distordue en conséquence ». Ainsi, « du point de vue de tout participant bien socialisé au système, n'importe quelle histoire racontée par le sommet mérite intrinsèquement d'être considérée comme le compte rendu le plus crédible qu'une organisation puisse obtenir » (Becker, 1970). Le chercheur ainsi pris dans une « hiérarchie de crédibilité » pourrait soit l'accréditer, et s'épargner l'accusation d'être partial, soit la récuser, et se voir discrédité à son tour, soit encore se laisser tenter par l'empire du milieu : doser minutieusement les pour et les contre, donner raison aux uns et aux autres. Si le chercheur ne peut éviter de choisir son bord, y compris lorsqu'il croit pouvoir gagner son salut dans un « juste » milieu faussement neutre, que lui reste-t-il donc pour se démarquer des uns et des autres, et ainsi pouvoir opérer dans un territoire – neutre ? – qui lui serait propre et donc propice à l'exercice de sa profession.

> « Il est possible, à mon avis, de satisfaire aux exigences de notre science en prenant soin de toujours faire apparaître les limites de ce que nous avons étudié, en marquant les frontières au-delà desquelles nous ne pouvons assurer l'application de nos résultats. » (*Ibid.*)

Les proclamations de ce genre sont légion dans le « monde » scientifique, et comme tout consensus, elles nous égarent par leur éblouissante évidence. Aussi plausibles et raisonnables soient-elles, ces déclarations sans cesse réitérées n'en sont pas moins, tels les rituels initiatiques, de vertueux hommages à la cause, actes d'allégeance à un code qui marque le sceau de la profession.

Pour se délivrer de la partialité, le chercheur se fait partiel. Il ne découvrira jamais qu'une partie de la réalité car la vérité n'est pas une, mais éclatée dans une mosaïque de points de vue. Croyant devoir résister (par honnêteté ?) à la totalisation du savoir sur laquelle l'Etat assied son monopole, le scientifique est en réalité tenu de se définir un autre terrain, dont il détiendra cette fois le monopole : celui de la définition des limites du savoir, gage de sa compétence que ne saurait lui disputer le politique.

C'est sur ce partage des territoires qu'Etat et chercheurs peuvent coopérer, et la profession scientifique se légitimer. C'est là également que résident les obligations de neutralité de toute profession envers un état supposé détenir seul la totalité du savoir nécessaire à son gouvernement.

E.N.D.R./entretien clinique

Des présupposés aux effets de l'entretien

par C. REVAULT D'ALLONNES

Ce texte n'a pas pour objectif de reprendre l'étude des différences et des similitudes entre deux types d'entretiens. On a déjà souvent relevé ailleurs le commun décalage des positions dans la relation, l'origine différente de la demande, la divergence des objectifs, l'avantage pourtant d'une « attitude clinique », etc. On a beaucoup réfléchi et écrit, sous bien des formes, et dans des vocabulaires divers. D'où vient que cette littérature ne soit pourtant pas très convaincante ? Peut-être parce qu'on sent qu'il y a derrière ces analyses de très gros problèmes, qu'elles contournent plutôt que de les aborder.

L'ensemble se résume à ceci : *primum non nocere.* Sur le principe, l'accord est unanime ; là-dessus se développe le discours déontologique. *Deinde cognoscere* : ici encore, l'accord semble total, mais il est plus apparent que réel, car qui connaît, quoi, pour qui, et pour quoi ?... *Semper facilitare* ; l'accord se poursuit, mais non sans obscurité ni ambiguïté : facilitation comme évidence, espoir, leurre, piège... *tandem (silicet) adjuvare* ; là, les divergences révélatrices s'affirment sur la chaîne ouverte par la notion « apostolique » et florissante d'aide : écouter, (diagnostiquer), aider, soigner (guérir)...

La clinique, objet de bien des controverses, basculerait sur le versant thérapeutique quand l'entretien vise à aider – ce dont se défendrait le chercheur conséquent, évitant les effets secondaires non maîtrisables de l'entretien, et dont se justifierait le « vrai » psychologue clinicien (le thérapeute ?).

Mais ces effets secondaires existent, et ils sont en grande partie un produit de la situation et du dispositif... Est-ce méthodologiquement admissible de les négliger, en les considérant comme des « bruits », ou de les éliminer comme ne rentrant pas dans les objectifs ?

La situation devient très difficile, voire intenable, lorsque la distinction soigneusement établie entre recherche et intervention se complique ou s'estompe, quand le chercheur est justement ce clinicien, et qu'il travaille sur son terrain et son matériel professionnels... Quand dans une recherche clinique – elle existe et elle s'impose [1] – l'E.N.D.R. est répété, et que le dispositif de recherche se rapproche d'un dispositif éventuellement thérapeutique – où répétition, rejeu, relation renforcée, comportent des potentialités, sinon des effets thérapeutiques...

Et la prudence, honorable certes, qui consiste à parler en termes de changement et de résistance au changement plutôt que d'effets thérapeutiques, ne résoud pas le problème – car ce n'est pas un problème de vocabulaire ou de langue, mais de position méthodologique et heuristique.

La question est bien celle-ci : l'E.N.D.R. est-il, peut-il, doit-il être clinique ou non ? Et à quelles conditions l'est-il ? Le « clinique » de l'entretien est-il affaire d'attitude, de méthode, de théorie ? Le « clinique » est-il différent du thérapeutique : un cran, un stade en dessous, ou commence-t-il au même moment ? Les deux modèles se touchent-ils, se recouvrent-ils, se contaminent-ils ? Quels en sont les risques et les effets ?

Tenter de répondre à ces questions, c'est, pour nous, les poser à trois niveaux, distincts et solidaires : le statut de la connaissance ; la place de la théorisation ; l'usage du contre-transfert.

---

1. C. Revault d'Allonnes, « Les bases de la recherche clinique », p. 43 à 57, in *Recherche clinique en psychiatrie*, I.N.S.E.R.M., nº 98, 1982.

Le statut de la connaissance dans l'entretien

Connaissance sur soi, sur autrui – connaissance pour soi, pour d'autres (pour les autres). Le modèle classique de l'E.N.D.R., c'est l'acquisition d'une connaissance sur autrui, par soi, pour soi, et pour d'autres, puisque ces résultats leur seront d'une manière ou d'une autre communiqués, sans la plupart du temps faire retour au donateur. Mais alors qu'en est-il de la connaissance sur soi, pour soi, de l'interviewé ? Qu'apprend-il, de plein gré ou malgré lui, sur lui-même ? Que sait-il sur l'interviewer ? Comment élabore-t-il, utilise-t-il la situation d'entretien et l'entretien lui-même, au-delà de ce qu'il dit, ou qu'on lui fait dire ?

L'observé est aussi un observateur, même si on feint de l'ignorer, ou n'en tient pas compte, et cela agit sur l'information elle-même.

Qu'en est-il de la connaissance sur soi, pour soi, de l'interviewer, telle qu'elle peut lui être révélée par l'entretien ?

La discrétion est de règle sur ces deux sources possibles de connaissance. Leur mise à l'écart apparaît comme le postulat et le garant d'un fonctionnement efficace de ce dispositif, destiné à recueillir de l'information, une certaine information, à un certain niveau.

Situation compréhensible, mais paradoxale, dans la mesure où l'entretien est tout entier, et tout au long, une transaction, et pas seulement à son début, dans le contrat tacite qui lie les protagonistes et marque l'acceptation du dispositif par l'interviewé. Le projecteur est mis sur les résultats de la transaction, pas sur la démarche et ses effets, ombre portée sur l'entretien.

La connaissance change quand le dispositif bouge, par exemple dans les récits de vie, où tout commence par un ou des E.N.D.R., puis où l'« histoire de vie » est reconstruite dans un va-et-vient entre l'interviewer et l'interviewé, avec retour et pouvoir sur l'information, et aval de l'interviewer (ce qui n'exclut pas les effets de trompe-l'œil, d'influence, de séduction).

La connaissance change quand le dispositif se transforme : connaissance sur soi, pour soi, avec l'autre, dans un entretien psychothérapique, à la recherche du « sens pour le sujet », sens retrouvé, rendu disponible, partagé.

Connaissance subjective, connaissance objective, objectivable, objectivante. Subjectivation et objectivation de la connaissance, de ce que l'on sait sur soi sur le divan à ce qu'en écrira l'analyste. De ce qu'on dit sur soi dans un entretien d'étude de marché à la grille que lui appliquera l'enquêteur...

« Connaissance » « scientifique », ou le risque du double leurre, celui de la connaissance et celui de la scientificité : celui de la confusion entre rigueur et objectivité. Rigueur expérimentale et rigueur clinique, dont la rigueur est justement ailleurs. On y reviendra tout à l'heure.

L'avant-coup et l'après-coup

L'entretien fonctionne bien comme piège à sens : « le sens » y est donné comme construit, découvert, retrouvé, partagé au décours de l'entretien ; travaillé, mis à plat dans l'après-coup. Mais en fait il est déjà là dans l'avant-coup, dont on ne parle pas. La facilitation, c'est à la fois l'appât et la canne à pêche pour ferrer « du sens ». L'entretien tout entier fonctionne comme une « structure sollicitante » où chaque élément, à chaque moment, joue son rôle : dispositif, techniques, attitudes..., du guide d'entretien à l'analyse de contenu.

La place de la théorie

Or, derrière le dispositif de l'entretien, dans l'avant-coup (puis dans l'après-coup), il y a la théorie. Et la théorie, qui est une fiction (cf. M. Mannoni, 1979) prend place dans la réalité de la situation, et la structure – et avec d'autant plus de force qu'elle est moins explicitée, moins prise en compte dans ses présupposés et dans ses effets.

– Théorie rogérienne : non-directivité, centré sur le client, écoute, empathie, facilitation, aide... Sujet plein, ou à remplir, positif, de la (des) psychologie(s) – on se met résolument du côté de la pulsion de vie.

– Théorie psychanalytique : attention flottante, prééminence de l'inconscient, de la sexualité infantile, du transfert ; sujet défini par le manque, sujet du manque. Prise en compte de la pulsion de mort, notamment dans le travail du sens.

Incompatibilité fondamentale de ces deux positions, et pourtant possibilité de dépassement, par exemple par M. Balint (1966 [1]), lorsqu'il traite de l'entretien, et de la formation des médecins.

Détournement-retournement (non innocent) de la psychanalyse, dans certains E.N.D.R., pour des études de motivation notamment, où elle est utilisée comme grille à décoder le sens du sujet à sa place ; sujet à nouveau plein, rempli par l'autre.

Tout un chapitre s'écrit devant nous, chapitre jamais rédigé du manuel du chercheur en sciences humaines, comme du professionnel des relations humaines : de l'usage du pouvoir de maîtriser, de manier le dispositif, de détenir le code, de faire la loi, de se servir d'elle ou de la servir, du plaisir qu'on en tire, et des retours de bâton : angoisse, créatrice ou non, souffrance, impuissance.

Bienheureux ceux qui ne se posent pas trop de questions ; encore que, le plus souvent, elles s'imposent.

L'usage du contre-transfert du chercheur

L'entretien comme toutes les situations humaines d'interaction est une situation transférentielle ; plus qu'une autre, puisque le dispositif relationnel, duel, décentre de la vie courante, favorise les phénomènes transférentiels. La question est : qu'est-ce que le chercheur fait du transfert de l'interviewé et de son propre contre-transfert ?

Il peut les minimiser et faire comme s'ils n'existaient pas. Mais comme ils existent, il est dans la méconnaissance, et quelque chose lui échappe, dont l'absence marquera en creux sa recherche.

1. Notamment chapitres 10, 11, 12, p. 117 à 169, et l'appendice I, p. 315-333.

Il peut savoir qu'il travaille dans le transfert : il le manie ; il évolue dedans ; il en fait son affaire. Situation peut-être la plus courante dans l'E.N.D.R. justement dans la mesure où il est clinique. L'entretien apparaît bien là dans un de ses aspects essentiels ; être une situation, un lieu de transaction, socialement, institutionnellement, relationnellement défini, et ne pouvant de ce fait se dire et se comprendre qu'en termes d'interactions : représentations réciproques, attentes, anticipations, rétroactions ; mais aussi statuts et rôles, pressions idéologiques, emprises affectives, effets de séduction, etc.

Il peut tenter de faire de sa prise en compte une position méthodologique, un instrument de travail, un moyen de connaissance. C'est la position « ultra clinique », telle que l'a heureusement dénommée D. Lagache (1949, I, p. 155-178), caractérisant ainsi la position psychanalytique par rapport à la position clinique, qui travaillerait dans le transfert et non sur le transfert. Comment la mettre en pratique dans la situation de l'entretien ? Comment se donner les moyens de suivre, de travailler, d'évaluer les phénomènes transférentiels ?

C'est certes plus facile à dire qu'à faire. D'abord parce que là plus encore qu'ailleurs ce ne peut être qu'une finalité dont on tente de s'approcher d'une manière asymptotique, sans jamais l'atteindre. Ensuite parce que ce dont il s'agit, c'est beaucoup moins du transfert de l'interviewé sur l'interviewer – ça on sait ! – que du *contre-transfert du chercheur sur la recherche, sur sa recherche, sur la situation d'entretien, sur cet interviewé-là...*

G. Devereux (1980[1]) a, mieux que quiconque, relevé combien sous-étudiés, sous-évalués, sont les phénomènes contre-transférentiels du chercheur et de l'analyste, par rapport au transfert de l'interviewé, de l'observé, de l'analysant – et pas par hasard, puisque ce relatif aveuglement et ses effets limitatifs dans la recherche et dans la thérapie sont le prix à payer pour

1. Cf. surtout la deuxième partie, chapitre VIII « Utilisation sublimatoire *vs* utilisation défensive de la méthodologie », p. 129-147.

un colmatage essentiellement défensif de l'angoisse. Certes, la théorie, la méthodologie fonctionnent toujours, nous dit-il, comme instruments de connaissance *et* comme procédés réducteurs de l'angoisse (du chercheur) – mais elles risquent de le faire en ce cas « avec perte de l'affect, et production de résultats déformés » –, sur leur versant névrotique, plus que sur leur versant sublimatoire. Délicate combinatoire entre ces deux incontournables composantes...

De plus, le contre-transfert du chercheur ne se joue pas seulement dans l'expérience vécue, ici et maintenant, de la relation à l'autre – qui reste certes la « pierre de touche » clinique – mais aussi (peut-être surtout ?) à travers le statut de chercheur, l'idéologie de la recherche scientifique et ses instances, réelles et symboliques ; l'attachement à sa propre recherche, objet à construire/construit, entre le projet et la réalisation, partie et projection de soi, là où se rejoignent identité personnelle et identité professionnelle ; et ce dispositif appris, connu, utilisé (ici l'entretien), qui rend possible, rassure, permet de produire, mais aussi limite, leurre, abuse...

Il est vrai que quand ça bloque, dans l'entretien comme dans l'analyse, c'est en dernier ressort le plus souvent à cause d'une insuffisante prise en compte de son contre-transfert par le chercheur, abrité qu'il est, de fait, derrière son dispositif, sa théorie, son statut professionnel. Armure, qui est aussi armement...

De là vient, par exemple, l'excès de confiance dans l'entretien, qui n'est pas mis en doute, ni en tant que méthode, ni dans ses résultats (combien de jeunes chercheurs, ou de moins jeunes, sautent à pieds joints dans l'entretien, comme dans une évidence incontestée) ; le refus ou l'impossibilité d'envisager ses effets sur l'autre et sur soi, et le malaise, l'impuissance, dans lesquels plonge l'ambiguïté de ce non-vu, non-dit (cf. certains entretiens autour de l'I.V.G., qu'une chercheuse ne pourra pas poursuivre ; ou la position d'enfant adopté de la famille, à laquelle est acculé un chercheur à la suite d'un entretien auprès de parents d'adolescents suicidaires (« son » sujet). Ou enfin la rupture de deux sur trois des « nouveaux couples », juste après un E.N.D.R., fait inélaborable par une chercheuse, au début de sa recherche).

On ne peut manquer d'y voir les marques de la résistance à s'engager dans un mouvement qui doit autant au principe de relativité einsteinien qu'à la révolution freudienne. Naissance difficile et aléatoire d'un autre type de rigueur scientifique[1], propre aux recherches sur l'humain, et probablement à d'autres.

Il y a l'essentiel et l'accessoire. Et l'important, pour nous, s'est déplacé : de « E.N.D.R./entretien clinique, des présupposés aux effets de l'entretien », il s'est porté vers le statut de la connaissance, la place de la théorie, l'usage du contre-transfert du chercheur dans l'entretien, pour aboutir finalement à une seule question : le chercheur fonctionne (lui aussi) et ne peut fonctionner qu'avec une « tache aveugle ». Où pose-t-il les limites de sa propre méconnaissance ? Jusqu'où est-il capable de la faire reculer sans cesser d'être chercheur ?

C'est la question posée ici à l'entretien – et à travers lui aux méthodes des sciences humaines, parce qu'il en est actuellement le paradigme.

1. Cf. Actes du colloque *Recherche clinique, clinique de la recherche. La rigueur, le contre-transfert du chercheur,* Psychologie clinique VIII, *Bulletin de Psychologie,* 1986-1987 (sous presse).

Quatrième partie

L'APPROCHE CLINIQUE

La formation à l'entretien: un paradoxe pédagogique

par F. GIUST-DESPRAIRIES
et L. ZYLBERSZTEJN-VAISMAN

Plusieurs organismes privés et certaines universités (U.E.R. des sciences humaines) proposent aux différents utilisateurs – travailleurs sociaux, psychologues, chercheurs... – une approche, un apprentissage ou un perfectionnement consacrés la plupart du temps à « l'entretien » sans spécifier à priori son domaine d'application. A quel type d'entretien sera-t-on formé ? De recherche ou thérapeutique ? L'E.N.D.R., objet d'étude de cet ouvrage, peut-il être enseigné conjointement à l'entretien clinique-thérapeutique ? Comment, malgré leurs divergences théoriques et méthodologiques, les deux modalités recèlent-elles les mêmes difficultés fondamentales qui justifient un enseignement commun ?

Définissons ces entretiens dans leurs différences et leurs ressemblances. L'entretien clinique se veut thérapeutique ; souvent demandé par l'interviewé, il améliore la connaissance qu'il a de lui-même, permet l'expression et l'analyse de ses conflits et s'intéresse aux effets transférentiels entre l'interviewer et l'interviewé. L'E.N.D.R. n'est pas centré sur les conflits internes mais sur l'objet externe de la recherche. Ces deux types d'entretiens présentent des différences essentielles dans leurs objectifs. Se centrer sur le client n'a pas le même sens s'il s'agit de recueillir l'information pour une recherche (E.N.D.R.) ou s'il s'agit de traiter cette information dans l'entretien à des fins thérapeutiques. Leur regroupement tient, semble-t-il, à la nature des capacités requises chez l'interviewer. La formation à tous ces entretiens exige, en effet, non seulement une connaissance des procédures mais une sensibilisation importante aux processus (J. Ardoino, 1964, p. 113).

La procédure se définit par son caractère formel et organisationnel. Par processus, on entend les mécanismes sous-jacents impliquant des réactions non logiques, personnelles, interpersonnelles, émotionnelles, affectives inconscientes. Tout entretien (de recherche ou thérapeutique) exige une certaine attitude clinique : au-delà des finalités différentes, on trouve toujours dans l'entretien la question de la relation à l'autre. L'entretien est un instrument d'investigation psychosocial complexe, qui mobilise des processus intersubjectifs ; ceux-ci relèvent des fonctionnements psychiques conscients et non conscients des protagonistes. Il requiert chez l'interviewer une compréhension des mécanismes propres à cette communication spécifique et une capacité à réguler la dynamique de l'échange.

La démarche rogérienne et la théorie freudienne représentent les deux références majeures pour la pratique des entretiens. Les apports des deux auteurs, malgré leurs divergences, constituent dans le domaine de l'entretien un repérage théorique. Leurs approches respectives des relations humaines, au regard des qualités exigées chez l'interviewer, loin d'être incompatibles, s'enrichissent mutuellement. Elles permettent en effet de mettre à la disposition des étudiants une formation nuancée, qu'ils approfondissent dans un sens ou dans un autre, compte tenu de leur choix philosophique, de leur orientation professionnelle et des objectifs spécifiques qu'ils s'assignent dans l'entretien.

La formation à l'entretien est l'occasion de travailler la communication duelle et oblige à considérer à la fois les aspects techniques et dynamiques de cette situation. Elle est centrée principalement sur un développement, dans l'échange, de l'écoute et de la compréhension des discours manifestes et latents de la personne interviewée.

L'apprentissage de l'écoute, pierre angulaire de la formation, ne se réduit pas à la seule acquisition de techniques appropriées.

Ces dernières ne deviennent opérationnelles qu'à partir d'un travail nécessaire sur les attitudes profondes des participants. Ces modes d'être, d'écoute et d'attention exigent le développement chez l'étudiant des capacités suivantes :

Contextuation. L'étudiant doit être capable d'identifier la vraie demande, de repérer la nature de l'interlocuteur et son cadre de référence. Il doit prendre en compte la dynamique du sujet dans son histoire.

Distanciation. L'étudiant doit pouvoir contrôler les inductions, identifier son implication affective, vérifier sa compréhension. Il doit élargir le champ de son écoute en travaillant sur la nature sélective de celle-ci.

Compréhension. L'étudiant doit repérer les investissements de l'interviewé dans la relation, identifier ses motivations, contrôler séduction et agressivité. Il doit être capable de nommer les différents mécanismes de défense rencontrés (projection, identification, évitement, déni, rationalisation...).

Régulation. L'étudiant doit gérer les obstacles à la communication et les conflits ; intervenir sur la relation ou sur le contenu à bon escient. Il doit valoriser et faciliter l'expression du discours de l'autre sans juger, accepter sans approuver, et se passer de la reconnaissance de l'interviewé. Il doit apprendre à questionner la relation transférentielle (transfert-contre-transfert).

Observation. L'étudiant doit être capable de gérer les silences par une identification préalable du sens de ceux-ci ; comprendre les comportements et les messages non verbaux et prendre en compte les enjeux du regard. Il doit développer son observation des attitudes corporelles.

Nous sommes convaincues qu'une formation à l'entretien doit prétendre à sensibiliser les interviewers aux « points aveugles » du dispositif : les aspects non maîtrisables de ces interactions duelles. C'est là qu'une formation devient clinique.

Il nous reste à traiter la question de la méthodologie utilisée pour cet enseignement. Est-elle adaptée à sa fonction ? La situation groupale (la formation à l'entretien se fait en général en groupe) a-t-elle des effets sur la situation pédagogique ? Et lesquels ?

La formation à la relation et à l'écoute clinique n'est possible que par la réitération de scènes vécues ou imaginées, elle exige une mise en situation, dans un lieu d'apprentissage expérimental, d'entretiens vécus ailleurs dans une réalité professionnelle, par exemple. C'est la méthode des jeux de rôle, largement utilisée et souvent précieuse car elle révèle aux acteurs leur propre implication. La scène re-produite, re-jouée n'est qu'un jeu certes mais cette fois ne laisse pas dans l'ombre ce qui est esquivé, nié, contourné dans la réalité : les projections de l'interviewer sur la personne de l'interviewé et sur la situation de l'entretien. Qu'il soit chercheur, psychologue, consultant ou thérapeute, l'interviewer gagne à voir ce qui se passe pour lui, affine ainsi la compréhension du discours de l'autre et maîtrise mieux les conditions de l'échange. Un jeu de rôle est soit une situation inventée se rapprochant d'un entretien possible dans la réalité du champ personnel et social des participants à la formation, soit la reproduction d'une situation qu'une personne donnée a vécu.

Pour mettre en scène un entretien, on demande à deux personnes du groupe d'enseignement de prendre les rôles d'interviewer et d'interviewé ; dans le cas où l'entretien a déjà été réalisé par l'interviewer, celui-ci gardera son propre rôle, le rôle de l'interviewé étant assuré par un membre du groupe qui tentera de se rapprocher du personnage décrit.

Pour pallier le sentiment d'irréalité des situations que suscite parfois cette méthode des jeux de rôle, on peut lui préférer la technique des entretiens effectués et enregistrés à l'extérieur, dans la réalité, ensuite écoutés et analysés dans le groupe. Mais dans ce cas il manque toujours un des protagonistes de l'entretien, et le groupe aura toute liberté – trop peut-être – de faire des suppositions interprétatives sur le sens des propos de l'interviewé. Le discours de ce dernier reste un « objet mort » en l'absence de son auteur pour en répondre. Le jeu de rôle rend l'analyse de l'entretien plus vivante ; les deux acteurs sont présents et l'interviewé peut confirmer ou infirmer les éventuelles projections de l'interviewer. Quelles que soient les distorsions induites par la situation, la réflexion après-coup sur l'entretien saura les prendre en compte.

La question de la réalité ou l'artificialité du jeu est dépassée dès lors que les protagonistes commencent à s'interroger, avec l'aide du groupe, sur les aspects transférentiels de l'entretien. Pour l'interviewer dont les « relances » auront structuré l'entretien, il apparaîtra un décalage significatif entre l'analyse du discours énoncé par l'autre et sa propre compréhension.

Les jeux de rôle risquent parfois de basculer en psychodrame de groupe. Si la technique s'y apparente, il existe en principe une différence fondamentale de finalité entre les deux approches : pédagogique pour les jeux de rôle, thérapeutique pour le psychodrame. Dans ce dernier, on peut proposer et jouer des scènes familiales et infantiles, suivre le fil des associations et retrouver les figures parentales dont les interdits intériorisés par le sujet font souvent obstacle à ses désirs. Le psychodrame évolue dans le champ inconscient ; les transferts aux psychodramatistes ou latéraux (aux participants) permettent que se dépassent des nœuds conflictuels et agissent sur certaines répétitions névrotiques. Le jeu de rôle, dans un projet didactique, éclaire des situations socio-professionnelles actuelles, par l'analyse des attitudes profondes parfois inconscientes de l'interviewer ; il permet de cerner les distorsions que sa subjectivité opère sur le discours de l'interviewé et améliore l'utilisation de l'entretien.

La critique du caractère ludique qui peut être faite à cette méthode devient un de ses aspects formateurs. Le jeu de rôle provoque un effet de spectacle, entraîne une certaine exagération des attitudes ; c'est un jeu souvent « plus vrai » que la situation réelle. L'entretien joué est une construction double « jeu dans le jeu d'où sortira la vérité » ; Hamlet pour confondre les assassins de son père fait jouer en public la scène du meurtre. L'effet spectacle permet une mise en évidence des sources de blocage. Celui-ci et le jeu en miroir constituent des éléments singuliers de la situation d'enseignement. Le spectacle exige un public : le groupe, sollicité pour participer à l'analyse interprétative des entretiens joués. Ce groupe est-il un facteur de développement des différentes capacités recensées ci-dessus ?

Depuis plusieurs années, notre réflexion porte sur les conditions de l'apprentissage de la conduite des entretiens et nous amène à poser la question de la compatibilité entre l'approfondissement de la relation duelle et le caractère élargi des communications de groupe. Comment, en effet, s'assurer de la compréhension des phénomènes inhérents à une situation à deux alors même que le lieu d'apprentissage et d'observation de ces processus se fait dans et par le groupe ?

Notre propos est de mettre en évidence les différents effets sur la formation à l'entretien de cette difficulté : être deux... dans un groupe.

Dans une première partie, nous traitons les limites inhérentes à cette situation. Le regard du groupe favorise, dans un premier temps, l'apparition d'un effet spectacle qui provoque des résistances. Certains acquis rendus possibles par la situation collective sont présentés dans une deuxième partie. Le groupe, par l'exigence de sa présence, introduit le tiers et permet le respect des règles de l'entretien. La troisième partie s'attache à développer les conditions favorables créées par cette situation spécifique d'apprentissage. Le groupe joue un rôle de révélateur de la subjectivité, prêtant une oreille démultipliée pour la compréhension du discours produit.

L'EFFET SPECTACLE

Mener un entretien et s'entraîner à l'écoute d'un sujet, sous le regard de spectateurs, est souvent vécu par les étudiants comme une situation difficile, et surtout différente des situations réelles, institutionnelles où l'entretien a lieu sans témoin.

Etre vu dans cet échange intime à deux provoque des effets particuliers ; l'entretien se déroule sous le regard curieux et critique d'un groupe qui est au spectacle et il prend de ce fait une configuration proche du sketch théâtral, renforçant ainsi le caractère artificiel des différentes situations et des jeux de rôles réalisés au sein du groupe.

Les deux interlocuteurs, pris par le regard des participants, vont répondre à leurs attentes et risquent de manquer leur rencontre. L'interviewer, attiré vers l'extérieur de la scène à deux, risque d'être, sinon moins attentif à l'autre, du moins soucieux de produire, avec la complicité de l'interviewé, un discours adressé au groupe.

Nous développons dans cette partie l'analyse des phénomènes qui semblent corrélatifs de cette situation en public.

Nous relevons d'abord une tendance des protagonistes d'un entretien effectué sous le regard d'un groupe, à se donner en représentation. Cette représentation tend à favoriser l'apparition d'un discours officiel constitué d'éléments impersonnels et descriptifs, et d'un échange implicite fondé sur une connivence des deux interlocuteurs. Complicité qui peut également être partagée par les spectateurs, dès lors qu'apparaissent des comportements de séduction envers le groupe.

LA REPRÉSENTATION

Lorsque deux personnes font un entretien devant un public, comme dans un groupe de formation, l'interviewé semble réticent à parler de lui-même d'une manière personnelle et impliquée, et l'interviewer tend à conforter cette attitude d'évitement, même si le sujet abordé invite au discours intime.

Concrètement l'interviewer effectue des relances qui valorisent davantage les processus de dégagement de l'interviewé (narration – description – évocation de faits) que l'approfondissement et la réflexion personnels.

Pour illustrer ces observations faites lors de nombreuses sessions de formation, nous demandons, au cours d'un groupe restreint particulier, à deux participants, d'effectuer un entretien sur le thème : « La place de l'affectif dans l'entretien ». Une telle consigne est choisie précisément pour mettre en relief cette capacité des interlocuteurs à jouer une représentation d'eux-mêmes qui reste formelle et évite toute parole sur soi lorsqu'ils se sentent vus par un public. Aborder « la place de l'affectif dans l'entretien » pourrait être l'occasion – attendue et recherchée – d'une parole sensible et personnelle évoquant *in situe* les sentiments et émotions éprouvés. En fait, on constate que chacun, évitant le sujet, s'applique à construire un discours théorique impersonnel et banalisé.

Dans cet entretien que nous avons enregistré et retranscrit, les deux acteurs se préservent effectivement du spectacle qu'ils donnent à voir ; l'interviewée prévient l'interviewer : « Il y a sûrement quelque chose qui se passe, alors l'interviewer doit savoir être sur ses gardes... à ce moment-là, il saura orienter l'interview. » L'interviewer vérifie et se renseigne : « Peut-être que l'affectif est toujours présent dans ton esprit ? », l'interviewée répond : « C'est à l'interviewer de voir dans quelle mesure l'affectivité se manifeste dans les silences, dans les mimiques... tu dois essayer de faire la part de cette affectivité. » Il insiste encore là où elle se méfie et elle d'ajouter : « L'affectif est présent mais je ne sais pas si cela se manifeste toujours. » L'interviewée semble dire à l'interviewer : il y a de l'affectivité entre nous mais nous ne le rendrons pas manifeste aux yeux des observateurs.

Les deux interlocuteurs sentent qu'il se passe quelque chose entre eux, mais ils s'appliquent à produire un discours neutralisé pour le groupe. Cette situation évoque celle des comédiens qui, quelle que soit la nature de leurs relations interpersonnelles au moment du jeu, maîtrisent la situation construite pour les spectateurs.

Dans cet entretien que nous évoquons, l'interviewée met en garde l'interviewer, ce que nous expliquons avec le groupe par le fait que, sollicitée à les exprimer, elle semble craindre de ne pas pouvoir contrôler ses émotions. Son discours nie l'existence de l'affectif surtout pour un premier entretien : « Il y a des choses mais qui n'ont pas le temps de se nouer. » L'interviewée se sentant vulnérable, rappelle à l'interviewer son rôle de maîtrise et lui indique combien elle attend de lui qu'il lui évite toute révélation en public : « Je maintiens que l'interviewer doit être sur ses gardes... il faut savoir dominer et comprendre ce qui se passe. » L'interviewer reprend, sur la même tonalité défensive et voilée : « Tu veux dire que l'affectif dans ton entretien doit être sur ses gardes ? » Elle répond affirmativement.

Nous sommes sensibles à cet échange entre un interviewer homme et une interviewée femme au cours duquel nous percevons des mouvements retenus, mais où la sympathie s'exprime tout autant que la crainte. Des mots comme « être en alerte – une défense paniquée – se garder de quelque chose » alternent avec « l'écho – la réception chez l'autre ».

L'entretien se termine par une intervention de l'interviewer : « Nous arrêtons pour ne pas nous noyer. »

Au cours de cet entretien, interviewer et interviewée se demandent mutuellement de bien remplir leur rôle du fait, semble-t-il, qu'ils sont en représentation.

L'effet produit par le groupe n'est, cependant, pas le même sur nos deux interlocuteurs ; l'interviewée semble être en insécurité, nous donnant constamment à voir son effort pour contrôler ses sentiments ; l'interviewer, lui, persiste dans un questionnement qui ne permet pas l'émergence de contenus implicites. Il a un rôle à tenir et doit assumer ce rôle face aux spectateurs, avec la maîtrise de cette responsabilité. Ainsi, tandis qu'elle se dérobe, et parle à « mi-mots », lui, conscient du spectacle dont il est le metteur en scène, use de son pouvoir pour faire entendre au groupe le discours qu'il suscite chez l'interviewée.

Dans cette position le praticien de l'entretien, autorisé par le groupe à dévoiler l'autre et à rendre publique sa parole, tire de la situation un certain plaisir, convaincu de ne pas y être personnellement impliqué. Cependant, désireux de savoir, il renforce les défenses de l'interviewée, qui, se sachant vue, refuse d'être entendue. Chaque fois que l'interviewer « demande à voir, il confirme (...) le caractère spectaculaire de la situation. » (G.L. Donnet, A. Green, 1973, p. 76.)

Dans *L'enfant de ça* (*ibid.*), les auteurs observent que le clinicien qui mène l'entretien avec son patient « Z » devant des assistants, ressent « le cérémonial de la consultation publique » (*ibid.*, p.14) et se préoccupe d'abord de l'éclaircissement des faits, faisant passer en second l'élaboration de la réalité psychique.

Dans notre entretien, cité plus haut, nous observons une situation analogue ; l'interviewer ne tente pas l'approfondissement du discours de l'autre et s'intéresse davantage aux aspects descriptifs ; il semble soutenir implicitement l'attitude défensive de l'interviewée, et de ce fait accentue ses résistances. Cette attitude est sans aucun doute économique pour l'interviewer, qui, ce faisant, se protège lui aussi du regard analytique du groupe.

Le jeu de tous ces regards (non dénués de connotation érotique) conduit rapidement à une situation bloquée où toute parole devient impossible, et où il n'y a que discours.

A se protéger de sa propre implication et affectivité, en centrant ses investigations sur des aspects factuels, l'interviewer révèle une crainte : celle d'être vu par le groupe en train de dévoiler un autre. Il peut en effet réprouver le plaisir pris dans le pouvoir qu'il a de provoquer la parole de l'autre. L'interviewer n'est-il pas alors dans la position du voyeur-vu, qui tenterait de cacher au groupe le plaisir qu'il prend ? Aussi, dans cette collusion implicite avec l'interviewé, devient-il son complice pour donner au groupe un spectacle, rideau baissé.

LA COMPLICITÉ

La situation sollicite une forme spécifique de complicité entre les deux acteurs qui s'entendent à maintenir un double discours, l'un adressé au groupe – propos comportant des généralités, souvent abstraites – l'autre, implicite, destiné à eux seuls. Nous repérons là un phénomène d'invalidation par la présence du groupe, du processus d'apprentissage pour les observateurs.

Quelle valeur pédagogique peut alors avoir l'entretien pour le groupe, si l'essentiel lui échappe ? Il ne s'agit pas, bien sûr, de tout comprendre et nous savons que tout dialogue comporte une part d'explicite – les mots et les phrases échangés, compréhensibles à tous – et une part d'implicite propre aux seuls interlocuteurs. Cependant, s'il est nécessaire de pouvoir accepter certaines limites , il est néanmoins utile de tenter l'analyse de ce qui se joue entre les deux acteurs de l'entretien, et d'avoir accès aux échanges du registre non verbal, tant il est vrai que la compréhension de notre mode relationnel passe par l'analyse de notre fonctionnement non conscient.

Nous pouvons penser que le double discours, le double jeu, constituent une gêne à l'apprentissage de l'entretien. Au contraire cette duplicité souligne que tout ne peut être mis à plat. Les acteurs de l'entretien joué comprendront qu'il y a toujours au fond l'énigme de la relation à l'autre, qu'elle appartient aux deux interlocuteurs, et que la « tache aveugle » de l'interviewer réside dans ce non exploré. Cette problématique sera reprise dans le grand groupe mais les observateurs n'ont pas, de leur place, accès à cela.

Il s'avère souvent difficile de se dégager du discours entendu pour porter l'éclairage sur la situation relationnelle, la position de l'interviewer et les incidences de son implication sur le déroulement de l'entretien. Les deux interlocuteurs qui vivaient leur position de « rôles principaux » comme valorisante deviennent les objets d'analyse du groupe et, se sentant jugés, renforcent souvent leur complicité pour se protéger contre le groupe.

L'interviewer, en particulier dans les jeux où le regard du groupe a un effet spectacle, est remis en question dans sa conduite de l'entretien. Il est plus sur la défensive et peu enclin à livrer au groupe sa perception intérieure. A lui, qui a accepté de se mettre en scène et de se remettre en cause, on demande de dire la vérité, mais la vérité n'est pas de l'ordre du jeu.

Le rôle de l'enseignant est alors très important : il est garant du cadre pédagogique dans les limites duquel le décryptage du comportement de l'interviewer est possible. Il rappelle au groupe la préoccupation qui doit être la sienne : affiner l'outil de travail que constitue l'entretien.

Dans certains cas l'interviewer n'est pas seul à résister à l'analyse. Nous remarquons souvent une inertie dans le groupe après un entretien et il semble difficile de faire une reprise théorique et méthodologique du vécu immédiat. Au lieu de réfléchir sur l'attitude de l'interviewer et l'évolution de l'entretien, les observateurs sont tentés de prolonger l'échange sur le thème. Dans *L'enfant de ça* (*ibid.*, p. 58), les auteurs constatent après le récit du patient une certaine fascination des spectateurs, avec une difficulté à passer à la phase de discussion : « Mais l'effet sidératoire initial se prolongeait en une certaine inhibition intellectuelle qui faisait paraître superflue la réflexion sur l'entretien. »

Le phénomène de complicité n'est pas partagé strictement par les protagonistes de l'entretien, mais contamine également les spectateurs. Cette contagion procède de l'émergence de comportements narcissiques que nous évoquons maintenant : la séduction et la parade dans l'entretien.

LA PARADE

Cet effet de sidération de l'auditoire, l'interviewer y est d'autant plus sensible qu'il a participé à l'installer. Il tente de séduire le groupe et lui donne le spectacle qui fait écho à la demande implicite des participants. S'il se trouve face à un groupe qui demande de l'approfondissement, il tente de privilégier ce type d'intervention ; sinon il fait produire à l'interviewé de la diversité pour ne pas heurter le groupe. Il est le bon acteur qu'on attend de lui, en forçant certaines attitudes pour plaire à son public – les participants et l'enseignant. Ces attitudes de prestance lui procurent des bénéfices secondaires. Pouvons-nous parler, à ce propos, d'un effet d'hystérisation ?

Nous savons que le groupe est hystérisant dans sa réalité psychique groupale, renforcé ici par le donner à voir et l'effet miroir des identifications réciproques – entre interviewer et interviewé et entre les observateurs et les acteurs.

S. Freud a montré que les groupements humains fonctionnent « comme une réunion d'individus ayant tous remplacé leur idéal du moi par le même objet, ce qui a eu pour conséquence l'identification de leur propre moi » (S. Freud, 1965, p. 140-141). D. Anzieu parlant des groupes thérapeutiques ou formatifs, nomme « illusion groupale » cette « substitution, au moi idéal de chacun, d'un moi idéal commun » : « L'illusion groupale est la forme particulière que prend en groupe le stade du miroir. Un miroir qui comporterait autant de faces que de participants (...) » (1971, p. 73-93.)

G. et P. Lemoine soulignent, à propos du psychodrame, l'importance des regards : « Le cercle des participants est en effet un cercle de regards. Il y a spectacle, il y a dévoration par le regard. Pour certains phobiques, c'est insupportable. Pour certains hystériques, c'est un lieu de satisfaction permanente. » (1972, p. 71.) Evidemment, cette observation se réfère au domaine de la pathologie, mais à l'interface du pathologique et du normal, on peut observer souvent les mêmes phénomènes.

Il est vrai que cette situation groupale favorise certaines personnes dont la structure psychique s'accommode bien du spectacle. Nous savons que d'autres y sont moins à l'aise, et pour ne pas être pris dans le regard des autres, ne peuvent jamais participer à un entretien dans un groupe. Pour eux, le groupe est un empêchement à vivre une expérience d'entretien, et ils restent extérieurs aux entretiens pratiqués. Leur compréhension théorique peut être bonne, mais ils sont moins préparés à la conduite d'un entretien n'ayant pas pu vivre, de l'intérieur, cette expérience : éprouver l'écoute dans l'interaction à l'autre en prenant en compte les altérations possibles de la communication est une expérience qu'un savoir ne peut remplacer. L'enseignement de l'entretien ne pouvant se faire sur le seul mode de la transmission des connaissances, certains participants n'auront pas tiré un grand bénéfice de cette formation.

En risquant un point de vue psychanalytique sur le phénomène, nous dirons que le regard des autres menace l'interviewer parce qu'il projette son angoisse sur les spectateurs ; celle-ci lui est alors renvoyée en miroir, menaçante pour l'image de soi. C'est son moi idéal que l'interviewer met en péril lorsqu'il accepte de mener un entretien devant un groupe ; il pressent que le décalage entre ce qu'il croit connaître théoriquement de la conduite d'un entretien et ce que son comportement effectif d'interviewer montrera aux autres sera révélé.

Pour reprendre un terme cité par G. et P. Lemoine, le sujet « parade » aux deux sens du terme ; la parade comme défense pour conserver sa cohérence ; la parade pour séduire. Dans ce cas, les regards du groupe vont renforcer les attitudes de prestance de l'interviewer. Celles-ci manifestent l'épreuve de réalité de la situation que le sujet veut méconnaître.

La situation de formation à l'entretien n'est pas un lieu de reprise et d'élaboration de ces mécanismes intra-psychiques, mais elle peut favoriser une certaine prise de conscience de la force et du danger de l'illusion de toute-puissance de l'interviewer, lorsqu'il prétend savoir écouter l'autre.

L'absence de silence, dans les entretiens réalisés en groupe, est, à ce propos, remarquable. Les silences y ont peu de place, d'une part, parce que les entretiens et jeux de rôle en groupe ne sont pas réalisés en temps réel : une précipitation liée au jeu raccourcit le temps ; et d'autre part, parce que le regard précipite les réponses de l'interviewé et les questions de l'interviewer. Nous l'avons déjà vu, celui-ci s'expose et le fait d'être regardé modifie son comportement. « C'est le regard d'un autre qui (...) accélère le temps de comprendre comme le temps de conclure. » (*Ibid.*, p. 339.)

Ces remarques se vérifient par la différence que nous observons entre les entretiens réalisés dans le groupe et ceux faits à l'extérieur, enregistrés au magnétophone et apportés par les étudiants pour être discutés et analysés en groupe. Dans ces entretiens, les silences existent car l'œil du groupe est moins présent, même s'il traîne une oreille, par magnétophone interposé. Par ailleurs, nous savons que le silence peut être un temps propice à l'observation : c'est l'intimité de la relation à deux qui est alors « donnée à voir » aux participants.

Il y a érotisation du regard, ce qui peut être difficilement supportable pour l'interviewer, lequel, nous l'avons vu, ressent un certain plaisir dans son rôle ; aussi va-t-il réagir en sollicitant le discours de l'autre, ne laissant aucun répit à l'interviewé, alors même que celui-ci aurait tiré bénéfice de quelques moments de réflexion silencieux.

Nous constatons que le groupe est un frein à la formation à l'entretien puisqu'il ne permet pas l'expérience des silences. Il oblige en effet l'interviewer à forcer ses attitudes : pour éviter l'émergence de certaines émotions chez l'autre, le praticien se méfiera des silences et des relances qui pourraient mettre l'interviewé en difficulté ; il ne tentera pas l'approfondissement ni l'exploration de certains affects, se protégeant aussi lui-même. La présence du groupe suscite chez les acteurs certains mécanismes de défense apparentés au refoulement, au déni, à la rationalisation. L'émotion qui ne peut s'exprimer est refoulée en partie, et même lorsqu'elle est vécue durant le temps de l'entretien, elle est niée dans l'après-coup de la discussion, pour rester dans l'implicite de la relation duelle.

Dans ce cas le groupe exerce une fonction autonome détachée des objectifs de la formation, fonction négative des processus d'apprentissage. Mais d'autres configurations apparaissent aux étapes ultérieures de la formation ; parmi celles-ci, l'ensemble des participants peut fonctionner comme une instance de jugement et d'évaluation, réguler la relation duelle et assurer la triangulation symbolique des échanges. Cette configuration, aux vertus pédagogiques positives conduit à ce que nous appelons « l'effet tiers ».

L'EFFET TIERS

Rappelons que le groupe dérange les participants qui sont réticents pour mener un entretien en public. La plupart des enseignants notent l'apparition de résistances qui trahissent la crainte d'être jugé et évalué : « Les résistances à jouer qui se manifestent au début d'un travail de groupe sont liées à la crainte d'être jugé par les autres, ou d'être ridicule. » (A. Ledoux, 1983, p. 184.)

L'ÉVALUATION PUBLIQUE

Rater un entretien peut provoquer un sentiment de blessure narcissique pour l'interviewer : sa compétence professionnelle n'est pas seule éprouvée, les enjeux sont plus profonds et c'est la personne elle-même qui peut être touchée.

Dans l'analyse du jeu de rôle, on porte l'éclairage sur les méthodes mais également et nécessairement sur des attitudes personnelles de l'interviewer qu'il a manifestées à son insu.

La démarche de formation à l'entretien, comme celle du perfectionnement, vise le changement du comportement et des attitudes profondes de l'interviewer ; le rôle du formateur est de dépasser le discours professionnel et théorique dont se sert l'interviewer pour se protéger de la critique du groupe.

L'objet de l'enseignement de l'entretien est à la fois extérieur et intérieur : il s'agit d'apprendre certaines techniques qui sont utilisées en fonction de ce que l'on est soi-même.

Etre performant sur le plan professionnel passe par une nécessaire centration sur le repérage de ses propres investissements dans la relation. L'économie intra-psychique de l'interviewer est chaque fois concernée lorsqu'il est en situation d'entretien.

A cet égard les participants sont souvent ambivalents : ils souhaitent une analyse en profondeur, qui leur donne d'eux-mêmes une meilleure connaissance, alors même qu'ils la redoutent. Ils recherchent également un modèle du bon entretien et demandent souvent à l'enseignant de leur faire une démonstration alors que celui-ci s'y refuse. Ils sont préoccupés par la crainte de « mal faire », cette crainte s'accompagne du désir de s'identifier à l'enseignant qui, lui, détiendrait le « savoir-bien-faire » du bon entretien.

Dans leurs formulations, les étudiants donnent à voir que l'entretien constitue imaginairement pour eux un modèle possible à maîtriser. Ils sont souvent dans l'illusion de l'appropriation effective d'un dispositif en tous points contrôlable. Fréquemment, l'acteur interviewer pense pouvoir faire passer dans la pratique du jeu ses conceptions personnelles ou livresques de l'entretien idéal.

Le formateur est ainsi vécu à la fois comme le support de l'idéal du moi, modèle auquel l'interviewer cherche à se conformer et comme instance surmoïque dont le rôle est assimilable à celui d'un juge ou d'un censeur à l'égard de la personne et dont le jugement est redoutable.

Dans la mesure où l'enseignant refuse l'entretien modèle, qui n'existe que comme idéal imaginaire de l'étudiant, l'interviewer, au vu des résultats de son propre entretien, vit celui-ci comme un échec. Lorsque ce même enseignant favorise l'analyse critique de cet entretien par le groupe, il ouvre une nouvelle voie d'évaluation et de compréhension qui est susceptible de débloquer la relation imaginaire qui s'était instaurée autour de sa personne.

Le dévoilement progressif d'un sens grâce à la discussion collective permet à l'interviewer de retrouver une certaine unité entre un comportement professionnel et son économie personnelle. Cependant, l'étudiant n'en reste pas moins marqué par cette expérience où sa maîtrise et sa compétence supposées ont été malmenées.

Le groupe, nous l'avons dit, est un lieu qui permet au praticien de vivre l'écart entre un entretien imaginé idéal et l'expérience de ses possibilités d'écoute réelles. Mais par ailleurs, ce même groupe remplace progressivement le formateur comme support identificatoire, « supportable » dans la mesure où il est composé de ses pairs. Il sert ici de surface projective à l'interviewer qui déplace sur lui ses propres craintes.

Le groupe, en effet, n'est pas seulement une caisse de résonance où s'amplifient les discours et les affects actualisés dans les entretiens ; il est aussi le médiateur, l'Autre pouvant soulager les tensions vécues à l'intérieur de la relation duelle.

LA FONCTION GROUPALE DE TRIANGULATION

L'effet tiers du groupe fonctionne selon deux modalités adressées à deux couples différents d'acteurs : l'effet de médiation qui concerne la relation imaginaire enseignant-interviewer en jeu ; la fonction de triangulation qui concerne le couple interviewer-interviewé. Cette dernière structure l'échange à deux et oblige l'interviewer à respecter les règles du contrat de l'entretien. Tout entretien est situé dans un cadre institutionnel et social, c'est la place de ce cadre que vient occuper le groupe des participants.

Pour illustrer ce processus, nous avons réalisé le scénario suivant :
– Un entretien réalisé dans le groupe est interrompu à mi-parcours et terminé dans une autre pièce où les deux interlocuteurs se retrouvent seuls.
– Un autre entretien, commencé à deux, sans témoins, est achevé au sein du groupe. Les deux entretiens sont enregistrés et ont pour thème : « L'articulation de la vie étudiante et de la vie professionnelle ».

Dans ces deux cas de figure, nous évaluons le poids de la présence des autres sur le sens et le déroulement de l'interlocution.

Le premier entretien débute dans le groupe et nous apprenons que les études représentent pour l'interviewé un plaisir certain et une ouverture. Si l'interviewer ne reprend pas la piste du plaisir (on apprendra plus tard que pour lui, ajuster études et travail représente un effort) au moins permet-il à l'interviewé de s'exprimer.

Lorsqu'ils se retrouvent seuls, l'interviewer prend souvent la parole pour convaincre l'autre que les études sont une dispersion au détriment de la vie professionnelle. L'interviewé réfute les arguments et développe l'idée qu'étudier lui permet de lutter contre la routine de son travail. En fait, l'interviewer se trouve dans la même situation du cumul vie étudiante-vie professionnelle et il projette sur l'autre sa propre gêne d'associer ces deux activités : les paroles de l'interviewé sont pour lui une réassurance comme le fait apparaître l'analyse ultérieure. Par sa présence dans la première partie de l'entretien, le groupe aide l'interviewer à contrôler son implication. En revanche, dans la seconde partie, il se laisse aller à une « conversation » et perd de vue son objectif spécifique : l'exploration du vécu de son interlocuteur. Après l'entretien, il avoue : « Quand nous étions seuls j'ai dit ce qui me tenait à cœur » ; l'interviewé a ressenti une écoute positive uniquement dans la première partie.

Le deuxième entretien démarre sans le groupe, dans une pièce séparée. Très vite, l'interviewer cède à la curiosité et questionne sur l'activité professionnelle de l'interviewé, sur le cadre institutionnel et ses contraintes.

Dans la séquence de l'entretien réalisée en présence du groupe, l'interviewé moins assiégé de questions présente les vraies raisons d'articuler travail et études : être indépendant financièrement mais aussi se dépasser et s'investir. Même si celui-ci permet de faire évoluer l'entretien, les deux interlocuteurs perçoivent le groupe comme une contrainte : « En revenant dans le groupe, le charme a été rompu » disent-ils, « on se sentait plus détendus seuls. »

Dans ces deux cas, le groupe aide l'interviewer à ne pas céder à sa curiosité immédiate et à prendre une distance par rapport à sa propension à parler ou évoquer son propre cas. Tout se passe comme si le groupe rappelait à l'interviewer l'objectif de l'entretien et permettait de le replacer dans sa légitimité.

L'interviewer au cours de l'entretien oublie parfois les observateurs. A certains moments il reprend conscience de l'existence du groupe. Ce faisant, il prend la mesure de son écoute, vérifie s'il n'est pas trop immergé dans la problématique de l'autre. Dans le va-et-vient entre le dedans et le dehors de la relation duelle, il utilise le groupe pour prendre la distance nécessaire et acquérir une écoute proche et distanciée à la fois. Cette fonction du groupe est très utile aux étudiants qui, n'ayant pas encore de pratique, tendent à confondre l'entretien avec une conversation. Le groupe gêne, mais il facilite le processus d'apprentissage.

La présence du groupe, qui limite la confusion de la relation à deux, qui freine le désir d'implication de l'interviewer et qui l'oblige à respecter son objectif, occupe dans la situation la place d'un tiers. L'interviewer expérimente, par l'intermédiaire du groupe placé comme tiers dans la réalité, le processus d'intégration des règles. L'intériorisation de celles-ci dans la situation réelle hors du groupe sera favorisée par l'expérience de formation. Pour les praticiens de l'entretien engagés dans un processus de formation continue, le groupe occupe plus particulièrement la place du tiers institutionnel.

La question de la transposition de cette situation « expérimentale » à la situation professionnelle se pose en formation : il est souvent fait reproche au formateur du caractère construit et artificiel du dispositif mis en place. Pourtant nous avons la conviction que le groupe représente la réalité en actualisant des règles et des objectifs afférents à la situation envisagée. Cette situation n'est pas radicalement différente même si elle est nouvelle puisque le professionnel vient approfondir sa pratique et améliorer son savoir-faire. Le groupe tient le rôle de tiers structurant : il permet le respect des règles de l'entretien et assure que leur réussite s'évalue sur la qualité de l'atteinte des objectifs poursuivis et non sur la relation en tant que telle. Evaluer un entretien au degré de satisfaction ou du plaisir des interlocuteurs est un écueil. Le groupe comme tiers aide l'interviewer et lui rappelle sa responsabilité dans la conduite de l'entretien.

Il n'y a pas de modèle du bon entretien ni de bonnes méthodes, mais des méthodes adéquates compte tenu à la fois des objectifs qu'on s'assigne dans l'entretien, de la subjectivité à l'œuvre dans la relation et des « tendances » de l'interviewer.

Le groupe est régulateur de la relation : il empêche certaines attitudes « sadiques », des intrusions excessives et introduit les limites de l'investigation.

L'enseignant et le groupe sont des recours dans une relation qui peut être vécue comme trop proche. Ensemble, ils instaurent une triangulation, autorisant la relation duelle et lui assurant sa légitimité. La « gêne » qu'entraîne la présence du groupe s'avère donc utile en tant que support de l'entretien, facilitant la communication satisfaisante au regard des objectifs poursuivis.

Même dans ce cas de figure, le groupe n'a pas toujours un rôle positif.

En effet, lorsqu'un climat négatif, hostile ou dépressif s'installe, la pratique des entretiens au sein du groupe devient difficile. La solution fréquemment adoptée pour contourner la difficulté est de travailler sur des entretiens réalisés à l'extérieur. Cette conduite d'évitement nous paraît dommageable au processus de formation, pour l'interviewer bien sûr, mais également pour l'interviewé. En effet, s'inscrire en place de l'interviewé est un exercice formateur. Il permet, d'un autre lieu, celui du destinataire, de réaliser l'importance des dérapages de l'écoute. Le groupe dans son ensemble participe au processus d'apprentissage pendant les interviews et également après, lors de la phase d'analyse. Les participants-observateurs par leurs échanges prennent un rôle actif dans l'analyse de l'entretien, son évolution, la méthode utilisée et ses conséquences sur le discours produit. Ces moments importent dans la mesure où les observateurs s'expriment sur les interventions qu'ils auraient pu faire eux-mêmes. La phase de discussion qui suit les entretiens est une occasion pour l'ensemble des participants d'expression et de prise de conscience de leurs identifications : tantôt ils défendent l'interviewer ou le jugent, tantôt ils s'identifient à l'interviewé et expriment leur compréhension de sa problématique. Grâce à ces identifications latérales, les participants cessent d'attendre la vérité du seul enseignant.

La circulation des projections et leur reconnaissance, l'effet structurant du groupe comme tiers, la possible régulation des échanges donne au groupe l'image diversifiée de son identité professionnelle.

L'OREILLE DÉMULTIPLIÉE

Le futur praticien, pour se former à l'entretien non directif de recherche et à l'entretien thérapeutique, devra développer ses capacités à l'écoute. Il lui sera nécessaire de découvrir les résistances qu'il rencontre, d'admettre la problématique de l'autre et de reconnaître ses projections personnelles pour permettre de lever certains obstacles à la communication. Les discussions et réflexions critiques collectives qui vont suivre les divers entretiens et jeux de rôle vont constituer des moments forts dans la formation à l'entretien.

De son côté, l'interviewé a besoin de se savoir écouté pour continuer à parler, et les relances du praticien l'aident à associer, lui permettant de fournir un matériel plus abondant et d'approfondir son discours.

La richesse de l'entretien dépend du désir de communiquer de l'un, et des capacités d'entendre de l'autre. Le contenu du discours du sujet parlant est fonction du type de relation qui s'instaure entre les deux acteurs, mais un décalage existe souvent entre les messages comportementaux et le langage verbal.

Lorsque nous entendons quelqu'un, nous pensons entendre juste puisque notre reprise fait sens pour celui qui reçoit le message. Mais, l'écoute dans l'entretien est plus silencieuse et personnelle, elle reste, de ce fait, subjective. Les messages de l'interviewé sont perçus par l'interviewer à travers le prisme déformant de ses affects. L'enseignement de l'entretien tient ce pari difficile : développer l'écoute du futur praticien et dans le même temps, éclairer la part de subjectivité qu'elle contient.

Dans cet apprentissage, le groupe va être un appui précieux : les entretiens réalisés et les jeux de rôle mobilisent l'attention de tous. Chaque participant, à l'exception de ceux qui ont été acteurs, se trouve dans un rôle d'observateur, et de cette place, entend le discours de l'interviewé. L'enseignant donne comme consigne, par exemple, aux observateurs de s'identifier à l'interviewer et de noter les relances et les interventions que chacun aimerait faire, à la place de celui qui mène l'entretien. Plusieurs étudiants peuvent également se succéder pour prendre le rôle de l'interviewer, et chacun, dans la situation, instaure une attitude d'écoute et un certain mode relationnel en fonction de ce qu'il comprend d'autrui et de son propre écho émotionnel.

Après chaque entretien et jeu de rôle vécus dans le groupe, suit la phase d'analyse, moment important de confrontation de ces différentes écoutes subjectives. La multiplicité des écoutes rend alors crédible la notion même de subjectivité. Cette notion est souvent niée et refusée : l'étudiant considère spontanément que sa propre écoute est « objective » ; confronté aux autres écoutes, il abandonne rapidement cette illusion.

Parfois l'enseignant est interpellé comme arbitre ou modèle de ce qu'il faut entendre ; mais comment peut-il affirmer qu'il est lui-même à l'abri de la subjectivité ?

A travers les techniques enseignées, certaines, telles la reformulation, la répétition ou la relance effectuées à partir d'une réitération du discours de l'interviewé, permettent de baliser notre écoute, en réajustant la parole de l'un et l'oreille de l'autre, et évitent de trop grandes distorsions du discours d'autrui.

Dans ce moment de face à face qu'est l'entretien, situation banale mais aussi aventure toujours renouvelée, nous pouvons saisir des éléments de l'expérience d'autrui, mais nous ne pouvons jamais l'entendre tout entière : elle est chaque fois saisie partielle de ce qui est évoqué, à travers le filtre de notre sensibilité. L'étudiant doit reconnaître ses propres limites dans la relation à l'autre. Les jeux de rôle et leurs analyses l'éclairent sur ses attitudes contre-transférentielles. Là encore, le groupe est précieux et nécessaire pour souligner l'écoute individuelle et sélective du praticien, dans l'interaction subjective que constitue l'entretien.

Nous faisons souvent un tri dans le matériel apporté par le sujet parlant : nous relevons tel aspect qui nous a touché, ou au contraire laissons de côté un affect qui suscite des émotions trop fortes pour en parler. Ce matériau non traité reste en suspens dans la relation, ou est refoulé par l'interviewé, qui comprend intuitivement et à ses dépens les limites de la communication.

Dans un groupe de formation récent, nous avons observé un jeu de rôle mettant en scène le rôle d'une conseillère de planning familial et une adolescente qui vient chercher une contraception, pour « faire comme les copines ». Elle exprime rapidement son dégoût des garçons et son attirance pour les filles, particulièrement pour la mère de sa meilleure amie, cette femme faisant l'objet d'une grande admiration. L'entretien est orienté par la « conseillère », sur les relations difficiles avec les garçons et non sur le trouble manifeste de l'interviewée lorsqu'elle parle d'une femme évoquant une image maternelle ; l'interviewer est elle-même femme, et mère d'une adolescente avec laquelle, nous dit-elle après l'entretien, elle a des rapports difficiles. L'interviewer oriente le discours, en choisissant la piste la plus facile pour elle, celle des relations entre filles et garçons, et refuse d'aborder le thème qui touche à ses propres conflits « mère-fille », sujet pourtant au cœur des difficultés de l'adolescente.

Les projections de soi sur l'autre perturbent notre compréhension : la distance, nécessaire au praticien pour mener l'entretien, éclairer le locuteur et donner un sens au discours produit, n'est plus alors respectée. Or, la diversité des observations du groupe réintroduit la notion de la « bonne distance ». Les participants-observateurs mettent en commun leurs écoutes différentes de l'entretien qui a lieu au sein du groupe. Ils éclairent ainsi différentes facettes de la problématique du sujet ; et l'interviewer, devant plusieurs pistes possibles, apprend à se distancier de ses propres investissements dans le thème.

La situation du groupe offre des positions variées : tantôt observateur, tantôt acteur, l'étudiant s'entraîne à cet exercice difficile de vivre et de découvrir ce qui, en lui, risque de faire obstacle à la communication. Plutôt que d'adopter des modèles préexistants à l'entretien, il est sollicité à renouveler et à différencier ses expériences, pour acquérir un savoir-faire : une grande disponibilité et une souplesse lui permettant de s'adapter à l'originalité d'un grand nombre de situations.

Dans un groupe de formation à l'entretien, la fonction de l'observateur est indispensable pour prendre la mesure du recul nécessaire. Moins impliqué émotionnellement que l'interviewer, l'observateur est de ce fait moins concerné et ainsi moins enclin à mobiliser certaines attitudes défensives, comme par exemple éviter le problème essentiel de l'autre ou dénier une situation angoissante au lieu d'aider à son exploration progressive. Il développe l'aptitude alors de discerner la demande de l'autre, en la dissociant de son propre désir.

Cependant, grâce à cette distanciation, le groupe peut être sensible à certaines inflexions plus fortes du discours de l'autre et reconnaître certains moments-clés à ne pas manquer.

Le groupe, qui donne la mesure de l'aspect intersubjectif de la situation d'entretien, peut en même temps servir à « objectiver » certaines interventions plus pertinentes dans la conduite de l'entretien.

Au cours d'un jeu mettant en scène les rôles d'une assistante sociale qui reçoit une jeune femme perdue dans des relations de couple conflictuel et violent, nous voyons surgir le problème essentiel de l'interviewée. Celle-ci vient chercher compréhension et soutien pour parler de sa souffrance ; elle évoque son désir de chercher du travail (nécessité si elle se retrouve seule) et de faire garder ses deux jeunes enfants. L'école maternelle représente une solution possible. L'étudiante dans le rôle de l'assistante sociale choisit d'explorer les différentes possibilités de garde des enfants ; elle insiste sur la maternelle comme un lieu d'ouverture et de socialisation, et nous apprenons après l'entretien qu'elle a travaillé elle-même dans une école et en a gardé un très bon souvenir. Dans la phase d'analyse, l'ensemble du groupe, sensible au vécu douloureux de cette femme, est unanime pour constater que la demande de la cliente était manifestement d'explorer sa relation de couple et sa peur d'un mari devenu violent ; demande à laquelle l'entretien n'a pas répondu. L'interviewée approuve : elle s'est « prise au jeu », a ressenti une certaine angoisse dans ce rôle ; mais elle regrette, comme le groupe, que ses sentiments les plus forts n'aient pas été repris par l'interlocuteur. Elle aurait alors pu exprimer et comprendre certains éléments d'une situation qu'elle subissait.

Cette écoute convergente d'un ensemble de personnes oblige l'étudiant à s'interroger là où il pouvait contester le regard et l'écoute du seul enseignant. L'importance de certains contenus dans l'expression de l'interviewé s'impose avec d'autant plus de force lorsqu'elle est reconnue par une majorité du groupe. Le groupe donne un certain statut de vérité à ce qui est alors reconnu par tous.

La diversité des observations, la multiplicité des écoutes, leur exploration et leur prise en compte donnent accès au-delà des différences à ce qui fait sens dans la singularité des discours.

*
* *

L'enseignement de l'entretien ne peut se satisfaire d'une approche exclusivement théorique. Une transmission de connaissances ne suffit pas à rendre compte de cet instrument d'investigation complexe, qui met en jeu certains aspects du fonctionnement psychique, souvent non conscients, des deux protagonistes, dans la situation d'entretien.

Le groupe rend possible l'entraînement à la conduite de l'entretien et l'expérimentation des différents rôles (interviewer-interviewé-observateur). Il est le lieu privilégié pour affirmer les diverses modalités de l'écoute, développer des capacités d'analyse et assurer la régulation collective des échanges.

Cependant le groupe n'est pas seulement une scène sur laquelle se déroulent des procédures et se jouent des processus. Il est, de par son existence même, instance productrice d'effets. Il met en relief dans la situation, les aspérités occultées par une approche naïve. Il pointe la fusion, les identifications, la séduction ; oblige au forçage des attitudes et à la prise de distance. Il insiste sur les résistances, souligne l'effet spectacle, ponctue l'implication, bouscule les idéaux. Il témoigne du double discours, révèle la subjectivité et représente le tiers.

Le formateur, en donnant une valeur à la parole du groupe et aux analyses de celui-ci, relativise de ce fait son savoir. Il permet à l'interviewer, en situation d'entretien, de se constituer le sien propre, dans une dépendance moindre à l'enseignant, positionné classiquement comme celui qui sait et qui « sait faire ».

Le groupe est souvent vécu par les participants comme entrave au processus de formation. Ce sentiment de gêne tient plus à la complexité de l'entretien lui-même qu'au caractère collectif de l'apprentissage.

La difficulté de l'entretien est inévitable, elle touche à l'essentiel des relations humaines. C'est l'ensemble des participations individuelles réunies qui, seul, est garant de l'efficacité et de la qualité de la formation, clinique, à l'entretien.

L'entretien de groupe

par A. GIAMI

L'entretien de groupe est une méthode de recueil de données psycho-sociologiques très utilisée dans les études empiriques, notamment dans le marketing et les études de marchés ; il semble, en revanche, assez peu utilisé dans le champ de la recherche. Sa faible utilisation dans ce domaine nous semble s'expliquer par l'absence de réflexion sur ses présupposés théoriques et méthodologiques.

L'entretien de groupe se situe historiquement dans la tradition du « petit groupe » qui a longtemps fait florès en psychologie sociale. L'analyse et l'élucidation des phénomènes de groupe et des conduites individuelles en situation de groupe, après avoir constitué le « petit groupe » en objet de recherche (notamment D. Anzieu, R. Kaës, 1976), permet maintenant à celui-ci de se mettre au service d'autres objets de recherche. Le « petit groupe » peut désormais être considéré comme un outil de recherche. La spécificité de son fonctionnement lui confère une valeur heuristique dont il importe de définir et de préciser les niveaux. Lieu du conflit, le « petit groupe » semble permettre l'exploration de situations sociales conflictuelles, mais aussi l'évaluation de la cohésion de situations apparemment consensuelles.

Partant d'une étude qui a une valeur exemplaire, dans la mesure où elle pose les questions du niveau d'analyse et du type d'information produit par ce dispositif, nous préciserons les modalités de fonctionnement et d'utilisation de l'entretien de groupe dans la recherche psycho-sociologique.

J.A. Banks (1957) constatait déjà l'absence de travail rigoureux de comparaison entre les résultats obtenus grâce à l'entretien de groupe et l'entretien individuel. D'entrée de jeu, l'entretien de groupe et l'entretien individuel sont posés dans cet article comme deux éléments complémentaires d'un même dispositif. Ce qui amène Banks à formuler trois questions :

1) La discussion de groupe menée auprès d'un échantillon bien déterminé produit-elle une information univoque (« consensus information ») sur l'univers partagé par cet échantillon ?

2) Les résultats obtenus après l'analyse de contenu du matériel produit dans le groupe sont-ils différents des résultats obtenus en comptant les réponses des mêmes individus interviewés individuellement ?

3) Les mêmes individus répondent-ils différemment aux mêmes questions, selon qu'ils sont interviewés dans un groupe de collègues ou individuellement ?

Pour illustrer son propos, Banks présente les résultats d'une recherche menée dans une entreprise industrielle confrontée au changement technologique et au changement dans l'organisation du travail. Les entretiens furent effectués dans l'entreprise auprès de toutes les catégories du personnel de production, les mêmes sujets étant interviewés en groupe et individuellement par les intervenants extérieurs. L'objectif de la recherche était de déterminer le degré de satisfaction des travailleurs quant aux changements touchant à leur situation de travail et les répercussions sur leur vie privée occasionnées par les modifications du rythme de travail.

La discussion menée à partir de la comparaison entre les résultats produits par les deux techniques amène les constatations suivantes.

Une première comparaison des résultats, individu par individu, et thème par thème, fait apparaître un haut degré de corrélation entre les deux approches. Mais Banks oriente son analyse sur les points de divergence apparus dans les réponses d'un individu qui avait exprimé sa satisfaction en entretien individuel et son mécontentement en entretien de groupe ; l'auteur formule une première hypothèse : en situation de groupe, les individus ont donné les réponses qu'ils pensaient être celles de leur groupe d'appartenance, alors que dans l'entretien individuel ils ont livré leurs réactions personnelles.

Pour vérifier cette hypothèse, l'auteur entreprend une comparaison entre les thèmes apparus dans les groupes et l'analyse statistique des réponses des mêmes individus en situation individuelle. Les différences sont alors plus importantes :

– Dans les entretiens de groupe, les individus ont parlé davantage des effets de changement sur les conditions de travail, alors que dans les entretiens individuels il a été fait plus souvent mention des changements affectant la vie privée. Il s'agit là d'une première différence portant sur la répartition des contenus dans les deux situations.

– Les individus ont manifesté beaucoup plus leur opposition à la direction de l'entreprise dans les entretiens de groupe, alors qu'ils se sont plaints plus facilement de leurs collègues immédiats dans les entretiens individuels. On trouve là une deuxième différence portant sur la tonalité globale du matériel.

L'auteur en déduit que l'entretien de groupe permet aux participants de se situer dans la modalité du consensus plutôt que d'exprimer des griefs internes au groupe. Ce qu'il explique de la façon suivante : l'entretien de groupe fait apparaître surtout les opinions les plus fortes, plutôt que celles dont les participants sont moins assurés ; en outre, il observe que les opinions minoritaires risquent de ne pas apparaître dans la discussion de groupe, si elles ne sont pas portées par un participant très motivé pour les défendre.

L'auteur tire de son étude deux conclusions :

– Une conclusion méthodologique : les chercheurs qui étudieraient le même problème à l'aide de techniques différentes risquent d'obtenir des résultats difficilement comparables, voire même contradictoires.

– Une conclusion portant sur l'objet de la recherche : dans le contexte industriel, l'entretien de groupe permet l'émergence d'un consensus de classe représenté par la revendication contre la direction, le rôle du contestataire étant un rôle bien reconnu et permis par le groupe, alors que l'ouvrier qui passe pour « l'homme du patron » est l'objet d'un ostracisme de la part de ses pairs.

En se situant sur le plan méthodologique, on note que Banks centre sa réflexion sur la différence globale entre les éléments recueillis par les deux techniques, ainsi que sur la différence des informations produites par les mêmes individus dans les deux situations. L'analyse de ces deux différences lui permet de définir le rôle social valorisé et permis par le groupe.

On ne trouve pas dans ce texte de réflexion critique sur les effets produits par le contexte social du recueil du matériel. Contrairement aux groupes de diagnostic qui se déroulent, selon la formule de D. Lagache (1949, p. 167), dans un « vide social », les dispositifs de Banks se situent dans un « trop-plein » de la contrainte sociale réelle instituée que l'on repère à plusieurs niveaux : l'emprise du rôle social des ouvriers qui dicte l'attitude de ceux-ci face à la direction et face à leurs collègues ; la pression immédiate des relations interpersonnelles dans l'entreprise qui pèse sur l'entretien de groupe ; le poids de la hiérarchie, sur l'entretien individuel.

Il apparaît ainsi que chaque parole prononcée tant dans l'entretien de groupe que dans l'entretien individuel se trouve porteuse de conséquences potentielles pour celui qui les prononce, ce qui n'a pas été explicité par Banks. Il est effectivement possible de critiquer collectivement la direction de l'entreprise lorsque l'on se sent porté et protégé par la cohésion et la force du groupe des pairs – l'attitude inverse étant dangereuse. En revanche, dans le cadre de l'entretien individuel, parler de sa vie privée et se plaindre de l'attitude de ses collègues tout en réprimant les critiques visant la direction, ne semble pas mettre en danger l'individu interviewé. Proférer des critiques contre la direction, en franc-tireur, semble plus dangereux, dans ce contexte. On ne s'attaque pas, seul, à la hiérarchie de l'entreprise. Le contenu des informations recueillies dans les deux situations témoigne d'une attitude de prudence et de conformisme des interviewés. Dans le cadre de l'entretien de groupe, c'est le groupe des pairs qui exerce le contrôle immédiat sur les propos énoncés, alors que dans l'entretien individuel, c'est la contrainte intériorisée par l'ouvrier qui oriente la censure.

Au-delà des conclusions de Banks, le principal résultat de la comparaison entre les données produites par les deux dispositifs semble bien résider dans la mise en évidence des différents niveaux de pouvoir dans l'entreprise et de leurs incidences sur le dispositif de recueil du matériel. Il est donc nécessaire de prendre en considération la totalité du cadre dans lequel se déroulent les *group discussion* de Banks. Le consensus exprimé dans cette situation est un consensus *contre* un autre groupe qui n'y est pas représenté – la direction de l'entreprise. On pourrait dire que le consensus mis en évidence par l'entretien de groupe est fragile dans la mesure où lorsque les mêmes participants se retrouvent en situation d'entretien individuel ils adoptent des positions presque radicalement opposées (satisfaction par rapport à la direction) et le consensus intra-groupe éclate (critique de l'attitude des membres du groupe des pairs). Ce consensus groupal était donc renforcé et exacerbé par la situation collective ; artifice du dispositif ou reflet des pratiques sociales ouvrières ?

Partant des résultats méthodologiques établis par Banks, nous proposons une application de l'entretien de groupe à un domaine de recherche spécifique : celui-ci est une méthode privilégiée d'exploration de la dynamique du consensus et du conflit entre des groupes sociaux opposés ou au sein d'un même groupe d'appartenance.

Ce faisant, nous postulons également que la situation de petit groupe renforce les positions consensuelles en les opposant dans une situation conflictuelle entre deux groupes.

La situation

L'organisation d'un entretien de groupe en *situation réelle* introduit souvent des biais difficilement contrôlables par le chercheur, lesquels ont pour effet de détourner les participants des objectifs proposés par celui-ci. Nous situant dans une perspective de recherche, il semble fondamental de ne pas intervenir directement sur le terrain dans les lieux sociaux dans lesquels les acteurs se trouvent directement placés. Il est notamment difficile d'évaluer à priori la façon dont la situation d'entretien proposée par le chercheur est récupérée et détournée à leur profit par tout ou partie des acteurs. Il convient donc d'éviter le parasitage de la production des discours par des éléments de détermination, spécifiques au cadre institutionnel. L'entretien de groupe doit être dans ce cas une *situation construite* par le chercheur en vue de la production d'un matériel discursif « polyphonique ».

La construction de la situation n'en fait pas automatiquement un dispositif expérimental. La situation expérimentale d'analyse des relations intergroupe qui vise à repérer les comportements de sous-groupes en situation de rivalité est ainsi caractérisée par W. Doise (1984, p. 253) :

> « (situation propre) à créer ses propres catégories sociales qui généralement ne durent que le temps d'une expérimentation mais dont le caractère éphémère et précaire n'empêche pas la manifestation de processus qui se déroulent d'habitude dans des situations qui sont beaucoup moins passagères. »

L'entretien de groupe qui vise à repérer les modalités conflictuelles et consensuelles des relations entre certains groupes réels ne procède pas par l'introduction de variables expérimentales.

Les participants sont recrutés en tant que représentants d'un de leurs groupes d'appartenance et considérés, à ce titre, comme *porteurs de variables psycho-sociologiques.* L'entretien de groupe sera d'autant plus productif que l'on aura su repérer précisément les variables pertinentes qui organisent et structurent les configurations conflictuelles dans le champ étudié. Il s'agit d'un découpage et d'une reconstruction hypothétique de la situation réelle dans la mesure où on isole un certain nombre de variables, au détriment d'autres variables. La pertinence de cette mise en scène réside dans le choix judicieux des variables réelles dont on a choisi d'opposer les effets. Ce qui n'empêche pas la manifestation éventuelle d'autres variables qui n'auraient pas été prises en compte par le chercheur et qui risquent de supplanter les variables définies à priori comme principales.

Outre ces variables manipulées, il est nécessaire de tenir compte de l'expérience et de la représentation de la situation groupale que les participants portent en eux et qui viennent pré-structurer les modalités de communication. Ce phénomène est défini comme « organisateur socioculturel de l'objet-groupe » par R. Kaës (1976). Concrètement, un groupe qui réunit, par exemple, des parents d'enfants handicapés et des éducateurs spécialisés, peut reproduire les modalités de communication d'une réunion institutionnelle (A. Giami et coll., 1983) ; un chercheur qui organise un entretien de groupe avec des adolescents sur le thème de la sexualité risque de remettre en scène les conditions d'une séance d'information sexuelle dans un établissement scolaire (A. Giami et coll., 1984).

Ces éléments font de l'entretien de groupe une situation construite, intermédiaire entre la situation réelle et la construction expérimentale. *L'entretien de groupe consiste donc en une réunion de sujets porteurs de variables définies et n'ayant aucune relation préalable : ces sujets sont réunis dans le cadre matériel et institutionnel de la recherche pour débattre de problèmes qui sont censés les concerner et les opposer, à la demande du chercheur. Il s'agit d'un déplacement des acteurs engagés dans des situations réelles, dans une situation – non moins réelle – qui favorise une production discursive dégagée des enjeux sociaux immédiats.* Le cadre de la recherche visant ainsi à protéger les locuteurs des conséquences de leurs énoncés et d'en stimuler, par contrecoup, l'expression.

L'entretien de groupe dans le processus de la recherche

Le cadre construit de l'entretien de groupe permet de provoquer des interactions de type conflictuel entre des participants appartenant à des groupes d'appartenance différents, en même temps qu'il renforce l'expression monolithique de chacun et le consensus intra-groupe ; le conflit étant ainsi le moteur et le produit du renforcement des polarités consensuelles. Mais selon les hypothèses qui président à la constitution du groupe d'entretien, celui-ci peut fonctionner dans deux perspectives différentes.

1) On postule l'existence d'un conflit entre deux groupes sociaux engagés différemment autour d'un problème. Dans ce cas, le conflit, sa mise en évidence et le repérage de ses modalités constituent l'objet de la démarche, l'émergence des éléments consensuels qui donnent leur cohésion à chacun des groupe s'effectue secondairement grâce à la mise en scène du conflit dans la situation paradigmatique. Les éléments consensuels et conflictuels sont ainsi placés en situation de renforcement mutuel : le conflit sera d'autant plus fort que les consensus seront structurés et la forte structuration des consensus donnera toute son intensité au conflit. L'entretien de groupe est alors constitué par des participants qui représentent, à l'aide d'un certain nombre de variables discriminantes, leur groupe d'appartenance. L'analyse de la disposition et de la configuration des énoncés référés aux variables permet de reconstruire les modalités du conflit et les points d'achoppement entre les deux groupes.

2) On part de l'hypothèse du consensus à l'intérieur d'un même groupe d'appartenance, à propos d'un problème auquel chaque individu est confronté. On recrute les participants en repérant minutieusement les variables psycho-sociologiques en jeu pour chacun. Dans la mesure où l'entretien de groupe a pour fonction essentielle d'exacerber les éléments conflictuels, les participants de cet entretien de groupe prennent en général des positions divergentes par rapport au même problème. Dans ce cas, le traitement du matériel, partant de l'analyse des énoncés et des variables psycho-sociologiques repérées, visera à retrouver les facteurs qui commandent les prises de position différentielles des participants. Cette démarche est sous-tendue par l'hypothèse selon laquelle les clivages recherchés à l'intérieur de l'entretien de groupe sont déterminés par des variables n'ayant pas été prises en compte dans les présupposés et dont

il faudra tenir compte ultérieurement. L'objet de ce dispositif n'est donc plus la mise en évidence de la dynamique du conflit et du consensus mais la mise en évidence de variables différentielles pouvant potentiellement déterminer et organiser des situations conflictuelles.

On comprend ainsi l'importance accordée aux variables dans la constitution du groupe. En effet, dans un entretien de groupe du premier type, le conflit postulé de façon centrale entre les deux sous-groupes peut être relégué dans un plan secondaire si les participants se retrouvent et s'opposent autour d'autres variables que celle de leur appartenance posée comme variable discriminante.

Les règles de la conduite de l'entretien de groupe

L'entretien de groupe fonctionne avec un rendement optimum avec six à huit participants (en dehors de l'animateur et de l'observateur) représentant en nombre égal deux groupes d'appartenance. Les participants sont – comme nous l'avons déjà indiqué – des représentants de ces groupes d'appartenance.

Contrairement à l'E.N.D.R. individuel qui fonctionne dans une durée indéterminée, il est souhaitable de fixer à l'avance, avec le groupe, la durée de son déroulement. La définition de ces limites a pour effet de dynamiser les échanges et de les voir se succéder avec une certaine rapidité. L'animateur dispose, en outre, de la ressource de rappeler au groupe le temps qui lui reste avant de se séparer, ce qui réactive la dynamique des échanges. L'entretien de groupe ne doit pas être répété avec les mêmes participants.

Cette double règle de la séance unique et de la durée limitée à l'avance par l'animateur est fondée à contrario sur l'approche psychanalytique des groupes restreints (D. Anzieu et coll., 1972). L'entretien de groupe constitue le négatif du groupe conduit selon la méthode analytique.

Il ne s'agit aucunement pour les participants « d'exprimer ce qui est ressenti ici et maintenant » mais de produire un discours portant sur leur expérience du monde extérieur. Alors que dans un « groupe de base » les propos portant sur le monde extérieur sont interprétés par l'animateur comme des défenses envers les menaces de régression produites par la situation de groupe restreint, ils constituent justement le matériel recherché dans l'entretien de groupe.

La conduite de l'entretien de groupe consiste à provoquer et renforcer ce mécanisme de défense particulièrement prégnant dans les phases initiales d'un groupe de base. Ainsi dans cette phase initiale, alors que « tous les objets intérieurs du groupe sont vécus comme mauvais objets, le monde extérieur bénéficie du transfert positif. (...) C'est le groupe lui-même qui devient représentant, métonymie du monde extérieur. » (A. Béjarano, 1972, p.134.) La durée limitée de l'entretien de groupe vise donc à exploiter ce mécanisme de défense particulièrement productif. De même, le principe de la séance unique permet d'éviter l'évolution du groupe caractérisée par la réorganisation de mécanismes de défense et la cristallisation des phénomènes transférentiels et inter-transférentiels qui auraient pour effet de déplacer les enjeux et les investissements des participants. Notre expérience a montré que les participants avaient surtout tendance à étayer et à légitimer leur argumentation sur les positions et les situations qu'ils occupent en dehors du groupe, à s'accrocher, en quelque sorte, de façon défensive à leur statut psycho-social.

Les interventions des animateurs se trouvent généralement réduites à l'énoncé de la consigne de départ dans la mesure où les participants se posent mutuellement les questions, les relances, les reformulations, les jugements qu'un interviewer chevronné armé de sa neutralité bienveillante et courtoise n'oserait jamais poser en E.N.D.R. individuel. Dans la mesure où l'entretien de groupe est utilisé au moment de la pré-enquête, la position, en retrait, de facilitateur et de garant du statut des échanges occupée par l'animateur permet de repérer les éléments qui fourniront la matière du guide des entretiens ultérieurs. L'animateur occupe ainsi une position de régulateur des échanges des participants.

Il est préférable que le groupe soit conduit par un animateur et un observateur ; l'observateur a pour fonction explicite de s'occuper de l'enregistrement de la séance. Il n'intervient à aucun moment dans la discussion du groupe. En fait, son rôle consiste à observer et à noter la dynamique des échanges. Si l'animateur écoute ce que disent les participants, l'observateur, de son côté, observe ce qu'ils font, et observe ce que fait l'animateur. Ce dernier n'étant pas neutre à l'égard des deux sous-groupes en présence, la présence de l'observateur permet de déceler certaines des modalités de l'implication de l'animateur qui transparaissent dans sa conduite.

Le matériel recueilli et son traitement

La conduite de l'entretien de groupe par les participants eux-mêmes amène à la production d'un matériel sensiblement différent de celui produit en E.N.D.R. individuel. La situation, supposée conflictuelle, ne permet pas aux participants l'expression de leurs contradictions intra-personnelles. Sous l'effet de la contradiction inter-groupe les positions personnelles se resserrent et sont exprimées de façon beaucoup plus monolithique et offensive. Ainsi, si le matériel produit par chaque participant apparaît plus concentré, le matériel produit autour d'un même thème par l'ensemble des participants présente des aspects différentiels – voire même contradictoires.

Le traitement de ce matériel relève d'un seul principe et est mené dans deux directions complémentaires. Dans la mesure où les participants sont considérés comme porteurs de variables, leurs énoncés sont systématiquement référés à leur position. L'objet du traitement du matériel recueilli en entretien de groupe se situe dans la liaison : énoncé/variable. Les énoncés ne prennent sens que référés aux variables dont sont porteurs les locuteurs et référés aux énoncés produits par les autres locuteurs.

Dans un premier temps ce matériel est soumis à une analyse longitudinale qui, considérant le discours produit comme une totalité, vise à repérer et à reconstruire les modalités d'interaction entre les participants (représentants de leur sous-groupe). Dans ce cas, le conflit est postulé comme la modalité principale d'interaction et cette analyse permet de repérer les autres modalités telles que complémentarité, convergence ou coopération. Ce premier travail d'analyse vise donc à nuancer et à élargir l'hypothèse du conflit.

Dans un second temps, le matériel est soumis à une analyse différentielle des contenus. L'objectif de cette analyse étant de mesurer les différences de formulation et de contenu des énoncés produits par les deux sous-groupes.

Concrètement, chaque thème est inscrit sur un même feuillet qui comporte deux parties mentionnant les énoncés produits par les deux sous-groupes. Cette méthode peut permettre en outre de repérer les éventuelles dissensions entre membres d'un même sous-groupe, lesquelles seront immédiatement référées à d'éventuelles variables qui n'auront pas été prises en compte [1].

Ainsi que nous l'avons exposé, l'objet de l'entretien de groupe ne réside pas dans l'analyse de la dynamique des processus de groupe, mais dans l'analyse de la dynamique des énoncés produits par les participants. Au travers de la dynamique du groupe restreint, par la médiation des énoncés on reconstruit le paradigme du conflit postulé dans la situation réelle.

Les limites de l'entretien de groupe

L'entretien de groupe permet de repérer les modalités de situations conflictuelles en favorisant la production de paroles individuelles très fortement marquées par la situation collective dans laquelle elles prennent place. Pas plus que pour l'E.N.D.R. individuel il ne s'agit d'une situation naturelle. La construction de cette situation, en produisant des positions individuelles resserrées et monolithiques, nous maintient principalement au niveau d'explication inter-personnel (W.Doise, 1982) duquel on déduit des hypothèses inter-groupales. C'est à ce niveau que l'entretien de groupe est le plus pertinent. Ce faisant, cette technique ne permet pas de faire émerger pleinement un

1. On reprend ainsi la méthode d'analyse de Banks : comparaison du matériel individu par individu et thème par thème.

discours individuel porté par des contradictions internes, tel qu'on peut l'obtenir dans l'E.N.D.R. individuel. On ne peut donc accéder au niveau d'explication intrapersonnel. Il est difficile d'explorer, par ce moyen, les déterminations et les fonctions du conflit ou du consensus dans l'économie du sujet.

Ces limites amènent à préconiser l'utilisation de l'entretien de groupe à la phase initiale de la pré-enquête. Regroupant six à huit participants, il permet de faire l'économie d'une pré-enquête effectuée au moyen d'entretiens individuels et de construire une première configuration de la situation et des processus que l'on cherche à étudier. Utilisé conjointement avec une série d'entretiens individuels, il permet d'effectuer un croisement de données recueillies dans des situations différentes et situées à des niveaux différents. On dispose ainsi d'un outil privilégié d'exploration des modalités de la communication sociale qui constitue l'un des objets centraux de la psychologie sociale.

Cinquième partie

L'ANALYSE DE CONTENU

L'analyse de contenu: deux méthodes, deux résultats?

par J.-M. LEGER et M.-F. FLORAND

Si les méthodes d'analyse de contenu devaient un jour être exposées dans un salon des arts méthodologiques, on verrait les visiteurs cultivés s'attarder avec déférence dans les salles des abstraits accrochant les méthodes les plus rigoureuses mais revenir vers les salles des figuratifs et se rassurer auprès des méthodes les plus accessibles. Nul doute en effet que l'analyse thématique et ses dérivés constituent la méthode la plus répandue auprès des nombreux praticiens du secteur privé et du secteur public, qu'ils soient chargés d'études de marché ou de recherche, psychologues, sociologues, ethnologues ou historiens.

Ainsi l'analyse de contenu a pour emblème un outil dont les qualités sont contestées par tous, y compris par ses utilisateurs les plus zélés. La mise en cause de l'analyse thématique est alimentée par la critique linguistique qui, en élaborant ses propres techniques, entretient la confusion entre analyses de discours et analyses de contenu. Comme son nom l'indique, l'analyse de contenu étudie les contenus signifiés dans des textes d'origine écrite ou orale ; elle relève alors de la sémantique qui, parce qu'elle fait appel aux sciences psycho-sociales, est une branche parfois désavouée de la linguistique. En effet, le domaine des significations est comme une étoffe tissée des fils de la raison que ces sciences se proposent de dénouer avec l'aide des concepts linguistiques sans toutefois déplacer leur questionnement vers les théories du langage. On dira ainsi que toute analyse de contenu est nécessairement sémantique mais qu'une analyse sémantique n'est pas forcément analyse de contenu, ou bien que l'analyse de contenu est une investigation de nature psycho-sociologique qui va quérir dans la parole la manifestation de la communication. La distinction fondamentale de Saussure entre langue et parole mérite d'être rappelée : si la langue est le système d'expression collectif du langage, la parole en est l'expression individuelle, ce qui indique que l'analyse de contenu travaille sur la parole pour en extraire et classer les significations.

Quarante ans après les travaux de B. Berelson, leur fondateur, les techniques de l'analyse de contenu sont nombreuses, élaborées ou affinées au moyen de concepts linguistiques. Leur multiplication n'est jamais que la projection sur la surface des textes de la prolifération des théories de la production du discours. En attendant le foyer unique qui illuminerait la connaissance de cette production, on a affaire à une collection d'éclairages plus ou moins puissants représentant chacun une approche, voire une théorie projetant sa technique d'analyse. Mais l'écran de projection large faisant défaut, le psychologue, le sociologue, etc. n'est pas en situation de choix. D'où notre projet de comparaison de deux techniques – ou de deux méthodes, si l'on envisage la technique dans son cadre conceptuel – comparaison expérimentale et pas seulement exégétique. En testant deux méthodes sur l'analyse d'un même entretien, en confrontant les techniques et les diagnostics respectivement portés sur cet entretien, on mesure ce qui, dans l'écart, doit être attribué aux procédures de traitement du texte et ce qui revient aux hypothèses de l'analyste et de la méthode utilisée.

Il fallait que les techniques soient comparables du point de vue de leurs principes d'application et de leurs objectifs. Or *l'analyse propositionnelle du discours* (A.P.D.) et *l'analyse des relations par opposition* (A.R.O.) visent bien l'une et l'autre l'identification de l'univers de référence des acteurs sociaux, c'est-à-dire la mise à jour de l'organisation de données concrètes et des valeurs qui leur sont attachées.

La présentation des origines, objectifs et procédures des deux techniques précédera celle du test comparatif et de la confrontation de ses résultats.

DEUX MÉTHODES D'ANALYSE DE CONTENU : l'A.P.D. ET l'A.R.O.

« L'analyse de contenu est une technique de recherche pour la description objective, systématique et quantitative du contenu manifeste de la communication. » La définition liminaire de B. Berelson (1954, p. 189) reste acceptable, tout au plus peut-on lui ajouter l'option « description qualitative ». Jusques et y compris dans l'analyse thématique, les techniques classiques procèdent à la constitution de catégories d'unités de texte selon des critères sémantiques, lexicaux ou syntaxiques. Dans l'entretien du test comparatif on collecterait ainsi tous les extraits appartenant au thème *relation aux hommes*, ou bien toutes les occurrences du mot *psychologie*. Ces catégories subiraient ensuite divers traitements statistiques, du décompte fréquentiel à l'analyse des correspondances.

Les critiques formulées à l'encontre des techniques classiques s'appuient sur l'insuffisance de la définition des catégories, qui induit l'interprétation de l'analyste dès la phase du codage. De ce point de vue l'artefact de la technique affaiblit la portée de résultats qui sont en quelque sorte une réécriture paraphrastique du texte. Bien sûr, « le problème de l'analyse ne peut être posé autrement que comme le passage à un métalangage autonome » dit J.C. Gardin (1974, p. 93) qui demande à l'analyste de fournir la « liste de concepts » mis en jeu dans le traitement du texte. Il est bien vrai qu'à l'issue de l'analyse, c'est l'analyste qui communique les résultats des opérations de traduction d'un texte, texte qui par lui-même *ne veut rien dire*. L'analyste doit savoir que ces opérations constituent une *manipulation* des objets du texte. C'est pourquoi le titre des techniques d'analyse de contenu n'est pas une simple carte de visite : il en indique le type d'approche.

Les quatre grandes familles cardinales de techniques se différencient par la catégorisation de l'information qu'elles vont extraire du côté de la lexicologie, de la syntaxe, de la sémantique structurale ou de l'énonciation. *L'analyse propositionnelle du discours* ressort de l'approche syntaxique dont elle n'est pas une application mais dont elle a retenu certains principes méthodologiques. Quant à *l'analyse des relations par opposition*, elle est issue de la méthode structurale ouverte par C. Lévi-Strauss.

L'ANALYSE PROPOSITIONNELLE DU DISCOURS

L'A.P.D. est l'aboutissement des recherches de R. Ghiglione, B. Matalon et N. Bacri (1983) qui ont progressivement affiné une technique nommée *analyse par grappes* en 1974 (R. Ghiglione et B. Matalon, 1978, p. 186). Il semble que l'A.P.D. ait été plus ou moins influencée par l'analyse de discours de Z.S. Harris, qui est une linguistique descriptive purement formelle ne faisant pas appel au sens. Selon Z.S. Harris, « On peut décrire toute langue par une structure distributionnelle, c'est-à-dire par l'occurrence des parties relativement les unes aux autres, et cette description n'exige pas qu'on fasse appel à d'autres caractéristiques telles que l'histoire ou le sens » (1954, tr. fr. 1970, p. 14). La méthode harrissienne a été féconde puisqu'elle est également une des références de l'*analyse automatique du discours* (A.A.D.) fondée par M. Pêcheux (1969). L'A.A.D. recherche la relation entre formation discursive, formation idéologique et conditions de production du discours, c'est-à-dire situe le locuteur dans la formation idéologique où il s'inscrit. L'A.P.D. refuse d'impliquer l'analyse de contenu dans l'étude du processus non conscient de production du langage : R. Ghiglione, B. Matalon et N. Bacri ont voulu fonder une méthode empirique centrée sur l'expression des contenus et non sur le contexte social et idéologique de leur expression. Ils ont limité le recours à des formalisations linguistiques et à la formation du métalangage implicite des opérations effectuées sur le texte. Si la méthode harrissienne a fourni quelques notions méthodologiques, tel le principe d'environnement d'un élément défini comme la disposition respective de ses co-occurrents, développé dans l'A.P.D. sous la forme de modèles dits argumentatifs, la technique de R. Ghiglione définit ses propres règles conçues pour le traitement de l'ensemble des données langagières écrites ou orales, produites ou triées. Technique globale d'analyse, l'A.P.D. se montre cependant plus efficace dans l'analyse des entretiens non directifs, quand la redondance des thèmes et la récurrence des éléments catégorisés assurent une meilleure performance du traitement statistique.

L'identification de l'univers de référence d'une population ou d'un individu – objectif de la méthode – est conduite à partir de la révélation des enjeux entre acteurs du discours. La clef de voûte de l'A.P.D. est l'établissement des modèles argumentatifs, schémas qui symbolisent le rôle des acteurs, la fonction du prédicat et leur place respective dans la proposition. Le modèle argumentatif ne représente pas seulement un modèle de distribution syntaxique qui s'apparenterait à la formalisation harrissienne, il traduit également des unités de contenu au moyen des référents-noyaux, sujets des propositions devant rendre compte du plus grand nombre de propositions possible. L'analyse propositionnelle du discours est structurée en quatre étapes : le découpage du texte en propositions (et sa réécriture proposition par proposition) ; le repérage des référents-noyaux ; la description des propositions par les modèles argumentatifs ; la délinéarisation du texte. L'interprétation n'intervient qu'ensuite, ce qui assure à l'A.P.D. un taux de fidélité très satisfaisant lorsqu'elle est utilisée par plusieurs analystes travaillant sur un même corpus.

Dans leur ouvrage les concepteurs de l'A.P.D. définissent avec une grande précision ses différentes étapes et justifient la terminologie utilisée ; aussi la présentation qui suit va-t-elle à l'essentiel.

Le découpage du texte

La proposition est un segment du texte qui a généralement une forme prédicative comprenant un sujet, un verbe, un complément, c'est-à-dire un découpage effectué suivant les règles de la grammaire traditionnelle communément admises. Selon que le discours est d'origine écrite ou orale, les marques des frontières de gauche et de droite de la proposition sont plus ou moins explicites. Il s'agit alors de reconnaître les pauses de la voix, les tics de langue, les joncteurs discursifs (pronoms et conjonctions).

Ainsi déterminée, la proposition est une unité autonome de traitement du texte, sur laquelle seront effectuées toutes les opérations ultérieures.

Le repérage des référents-noyaux

Les référents-noyaux (R.N.) sont des termes du texte appartenant à la catégorie des substantifs, des pronoms ou de leurs équivalents, choisis en fonction de leur pouvoir structurant du discours et non pas seulement de leur fréquence d'occurrence. Ils peuvent être espacés dans le texte mais avoir une forte valeur référentielle du point de vue du contenu et de leur rôle dans la structure des propositions. Selon M. Bromberg, A. Dorna et R. Ghiglione, « un faible nombre d'objets thématiques structurent les cognitions du sujet à propos d'un thème donné » (1983). La limitation du nombre de R.N. admissibles (autour de quinze) est donc une condition suffisante mais aussi nécessaire à la représentation de leur pouvoir structurant, en rappelant qu'ils doivent indexer le plus grand nombre de propositions possible (de l'ordre de 80 %). La constitution de classes d'équivalence sur critère syntaxique strict élève en fait le nombre de termes pris en considération sans élever celui des R.N. Par exemple, les termes *relation, approche, rapport, contact, rencontre* sont substituables à l'intérieur de la même proposition sans modification de la signification et peuvent être représentés par un seul référent-noyau.

A l'issue de cette étape commence la réalisation du tableau général de codage où les propositions sont transcrites suivant l'axe vertical. Sur l'axe horizontal figure chaque proposition dont on a extrait les modalisations (*assez, trop, absolument...*) reportées dans une colonne distincte. Y figurent aussi le numéro d'ordre de la proposition, le code du locuteur (interviewer ou interviewé), l'indexation par les R.N., le temps et la polarité des verbes. Il ne reste plus qu'à repérer les catégories verbales en vue de l'établissement des modèles argumentatifs.

La restructuration des propositions en modèles argumentatifs

C'est la dernière opération de codage du texte et l'aboutissement de son traitement. Les modèles argumentatifs symbolisent la forme des propositions en décrivant la place des R.N. par rapport au prédicat, le plus souvent un verbe et son complément. Le verbe est indicé par sa fonction et sa polarité ; il faut donc d'abord déterminer sa catégorie syntaxico-sémantique. Les verbes statifs sont structurés par les archilexèmes *être* et *avoir* ; ils indiquent un état ou une possession (*être* ou *avoir*, mais aussi *supporter, aimer...*). Les verbes factifs, structurés par l'archilexème *faire*, indiquent une action (*marcher, s'intéresser...*) ; les verbes déclaratifs, structurés par l'archilexème *dire*, introduisent une déclaration (*dire, annoncer...*). Par exemple, la proposition *je supporte pas de vivre avec les gens*, – extraite de l'entretien testé – est codée de la manière suivante :

– *je* est un R.N. dont le code *M* représente la classe d'équivalence pour *je, moi, mon, ma, mes, m', personnellement.*

– *supporte pas de vivre.* Supporter signifie « éprouver un sentiment », éprouver signifiant lui-même « avoir un sentiment ». Supporter est donc un verbe statif, polarisé ici négativement. Le syntagme en place de complément du verbe étant toujours représenté par la lettre Y et *vivre* n'étant pas un R.N. repéré, *supporte pas de vivre* est codé *S Y n.*

– *avec les gens. Avec* est indiqué par le signe *r* ; *les gens* est un R.N. codé *G.*

La proposition *je supporte pas de vivre avec les gens* est ainsi représentée par le modèle argumentatif *M S Y n r G* dont la traduction est la formule MOI/NE PAS ÊTRE-AVOIR AVEC/ LES GENS.

A l'issue de cette phase, le tableau général de codage est achevé et l'on peut procéder à la réalisation du dénombrement des blocs argumentatifs et à la confection du tableau des modèles potentiels. Les blocs argumentatifs sont formés par la collection de modèles argumentatifs identiques. On calcule, par exemple, le taux de fréquence d'occurrence du modèle *M S Yn r G*.

Puis, par le jeu de la combinatoire des référents-noyaux et des verbes énoncés, on bâtit l'univers théorique des modèles argumentatifs potentiellement réalisables à partir de ces données.

La délinéarisation textuelle

Il s'agit de la réalisation d'un tableau où les propositions sont regroupées en fonction de leurs référents-noyaux, afin de faire apparaître la structuration des propositions affectées d'un même R.N.

Les auteurs situent cette opération après celle de la restructuration par les modèles argumentatifs mais il nous semble qu'elle peut prendre place après le repérage des R.N. et la réécriture des propositions, dans la mesure où elle dresse une première image du parcours argumentatif du locuteur.

L'interprétation

Les enjeux du discours sont saisis à travers plusieurs supports :

– La valeur sémantique des référents-noyaux est indiquée d'une part, par le dénombrement de leur fréquence d'occurrence et d'autre part, par l'étude des modalisations affectant les propositions.

– Le parcours argumentatif du locuteur est repéré par la constitution de blocs de modèles argumentatifs identiques et par la délinéarisation du texte. Les blocs argumentatifs peuvent donner lieu à des graphes qui exposent sous une forme schématique les stratégies du locuteur vis-à-vis des enjeux évoqués.

La délinéarisation textuelle montre le déplacement, au fil du discours, des positions occupées par les actants et les actés. Elle restitue le passage d'un R.N. à un autre et le jeu de substitution sur les R.N. en forme de « discours-découverte ».

– Le rapport entre les modèles argumentatifs présents et l'ensemble des modèles potentiellement réalisables sur la base des éléments énoncés (R.N., prédicats) informe sur l'appropriation, par le locuteur, de l'univers théorique de son discours.

L'ANALYSE DES RELATIONS PAR OPPOSITION

Conçue par H. Raymond, « la méthode de dépouillement et d'analyse de contenu appliquée aux entretiens non directifs » (1968) que nous avons nommée *analyse des relations par opposition* fut élaborée au cours d'une recherche sur l'habitat pavillonnaire (N. Haumont, H. Raymond, 1966). Les chercheurs de l'Institut de sociologie urbaine avaient formulé l'hypothèse qu'une liaison de type symbolique devait associer les espaces du pavillon à un système idéologique, tel que le pavillon apparaisse comme le signifiant d'un système de représentation de la vie sociale et morale. Ils se proposaient de voir comment l'organisation d'un système idéologique opère dans le cadre d'un univers matériel, ici le logement. Or les entretiens avec les habitants rendaient compte très explicitement d'un parcours discursif où l'espace *A* s'opposait à l'espace *B*, et où l'élément symbolique *x* associé à *A* s'opposait à l'élément symbolique *y* lui-même associé à *B*, parcours schématisé dans l'exemple bien connu :

A : *cuisine*	x : *privé*
B : *salle à manger*	y : *public*

L'hypothèse d'une forte qualification symbolique de l'habitat trouvait son origine dans la *Poétique de l'espace* de G. Bachelard (1957) notamment, et dans les travaux d'ethnologues tels que M. Griaule (1966) et M. Granet (1968), mais il fallait passer du commentaire de symboles distincts à la recherche de la cohérence d'un système. H. Raymond dit avoir été aidé par les écrits de C. Lévi-Strauss sur le totémisme (1962) quand celui-ci pose la question de « savoir pourquoi les règnes animal et végétal offrent une nomenclature privilégiée pour dénoter le système sociologique, et quels rapports existent logiquement entre le système dénotatif et le système dénoté » (p. 22). En dénommant alors le rapport logique entre l'espèce *x* et le clan *a* opposés respectivement à l'espèce *y* et au clan *b*, C. Lévi-Strauss décrit la manière dont les groupes sociaux se caractérisent dans leur rapport aux règnes animal et végétal ; il expose le fonctionnement du totémisme comme système symbolique structuré. Ainsi, de la même manière que dans certaines sociétés les rapports entre les hommes et les animaux ou les plantes servent à qualifier des systèmes de parenté, l'espace de l'habitat sert à qualifier des relations sociales et familiales.

La méthode structurale s'appuie sur la structuration des récits en opposition, opposition qui est constitutive de la fonction symbolique ; elle en fonde la pertinence. Le symbole se reconnaît à son contraire : la lumière et les ténèbres, le cru et le cuit, le pur et l'impur, le public et le privé. Mais l'antonymie ne caractérise pas seulement l'univers des grands mythes et des grands symboles. La recherche de la structure en oppositions doubles – ou plus rarement, triples – affirme dans de nombreux actes du mode de vie la logique de la relation nécessaire entre le dénotatif et le dénoté, entre le signifiant et le signifié.

A la suite de l'œuvre de C. Lévi-Strauss, et en particulier *Le Cru et le Cuit*, A.J. Greimas a proposé la confection d'un dictionnaire pour l'interprétation automatique des mythes dans lequel chaque article définirait l'objet du point de vue de ses qualifications et de ses fonctions (1966, p. 34-65). Une telle tâche suppose préalablement la définition du code, c'est-à-dire du système de conventions permettant de rendre compte des contenus du mythe. En France, le discours sur l'espace n'est pas la description d'un mythe : son code est une combinatoire extrêmement ouverte et le dictionnaire de l'habitat reste à faire. Malgré le succès de nombreux travaux (I.S.U., 1971, 1972,

1976, 1980 ; M. Segaud, 1981 ; V. Grimaud, 1982) conduits dans différentes aires culturelles au moyen de l'analyse des relations par opposition, la question de l'établissement du code n'est pas résolue.

La relation de l'homme dans l'espace de l'habitat est un des cas exemplaires de structure symbolique forte et H. Raymond admettait qu'elle était un cas favorable à l'application de sa méthode. Deux questions se posaient déjà : cette méthode est-elle efficace face à d'autres systèmes pratico-symboliques ? Est-elle applicable à d'autres types de contenus que ceux manifestés par le discours sur l'espace ?

E. Durkheim (1912) et M. Mauss (1950) ont développé l'image d'un symbolisme social assurant entre les membres d'une société la fonction d'unification de la communauté. Mauss dit bien que « dans la plupart des représentations collectives il ne s'agit pas d'une représentation unique d'une chose unique, mais d'une représentation choisie arbitrairement, pour en signifier d'autres et pour commander des pratiques » (p. 293), ouvrant la voie à la notion d'*habitus* définie par P. Bourdieu (1972). Entre une acception large et une acception restreinte des instances qui « commandent des pratiques », de l'imaginaire symbolique tel qu'il est décrit par une génération d'anthropologues au « principe de génération des pratiques » de P. Bourdieu, il y a une hiérarchie considérable mais il y a aussi, si ces instances trouvent une expression dans la parole, une direction d'application pour une méthode apte à reconnaître la structure de l'univers matériel et de ses significations.

Conçue pour identifier la relation d'opposition entre des signifiants appartenant au système des espaces et de leur pratique et des signifiés symbolisant ces espaces, l'analyse des relations par opposition a progressivement été étendue à l'analyse des représentations du mode de vie. On s'est en effet aperçu que la structuration du discours en oppositions est une constante de la production langagière, ce qui ne préjuge nullement de la nature des significations. Par exemple, selon que l'on associe son *travail* à l'*intérêt* qu'il représente, à l'*autonomie* qu'il suppose ou au sentiment de *liberté* qu'il procure, les significations du travail forment une chaîne de significations qui va du moins au plus symbolique, depuis la manifestation d'une qualité jusqu'à l'évocation d'un concept emblématique – la liberté – dont le sens est donné par les significations qui précèdent mais qui peut également être relié à l'univers des valeurs morales du travail. C'est pourquoi nous disons que l'A.R.O. recherche la relation nécessaire entre des systèmes de perception contrastés de réalité et des systèmes contrastés d'*évaluation.*

La technique de l'A.R.O. comprend cinq phases : le découpage des énoncés et la construction de la relation de signification, la réduction des énoncés, le classement du discours signifiant, le classement du discours signifié, l'interprétation.

Le découpage des énoncés et la construction de la relation de signification

L'unité de découpage est l'énoncé, segment du texte comprenant une relation de signification entre un signifiant et un signifié. Les notions saussuriennes de signifiant et de signifié désignent en fait les « deux entités bifaciales du signe », c'est-à-dire qu'elles s'appliquent à une seule unité à la fois. En linguistique, le signifié du mot *travail* est l'ensemble des objets immédiatement évoqués par la prononciation des monèmes *tra* et *vail*, objets dont la liste n'est pas limitée : activité, emploi, mais aussi accouchement, etc. Dans notre exemple précédent, le *travail* évoquait la *liberté*. On entend bien la différence de nature entre la première et la seconde évocation, appelée aussi « connotation », bien que la distinction entre dénotation et connotation soit peu claire. L.J. Prieto s'en méfie, qui considère que la connotation ne serait qu'une autre façon « subsidiaire » (1975, p. 67) de concevoir un objet par rapport à la façon dénotative et que « la connotation revient toujours sur le (dé)noté ». On ne retient ainsi que la notion de dénotation, en l'appliquant au discours dénotatif (dit aussi signifiant) comme au discours signifié (dit aussi dénoté) ; il nous semble que cette voie est celle de certains sémiologues, dont R. Barthes fut, et que H. Raymond a empruntée pour appeler « signifié » ce qui dans le discours qualifie le signifiant.

Revenons aux opérations de l'A.R.O. pour nous apercevoir qu'un troisième terme se glisse entre le signifiant et le signifié : le signifié médiateur. Effectivement, ce terme ou cette proposition est placé là par le locuteur pour expliquer, justifier ou illustrer la relation signifiant/signifié. Le signifié médiateur y tient le rôle d'argument.

L'énoncé est constitué par une relation de signification entre un signifiant et un signifié. Cette relation est repérée aussi bien à partir du signifiant que du signifié, la présence d'une opposition facilitant le repérage. Le signifiant peut être représenté par un seul substantif ou un seul verbe mais plus généralement par une proposition construite autour de ce substantif ou de ce verbe qui (cf. *infra*) sera seul maintenu après l'opération de réduction de l'énoncé. Le signifié peut être également un adjectif ou un adverbe ; il forme lui aussi généralement une proposition qui sera réduite à quelques mots-clefs.

Voici un exemple de découpage emprunté à l'entretien du test comparatif :

Signifiants		Signifiés médiateurs	Signifiés
(*études*)	*droit*	*mes parents voulaient que j'aie un métier solide*	*ils voulaient que j'aie un diplôme qui sur le marché du travail puisse être bénéfique*
	psycho	*des psychologues on n'en a pas énormément besoin*	(*mes parents*) *considéraient que c'était quelque chose qui était plus ou moins bouché*

Commentaire de la construction de l'énoncé : Si les parents associent le droit à un diplôme bénéfique sur le marché du travail c'est *parce qu'*ils veulent pour leur fille un métier solide. A l'opposé, ils considèrent la psychologie comme quelque chose qui est bouché *parce qu'*on n'a pas besoin des psychologues.

La réduction des énoncés

La transcription de la relation de signification contenue dans l'énoncé s'effectue sur une fiche genre bristol après avoir porté dans la partie supérieure quelques informations nécessaires aux classements ultérieurs : identification de l'interviewé, numéro de la page d'où l'énoncé est extrait, numéro d'ordre de la fiche et titre du signifiant.

On reporte sur une même fiche l'énoncé intégral et sa réduction. Schéma conceptuel de l'énoncé, la réduction est destinée à faciliter l'agrégation des données intra et inter-entretiens, comme dans toute technique d'analyse de contenu. En d'autres termes, la réduction est une opération de sélection de mots-clefs, soit la forme suivante :

M... page N n° N *études* *droit* / *psycho*

Signifiants		Signifiés médiateurs	Signifiés
(*études*)	*droit*	*métier solide*	*diplôme bénéfique*
	psycho	*pas besoin*	*bouché*

Le classement du discours signifiant

La fiche de découpage a une propriété lexicale dont on devine l'aptitude : subir divers classements comme des cartes à jouer. Ici le jeu consiste à établir une nomenclature des signifiants en fonction de critères variables selon le résultat du découpage et selon les objectifs de la recherche.

Le classement du discours signifié

Les ensembles paradigmatiques formés par l'agrégation d'énoncés aux signifiés identiques constituent les axes sémantiques du discours. Ainsi peut-on voir comment l'opposition *pur* vs[1] *impur* régit l'ensemble des espaces de la maison indienne en croisant l'opposition *espace des hommes* vs *espace des femmes*, chacun des espaces étant noté comme signifiant de ces valeurs symboliques (V. Grimaud, 1982).

L'interprétation

Le résultat produit par le classement du discours signifiant et par celui du discours signifié est très expressif. Le premier ordonne un lexique des données saisies à partir du thème de l'entretien : acteurs sociaux, pratiques, espaces, états, objets plus ou moins organisés en systèmes contrastés. La systématisation de la relation de signification est une des entrées dans le système de représentation du locuteur. La seconde clef est délivrée par les axes sémantiques du discours signifié qui décrivent les ensembles d'évaluation et de représentation des données du lexique. Mais seul l'empirisme de la recherche confronté aux hypothèses du questionnement décide du statut du discours signifié.

PROCÈS COMPARÉ DES DEUX MÉTHODES

Le procès s'entend comme le développement d'une démarche qui couvre aussi bien la formulation d'hypothèses sur l'analyse de contenu que la mise au point de techniques opératoires et l'extension de leur domaine d'application.

LES HYPOTHÈSES DE BASE

L'A.P.D. ne se réclame d'aucune formalisation linguistique ni d'aucun autre appareil notionnel. Elle maintient des distances avec les appareils conceptuels qui ont fait dériver l'analyse de contenu vers l'analyse de discours ; l'A.P.D. représente un type d'approche du discours résolument empirique.

---

1. vs : *versus* (opposé à).

L'A.R.O. ne cache pas sa dette à l'égard de la méthode structurale, qui lui a permis d'affirmer l'existence d'un système pratico-symbolique de l'habitat. Quoique l'A.R.O. n'implique pas que l'analyste vise à étendre à l'ensemble des univers matériels l'hypothèse de tels systèmes symboliques structurés, elle suppose au moins la recherche de la relation entre le système de ces univers et leur évaluation.

LES CRITÈRES DU DÉCOUPAGE

La proposition, définie selon les règles de la grammaire traditionnelle, est l'unité de découpage de l'A.P.D. Les critères du découpage y sont donc syntaxiques, à la différence de ceux de l'A.R.O., qui sont sémantiques. Cette différence est radicale, qui oppose les deux techniques sur le choix de critères emblématiques : la syntaxe pour l'A.P.D., la signification pour l'A.R.O. La première propose une mise à plat du texte et recule le plus longtemps possible l'apparition de l'interprétation; la seconde sollicite d'emblée l'analyste pour la compréhension du texte. Les conséquences sur la reproductibilité des techniques sont évidentes. Là où, dans l'exemple de l'entretien testé, l'A.R.O. découpe un énoncé, l'A.P.D. recense jusqu'à huit propositions, soit dans cet entretien un total de 155 énoncés A.R.O. équivalents à 1 029 propositions A.P.D. La fine délitation du texte opérée par l'A.P.D. est un avantage ; plus l'unité du découpage est réduite, plus facile est son repérage et plus stable sera le produit du découpage. La question est de savoir de quoi le découpage rend compte. Il est non moins évident que plus un découpage repose sur des critères simples et aisément applicables, plus les résultats de l'analyse risquent d'être d'une égale simplicité. On le voit bien avec les techniques d'analyse quantitative.

LA SÉLECTION DES UNITÉS DE CONTENU

Les unités de contenu de l'A.P.D. sont les référents-noyaux choisis à la fois en fonction de leur rendement informationnel et de leur pouvoir structurant dans la proposition. Les R.N.

ne sont donc pas repérés sur de seuls critères de contenu. Par ailleurs l'A.P.D. ne reconnaît pas le contenu des verbes, pour s'intéresser au rôle de pivot qu'ils occupent dans la proposition. « Parler, c'est généralement relier entre eux deux types d'objets : les noms, objets dont on dit quelque chose en les plongeant dans une proposition organisée autour du verbe », dit R. Ghiglione (1983, p. 83). Le verbe indique ainsi l'action des R.N. chargés du contenu. Le nombre de R.N. admissibles est limité mais ils admettent des équivalents paradigmatiques.

Ne procédant pas à des calculs de fréquence, l'A.R.O. peut maintenir dans leur quasi-intégralité l'ensemble des unités qui manifestent la relation de signification : signifiants, signifiés médiateurs et signifiés. L'opération de réduction des énoncés n'effectue pas de substitution entre unités ; elle isole les mots-clefs capables de rendre compte de cette signification.

Il est tentant de comparer le nombre de termes extraits et retenus par chacune des techniques. L'A.R.O. dénombre dans l'entretien testé 38 signifiants et 39 signifiés – compte non tenu des signifiés médiateurs – soit 77 termes. Ce chiffre n'est pas très supérieur à celui des 67 termes repérés par l'A.P.D. avant leur réduction en référents-noyaux. En ajoutant les verbes codés comme prédicats, dont les indications modulatives représentent une certaine forme de contenu, on obtiendrait sans doute un nombre de termes sensiblement équivalent à celui de l'A.R.O. La différence est seulement notable si l'on compare le nombre de termes maintenus en clair jusqu'à la phase de l'interprétation : 15 avec l'A.P.D., 77 avec l'A.R.O.

LES PROCÉDURES D'INTERPRÉTATION

L'analyste dispose avec l'A.P.D. de plusieurs supports pour l'interprétation :
– le relevé des fréquences d'occurrence des référents-noyaux,
– le relevé des fréquences d'occurrence des modèles argumentatifs,
– le tableau des modèles argumentatifs réalisés et potentiels,

– le graphe des blocs argumentatifs,
– le tableau du « discours-découverte » de la délinéarisation textuelle.

Autrement dit, l'analyste dispose d'une série d'indicateurs de l'information contenue dans les R.N., du parcours et de la structure argumentative du locuteur. A partir des réponses aux questions : qui est quoi ? qui fait quoi ? qui dit quoi ? qui est agi par qui ? etc., l'analyste est à même d'exposer son système de représentation.

L'A.R.O., quant à elle, classe le discours signifiant et le discours signifié. Le premier représente un lexique des données concrètes du domaine de l'entretien. Le second est organisé en axes sémantiques dont le caractère symbolique n'est pas défini à priori. Les éléments des systèmes de représentation du locuteur apparaissent dès la construction de la relation de signification mais leur structuration en systèmes contrastés doit être interprétée à partir des résultats de la classification des énoncés.

Ainsi l'A.R.O. délivre-t-elle une image de l'univers de référence sans doute plus détaillée que celle de l'A.P.D. et peut-elle révéler l'existence du système symbolique gouvernant cet univers. En revanche l'A.P.D. dresse une topologie minutieuse des places où les acteurs sont engagés dans des enjeux avec d'autres acteurs et d'autres objets, en bref une image cinétique de l'univers de référence.

EXHAUSTIVITÉ OU SÉLECTIVITÉ DU DÉCOUPAGE

L'A.P.D. découpe le texte dans son intégralité et schématise la structure syntaxico-sémantique de ses propositions en modèles argumentatifs. Chaque proposition étant représentée par un de ces modèles, les procédures d'interprétation des résultats prennent de fait en compte la totalité du texte, y compris celui des interventions de l'interviewer.

L'A.R.O. ne s'intéresse pas à la totalité du texte mais aux passages qui contiennent une signification. La fraction de texte découpée varie donc en fonction de l'implication du locuteur dans le thème de l'entretien et des hypothèses de la recherche. Elle était de 80 % dans l'entretien testé.

LE DOMAINE D'APPLICATION

L'A.P.D. est conçue pour traiter l'ensemble des productions langagières d'origine écrite ou orale, produites ou triées, c'est-à-dire suscitées lors d'un entretien ou bien extraites d'un corpus existant, par exemple celui des articles de presse. Les meilleurs résultats sont toutefois obtenus avec les entretiens non directifs, dans lesquels la redondance du discours et la récurrence des contenus favorise la sélection des référents-noyaux.

L'A.R.O. n'est efficace qu'appliquée au traitement des entretiens non directifs pour les mêmes raisons de redondance naturelle de la parole mais aussi parce qu'elle recherche la relation entre des données concrètes et leur évaluation, restituant en cela un parcours spécifique du discours parlé en situation d'entretien.

Notre propre parcours argumentatif n'a effectué le détour par la présentation des deux méthodes que pour parvenir mieux armés au cœur de notre propos : le test comparatif d'un même entretien.

LE TEST COMPARATIF.
L'application de l'A.P.D. et de l'A.R.O. à un même entretien

Le test consiste en l'application de chacune des deux techniques à l'analyse d'un même entretien où sont comparées les opérations de découpage ainsi que les procédures d'extraction des contenus et d'interprétation des résultats. L'entretien est extrait du corpus d'une recherche sur les motivations des étudiants en psychologie conduite par M.F. Florand (1984). La comparaison originale a été effectuée sur la totalité de l'entretien mais, par souci de concision, on ne présente ici que le passage où M..., future étudiante à Paris VIII, entreprend spontanément de parler de sa relation aux hommes.

LE DÉCOUPAGE ET L'EXTRACTION DES CONTENUS

Les deux citations de l'entretien de M... qui vont servir de support à la comparaison des opérations de découpage se situent au début de ce passage.

> « ... je vis toute seule... je supporte pas tellement de vivre avec les gens... en communauté encore moins... j'ai une copine qui part en kibboutz... alors là ça ne sera certainement pas moi... d'ailleurs ça ne m'intéresse pas parce qu'en fin de compte si vous voulez j'ai pas du tout une image concrète de quelqu'un... j'envisage pas du tout quelqu'un... je vous dis pas je vis comme ça comme ça mais pas d'une certaine manière... à partir du moment où je trouve pas vraiment la personne que je recherche... (...) C'est qu'en définitive je m'intéresse peut-être également à des personnes pour lesquelles en fin de compte je n'ai pas d'admiration... c'est trop fort comme impression... des personnes en fin de compte pour lesquelles je ne vois pas les défauts... et à partir du moment où je les vois... en fin de compte je les vois très vite aussi... ça dure pas longtemps... je veux peut-être les placer sur un piédestal pendant quelques semaines et après c'est la dégringolade... et là je me sens en fin de compte très bien... »

L'énoncé A.R.O. n° 1 ; les propositions A.P.D. n°s 1 à 8

> « ... / je vis toute seule /[1] je supporte pas tellement de vivre avec les gens... / en communauté encore moins... / j'ai une copine / qui part en kibboutz... / alors là ça ne sera certainement pas moi... / d'ailleurs ça ne m'intéresse pas... / parce qu'en fin de compte si vous voulez j'ai pas du tout une image concrète de quelqu'un... / »

Le découpage selon l'A.P.D.

La délimitation des propositions ne représente ici aucune difficulté remarquable. Rappelons que la proposition est

1. Les marques frontières / ... / délimitent les propositions A.P.D.

généralement composée d'un sujet et d'un prédicat, c'est-à-dire d'un verbe suivi d'un complément.

La sélection des référents-noyaux (R.N.) doit être faite après une lecture globale du texte de l'entretien de façon à évaluer le poids relatif des termes dont on observe une occurrence particulière. Vu le contexte de l'entretien les R.N. retenus dans cette suite de huit propositions sont *je* (codé *M*), *communauté* (*G*), *copine* (*L*1), *qui* (*L*1), *moi* (*M*) et *quelqu'un* (*Q*). On note que les pronoms sont codés comme les R.N. qu'ils représentent.

La troisième opération de codage est l'extraction des modalisations (*toute, tellement, encore*...) et leur report dans le tableau général de codage (cf. tableau n° 1) dans une colonne distincte.

On dispose alors de tous les éléments pour reconstruire les propositions en modèles argumentatifs. Par exemple la proposition n° 8 *parce qu'en fin de compte si vous voulez j'ai pas du tout une image concrète de quelqu'un* est codée de la façon suivante :

parce que : non codé

en fin de compte : modalisation extraite

si vous voulez : non codé

j'ai pas : *je* est un R.N. codé *M* ; il est le sujet du verbe avoir, verbe statif codé *S* ; ce verbe de polarité négative est suivi d'un syntagme en place de complément codé *Y* ; *j'ai pas* est codé *M S Y n*

du tout : modalisation extraite

une image concrète de : non codé

quelqu'un : R.N., codé *Q*.

Tableau n° 1. A.P.D. :

Locuteur	N° d'ordre	RÉFÉRENTS-NOYAUX						PROPOSITIONS
		M	G	Q	C	R	L1	
i	1	×						*je* vis ( ) seule
i	2	×	×					*je* supporte pas ( ) de vivre avec *les gens*
i	3	×	×					en *communauté* [*je* supporte] ( ) moins
i	4	×					×	*j'*ai une *copine*
i	5						×	*qui* part en kibboutz
i	6	×						( ) ça ne sera ( ) pas *moi*
i	7	×						( ) ça ne *m'*intéresse pas
i	8	×		×				parce que ( ) ( ) *j'*ai pas ( ) une image concrète de *quelqu'un*
i	9	×		×				*j'*envisage pas ( ) *quelqu'un*
i	10	×						*je* vous dis pas
i	11	×			×			*je* vis ( ) ( ) mais pas d'une ( ) *manière*
i	12	×		×				( ) où *je* trouve pas ( ) *la personne*
i	13	×		×				*que je* recherche
								(...)
i	14	×		×				c'est que ( ) *je* m'intéresse ( ) ( ) à des *personnes*
i	15	×		×				pour *lesquelles* ( ) *je* n'ai pas d'admiration
i	16							*c'*est ( ) fort comme impression
i	17	×		×				des *personnes* ( ) pour lesquelles *je* ne vois pas les défauts
i	18	×		×				et ( ) où *je les* vois
i	19	×		×				( ) *je les* vois ( ) vite ( )
i	20					×		*ça* [*la relation*] dure pas ( )
i	21	×		×				*je* veux ( ) *les* placer sur un piédestal pendant ( ) semaines
i	22							et après c'est la dégringolade
i	23	×						et là *je* me sens ( ) ( ) bien

Légende :

Locuteur	i	Interviewée		
RÉFÉRENTS-NOYAUX	M G Q	moi, je, m' les gens, communauté quelqu'un, la personne	C R L1	manière relation copine

Tableau de codage des propositions

MODALISATIONS	VERBES			MODÈLES ARGUMENTATIFS
	Temps	Catégorie	Polarité	
toute	prés.	S	+	M S Y
tellement	prés.	S	–	M S Y n r G
encore	prés.	S	+	M S Y G
	prés.	S	+	M S Y L1
	prés.	F	+	L1 F Y
alors là ; certainement	futur	S	–	M S Y n
d'ailleurs	prés.	F	–	M F Y n
en fin de compte ; si vous voulez ; du tout	prés.	S	–	M S Y n Q
du tout	prés.	F	–	M F Y n Q
	prés.	D	–	M D Y n
comme ça ; comme ça ; certaine	prés.	S	–	M S Y n C
à partir du moment ; vraiment	prés.	F	–	M F Y n Q
	prés.	F	+	M F Y Q
en définitive ; peut-être ; également	prés.	F	+	M F Y Q
en fin de compte	prés.	S	–	M S Y n Q
trop	prés.	S	+	X S Y
en fin de compte	prés.	S	–	M S Y n Q
à partir du moment	prés.	S	+	M S Y Q
en fin de compte ; très ; aussi	prés.	S	+	M S Y Q
longtemps	prés.	S	–	R S Y n
peut-être ; quelques	prés.	S	+	M S Y Q
	prés.	S	+	NAf
en fin de compte ; très	prés.	S	+	M S Y

MODÈLES ARGUMENTATIFS	X NAf r	acteur non codé proposition non affectable « avec »

La proposition n° 8 a ainsi pour modèle argumentatif la formule *M S Y n Q*. Soit la suite des modèles argumentatifs représentant les propositions n°s 1 à 8 :

Propo-sitions	Modèle argumentatif	Traduction
1	M S Y	MOI/ÊTRE-AVOIR
2	M S Y n r G	MOI/NE PAS ÊTRE-AVOIR AVEC/LES GENS
3	M S Y G	MOI/NE PAS ÊTRE-AVOIR/LES GENS
4	M S Y L1	MOI/ÊTRE-AVOIR/COPINE
5	L1 F Y	COPINE/FAIRE
6	M S Y n	MOI/NE PAS ÊTRE-AVOIR
7	M F Y n Q	MOI/NE PAS FAIRE/QUELQU'UN
8	M S Y n Q	MOI/NE PAS ÊTRE-AVOIR/QUELQU'UN

Le découpage selon l'A.R.O.

L'unité de découpage – l'énoncé – étant délimitée par la relation de signification, c'est le repérage des signifiants et des signifiés qui la définit.

L'A.R.O. procède à un dégraissage du texte pour le débarrasser des locutions utilisées comme « béquilles » mais aussi des répétitions. Par exemple M... abuse des expressions *en fin de compte* et *en définitive* dont une dizaine de témoignages émaillent chaque page de l'entretien. Cet usage n'est certes pas fortuit mais la fréquence de leur apparition nous les a fait considérer comme des tics de langage peu signifiants ; à ce titre, ils ont été éliminés des énoncés.

L'énoncé n° 1 est formé autour de la triple opposition entre trois manières de *vivre* : *seule, avec les gens, en communauté*. Le contexte de l'entretien, à commencer par la dernière proposition de l'énoncé, révèle que *les gens* est une figure allusive employée par M... pour *les hommes* en général ou pour *quelqu'un* en particulier. M... applique des jugements à deux de ces manières de vivre. *Vivre avec les gens* (*quelqu'un*) :

je supporte pas tellement, ça ne m'intéresse pas. Quant à *vivre en communauté* : (*je supporte*) *encore moins.* Les deux significations sont argumentées l'une par une explication (*parce que j'ai pas du tout une image concrète de quelqu'un*), la seconde par l'illustration d'une comparaison avec *une copine qui part en kibboutz.*

La reconstruction de l'énoncé prend alors la forme suivante :

Signifiants	Signifiés médiateurs	Signifiés
je vis toute seule	0[1]	0
vivre avec les gens (*quelqu'un*)	*parce que j'ai pas du tout une image concrète de quelqu'un*	*je supporte pas tellement, ça ne m'intéresse pas*
en communauté	*j'ai une copine qui part en kibboutz... alors là ça ne sera certainement pas moi*	(*je supporte*) *encore moins*

1. Le signe (0) représente la proposition manquante.

Cette transcription modifie simplement l'ordonnance des propositions en fonction du rôle (signifiant, signifié) que nous leur reconnaissons dans le discours. Il faut ensuite la réduire en vue de la systématisation ultérieure du corpus des énoncés, d'une part en choisissant les mots-clefs ou en leur substituant leurs équivalents sémantiques, d'autre part en ramenant les syntagmes verbaux à l'indicatif du verbe.

Voici l'énoncé A.R.O. n° 1 réduit tel qu'il se présente sur la fiche de découpage :

<table>
<tr><td colspan="4">M... p. 17 n° 1 vivre
seule – avec quelqu'un – en communauté</td></tr>
<tr><th colspan="2">Signifiants</th><th>Signifiés médiateurs</th><th>Signifiés</th></tr>
<tr><td rowspan="3">vivre</td><td>seule</td><td>0</td><td>0</td></tr>
<tr><td>avec quelqu'un</td><td>pas image concrète</td><td>ne pas supporter</td></tr>
<tr><td>en communauté</td><td>kibboutz : pas moi</td><td>supporter encore moins</td></tr>
</table>

Si l'on se reporte au découpage proposé par l'A.P.D., c'est-à-dire à la distribution des modèles argumentatifs et au tableau général de codage, la comparaison entre les deux techniques n'est guère possible à cette phase. On voit cependant comment la mise à plat des propositions effectuée par l'A.P.D. resserre le texte en en dégageant la structure argumentative et prépare à des opérations de dénombrement. Quant à la présentation par l'A.R.O., elle délivre déjà une image en clair d'une structure de signification, dont les possibilités combinatoires paraissent toutefois plus limitées.

L'énoncé A.R.O. n° 2 ; les propositions A.P.D. n°s 9 à 13

> « ... / j'envisage pas du tout quelqu'un... / je vous dis pas / je vis comme ça comme ça mais pas d'une certaine manière... / à partir du moment où je trouve pas vraiment la personne / que je recherche... »

Le découpage selon l'A.P.D.

Les propositions sont découpées à partir des syntagmes verbaux : *j'envisage pas, je vous dis pas, je vis, je trouve pas, je recherche.* Les référents-noyaux sont les mêmes que précédemment : *je* (R.N. *M*) *quelqu'un* (R.N. *Q*) et *la personne* (R.N. *Q*). *Envisager, trouver* et *rechercher* sont des verbes factifs, *dire* est un déclaratif, *vivre* (« être en vie ») est un statif. En appliquant à cette suite de cinq propositions les mêmes règles de codage que pour les propositions précédentes, on obtient les modèles argumentatifs suivants :

Propositions	Modèles argumentatifs	Traduction
9	M F Yn Q	MOI/NE PAS FAIRE/QUELQU'UN
10	M D Yn	MOI/NE PAS DIRE
11	M S Yn	MOI/NE PAS ÊTRE-AVOIR
12	M F Yn Q	MOI/NE PAS FAIRE/QUELQU'UN
13	M F Y Q	MOI/FAIRE/QUELQU'UN

Le découpage selon l'A.R.O.

L'énoncé A.R.O. n° 2 s'appuie sur la proposition déclarative *j'envisage pas du tout quelqu'un.* Envisager quelqu'un signifierait pour M... *une certaine manière de vivre* bien que ceci ne soit qu'une hypothèse puisqu'elle *ne trouve pas vraiment la personne qu'*(*elle*) *recherche.* Cette dernière proposition joue le rôle d'explication de la relation signifiant/signifié et y prend place comme signifié médiateur :

Signifiant	Signifié médiateur	Signifié
j'envisage pas du tout quelqu'un	*à partir du moment où je trouve pas vraiment la personne que je recherche*	*je vous dis pas je vis comme ça comme ça mais pas d'une certaine manière*

L'opération de réduction ramène les verbes à l'indicatif et, d'autre part, élimine les modalisations et les locutions servant de liaison (*du tout, je vous dis pas, à partir du moment*).

M... p. 17 n° 2		*ne pas envisager quelqu'un*
Signifiant	Signifié médiateur	Signifié
ne pas envisager quelqu'un	*ne pas trouver la personne recherchée*	*vivre comme ça mais pas d'une certaine manière*

Les énoncés A.R.O. n°s 3 et 4 : les propositions A.P.D. n°s 14 à 23

Ces deux énoncés A.R.O. sont traités simultanément, pour la raison qu'ils partagent chacun le même signifiant *je m'intéresse à des personnes.*

> « ... / C'est qu'en définitive je m'intéresse peut-être également à des personnes / pour lesquelles en fin de compte je n'ai pas d'admiration... / c'est trop fort comme impression... / des personnes en fin de compte pour lesquelles je ne vois pas les défauts... / et à partir

> du moment où je les vois... / en fin de compte je les vois très vite aussi / ça dure pas longtemps... / je veux peut-être les placer sur un piédestal pendant quelques semaines / et après c'est la dégringolade.../ et là je me sens en fin de compte très bien... / »

Le découpage selon l'A.P.D.

On relève un R.N. nouveau : *ça*, dans *ça dure pas longtemps*, codé *R* comme le R.N. *relation* qu'il représente. Le sujet de la proposition n° 16 est un pronom représentant le substantif *impression* qui, n'étant pas un R.N. retenu, est codé *X*. La proposition 22 est considérée comme inaffectable : indicée par aucun des R.N. sélectionnés, son sujet n'est pas non plus un acteur non codé, à la différence de la proposition 16. Après le repérage de la catégorie des verbes, les modèles argumentatifs des propositions 14 à 23 sont les suivants :

Propositions	Modèles argumentatifs	Traduction
14	M F Y Q	MOI/FAIRE/QUELQU'UN
15	M S Yn Q	MOI/NE PAS ÊTRE-AVOIR/ QUELQU'UN
16	X S Y	X / ÊTRE
17	M S Yn Q	MOI/NE PAS ÊTRE-AVOIR/ QUELQU'UN
18	M S Y Q	MOI/ÊTRE-AVOIR/QUELQU'UN
19	M S Y Q	MOI/ÊTRE-AVOIR/QUELQU'UN
20	R S Yn	RELATION/NE PAS ÊTRE
21	M S Y Q	MOI/ÊTRE-AVOIR/QUELQU'UN
22	inaffectable	0
23	M S Y	MOI/ÊTRE

Le découpage selon l'A.R.O.

L'énoncé A.R.O. n° 3

> « ... c'est qu'en définitive je m'intéresse peut-être également à des personnes pour lesquelles en fin de compte je n'ai pas d'admiration... »

Après l'élimination de quatre modalisations (*en définitive, peut-être, également, en fin de compte*), l'énoncé est ramené à une relation à deux propositions, sans signifié médiateur :

Signifiant	Signifié
je m'intéresse à des personnes	*pour lesquelles je n'ai pas d'admiration*

Compte tenu de l'équivalence sémantique personnes/hommes, l'énoncé devient en réduction :

M... p. 17 n° 3	*s'intéresser à des hommes*
Signifiant	Signifié
s'intéresser à des hommes	*ne pas les admirer*

L'énoncé A.R.O. n° 4

> « ... C'est qu'en définitive je m'intéresse peut-être également à des personnes (...) en fin de compte pour lesquelles je ne vois pas les défauts (etc.). »

Cet énoncé est fondé sur une opposition temporelle entre *pendant quelques semaines* – c'est-à-dire le début de la relation – et *après*. L'opposition temporelle guide la structure qui mène à l'opposition très explicite entre les signifiés *piédestal* et *dégringolade*. L'argument de la relation est constitué par la vision ou non, de la part de M..., *des défauts des personnes*, vision qui forme aussi une opposition. Mais la proposition la plus remarquable est la dernière de l'énoncé, qui survient comme la chute paradoxale d'un récit : l'association de *je me sens bien* à *dégringolade*.

Signifiants		Signifiés médiateurs	Signifiés	
je m'intéresse à des personnes	*pendant quelques semaines*	*je ne vois pas les défauts*	*je veux peut-être les placer sur un piédestal*	0
	après	*à partir du moment où je vois (les défauts)*	*c'est la dégringolade*	*et là je me sens très bien*

soit en réduction :

M...	p. 17	n° 4	*s'intéresser à hommes* $\frac{\textit{début}}{\textit{après}}$	
Signifiants		**Signifiés médiateurs**	**Signifiés**	
s'intéresser à hommes	(*début*)	*pas de défauts*	*piédestal*	0
	après	*défauts*	*dégringolade*	*se sentir bien*

DES RÉSULTATS A L'INTERPRÉTATION

Nous distinguons les résultats des opérations de traitement du texte et les résultats de l'analyse, les seconds étant le fruit de l'interprétation des premiers, appelés aussi résultats bruts. La comparaison des techniques d'analyse ne devrait être dressée qu'à partir des résultats bruts puisque l'interprétation met en scène les hypothèses de l'analyste et son propre système de représentation, mais ce système ne suit-il pas – ou ne précède-t-il pas – l'analyste malgré lui ?

Une partie des résultats bruts de l'A.P.D. et de l'A.R.O. sera présentée dans l'intention de rendre sensible le support de l'interprétation :

– pour l'A.P.D., un schéma simplifié de délinéarisation textuelle et un tableau de distribution de blocs argumentatifs ;
– pour l'A.R.O., un schéma d'oppositions du discours signifiant et un schéma d'oppositions du discours signifié.

A.P.D. : schéma simplifié de délinéarisation textuelle : synthèse en dix propositions du « discours-découverte » de M... sur sa relation aux hommes

Les propositions de la fraction concernée de l'entretien sont distribuées en fonction des R.N. dont elles sont affectées. Le tableau n° 2 ci-après se lit de haut en bas, en suivant une sélection de blocs de propositions dans l'ordre de leur apparition.

Tableau n° 2. « Discours-découverte » de M... sur sa relation aux hommes

R.N. / Nb de propositions	M MOI	G LES GENS	Q QUEL-QU'UN	H LES HOM-MES	R RELA-TION	O PRO-BLÈME	P PSY-CHO	B BESOIN
9	0		0					
34	0	0						
2	0		0					
1	0				0	0		
4	0			0				
1					0	0		
7	0	0						0
6	0				0	0		
4	0				0	0	0	
2				0	0	0		

On voit comment la liaison MOI/LES HOMMES n'est établie qu'après une liaison MOI/QUELQU'UN ou LES GENS et après la liaison MOI/RELATION/PROBLÈME.

La chaîne possible MOI/LES HOMMES/RELATION/PROBLÈME est scindée en deux maillons MOI/LES HOMMES et

RELATION/PROBLÈME. Enfin, puisque cet entretien est issu d'une recherche sur les étudiants en psychologie, il est important de noter que PSYCHOLOGIE est associé à MOI/ RELATION/PROBLÈME, mais sans y inclure LES HOMMES.

A.P.D. : présentation simplifiée des blocs argumentatifs du discours de M... sur sa relation aux hommes

Ces tableaux (nos 3, 4, 5) sont obtenus en regroupant et en dénombrant les modèles argumentatifs apparus.

Tableau n° 3. Le discours autour de l'être et de l'avoir

Traduction des modèles argumentatifs	Total	Polarité	
		+	–
MOI/ÊTRE-AVOIR/HOMMES	25	14	11
MOI/ÊTRE-AVOIR	22	13	9
MOI/ÊTRE-AVOIR/BESOIN/HOMMES	7	2	5
MOI/ÊTRE-AVOIR/COMPORTEMENT	4	3	1
MOI/ÊTRE-AVOIR/COMPORTEMENT/HOMMES	2	2	0
HOMMES/ÊTRE-AVOIR	9	8	1
HOMMES/ÊTRE-AVOIR MOI	1	1	0
	70		

Tableau n° 4. Le discours autour du faire

Traduction des modèles argumentatifs	Total	Polarité	
		+	–
MOI/FAIRE	8	6	2
MOI/FAIRE/HOMMES	8	4	4
MOI/FAIRE/BESOIN/HOMMES	5	1	4
MOI/FAIRE/PROBLÈME/RELATION/PSYCHO	4	2	2
MOI/FAIRE/MOI	2	2	0
MOI/FAIRE/RELATION/HOMMES	2	0	2
HOMMES FAIRE MOI	14	14	0
HOMMES FAIRE	4	4	0
	47		

Tableau n° 5. Le discours autour du dire

Traduction des modèles argumentatifs	Total	Polarité	
		+	–
MOI/DIRE	7	3	4
MOI/DIRE/PROBLÈME	4	4	0
MOI/DIRE/MOI	2	2	0
MOI/DIRE/HOMMES	1	1	0
	14		

En position d'actante, M... introduit des statifs qu'elle polarise aussi souvent positivement que négativement, d'où une ambivalence du discours construit autour de l'être et de l'avoir. Quand elle place les hommes en position d'actants et elle-même en position d'actée – autrement dit quand les hommes agissent avec elle – elle emploie des factifs positifs mais dont le texte révèle qu'ils sont suivis d'arguments de valence négative.

Le discours sur le besoin des hommes est énoncé en statifs et factifs négatifs. La fréquence d'occurrence de ce modèle traduit une insistance qui, mise en relation avec les autres modèles, peut être interprétée comme une dénégation.

A.R.O. : classement des énoncés en fonction du discours signifiant

Sont collectées toutes les fiches ayant pour signifiant *relation*, ou *rencontrer un homme*, ou *intérêt pour un homme*. Les signifiés médiateurs et les signifiés qui leur correspondent sont représentés dans le tableau n° 6 ci-après (p. 270).

Les signifiés des trois signifiants *relation, rencontre* et *intérêt pour un homme* s'opposent à partir de l'argument des signifiés médiateurs *relations sexuelles* vs *autre chose*. Les signifiés associés à *relations sexuelles* dénotent tous un univers très négatif. A l'opposé, les signifiés d'*autre chose* que les relations sexuelles, dont les *relations avec les garçons* à leur début, dont les *relations avec les filles*, dont une (dé)négation de l'homosexualité, ont tous un contenu positif.

Tableau n° 6. Significations associées à relation

Signifiants	Signifiés médiateurs		Signifiés
relation ; *rencontre ;* *intérêt pour* *un homme*	*relations* *sexuelles*	*avec garçons* *(après)*	*terminer* *mettre au pied du mur* *démolir* *refuser* *casser* *défenses* *duel* *déception* *dégringolade/se sentir bien*
	autre chose	*avec garçons* *(au début)*	*nouveauté* *attirance* *intérêt* *durable* *ça va* *piédestal*
		avec filles	
		(pas) homo- *sexuelle*	

A.R.O. : classement des énoncés en fonction du discours signifié

Ces énoncés forment le reste du corpus représentant le thème de la relation aux hommes. Le tableau n° 7 se lit de droite à gauche, en réponse à la question : que gouverne le concept de *problème* ?

Tableau n° 7. Signifiants commandés par le concept de problème

Signifiants	Signifiés
relation avec les hommes *refuser les hommes* *faire contre les hommes* *trouver un homme* *rencontrer un homme*	*problème relationnel* *problématique* *atroce* *dramatique*
relation avec les filles	*pas de problème relationnel*

Les signifiés *problème relationnel, problématique, atroce* et *dramatique*, considérés sémantiquement équivalents, sont mis en correspondance avec leur signifiant et en opposition avec le signifié *pas de problème relationnel.*

La nature des résultats qualifie la méthode. L'approche syntaxique de l'A.P.D. et l'essai de modalisation du texte qu'elle propose se manifestent notamment par les tableaux de modèles argumentatifs, bien qu'il ne s'agisse là que d'une partie des résultats produits. Ces tableaux sont d'une lecture aisée mais ceux de l'A.R.O. se passent pour ainsi dire de commentaires tant ils sont explicites... à condition que le codeur n'ait pas commis de contresens, risque assurément moins contingent dans l'A.P.D. Selon un paradoxe bien connu, la rigueur méthodologique assure une grande reproductibilité de la technique et des résultats bruts fiables mais après lesquels « tout reste à faire ». Le recul de la construction d'un métalangage propre à l'A.P.D. est une garantie de fidélité et de stabilité de l'analyse, surtout dans le cas de travail en équipe sur un grand nombre d'entretiens. On regrette cependant que, par exemple, la question sexuelle de M... ne soit pas directement prise en compte par l'A.P.D., alors que l'A.R.O. révèle comment elle structure le discours sur la relation aux hommes.

Cela dit, A.P.D. et A.R.O. aboutissent à des résultats bruts communs, dont le relevé de la dénégation du besoin des hommes, l'A.P.D. au moyen du dénombrement de deux modèles de polarité négative (*M Sn B H* et *M Fn B H*, c'est-à-dire MOI/NE PAS ÊTRE-AVOIR/BESOIN/HOMMES et MOI/NE PAS FAIRE/BESOIN/HOMMES) et l'A.R.O. grâce à l'alliance de mots entre un signifié médiateur et un signifié dans *rencontrer un homme/pas besoin/dramatique*.

Mais il y a loin des résultats bruts au diagnostic.

*
* *

Pour connaître ce qui différencie *l'analyse propositionnelle du discours* de *l'analyse des relations par opposition*, il n'est point besoin d'attendre le rendu de la copie des résultats : les premiers gestes effectués sur les textes par chacune des deux techniques sont des indices suffisants. Dans l'A.P.D., le découpage en petites unités et le repérage des quelques termes de référence que sont les référents-noyaux préparent assurément à la modélisation des propositions discursives tandis que toute l'A.R.O. est déjà à l'œuvre dans sa première attitude à l'égard du texte : l'identification de la relation de signification ; aussi dans les deux cas les opérations sont-elles bien en cohérence avec leurs objectifs méthodologiques.

Une des intentions du test comparatif était l'évaluation de l'artefact de chacune des techniques dans les résultats. Il est important de distinguer les résultats des opérations et les résultats de l'analyse. En effet, les résultats bruts sont sensiblement différents, surtout lorsqu'on les mesure sur la totalité de l'entretien de M... Les informations traitées par l'A.P.D. – fréquences d'occurrence des référents-noyaux et des modèles argumentatifs, cheminement du « discours-découverte » – ont peu à voir avec le classement de fiches d'énoncés de l'A.R.O. et pourtant, les diagnostics respectivement portés sur les motivations de M... à l'issue des deux analyses ont un large tronc commun. Que l'A.P.D. ait révélé en outre que M... ne parle qu'en fonction des autres en se mouvant dans un univers situé autour de l'être et de l'avoir, que l'A.R.O. ait dessiné le contour de la psychologie comme emblématique des propres inconnues de M..., ces deux résultats sont d'abord des effets-retour de la vérification d'hypothèses de chacun des analystes. Ces résultats « subsidiaires » autorisent cependant à dire, quitte à rejouer un air connu, que les diagnostics ne sont pas contradictoires mais complémentaires.

Le test demande surtout à être répliqué par une procédure symétrique à la nôtre, c'est-à-dire par l'analyse d'un entretien conduit dans la perspective de l'A.R.O., puisque cette méthode suppose une technique de conduite d'entretien appropriée à l'exploration des systèmes symboliques. Mieux, on pourrait croiser analyses et analystes, afin de mesurer la fidélité au texte des uns sur les autres, etc.

Si le tronc commun des diagnostics est large, c'est parce que, rendu à cette ultime étape, on s'est peut-être éloigné des résultats de l'analyse de contenu que l'analyste croise avec ses hypothèses et d'inévitables présupposés. Méfions-nous donc du diagnostic et revenons à ce que nous avons vu des résultats immédiats. Suite à la forte réduction qu'elle fait subir à l'expression du contenu proprement dit, c'est-à-dire à la signification des unités du discours, l'A.P.D. rend plutôt compte de la structure argumentative et des effets de sens produits par le déplacement des enjeux entre acteurs au moyen des actions. L'A.P.D. gagne en moyens de mesure ce qu'elle perd en expressivité du contenu. Les significations sont saisies et restituées à partir de la structure argumentative. Nous dirons qu'en cela l'A.P.D. est davantage une analyse du *contenant*, analyse de la proposition considérée comme contenant les significations. L'A.R.O. est plus proche de ce que l'on peut attendre de l'analyse du *contenu*, pour peu que l'on s'intéresse aux univers symboliques. L'A.R.O., qui avait fait ses preuves dans la description de l'espace habité et des formes des modes de vie, montre ici sa capacité à rendre compte de l'univers des affects.

L'expression d'univers donne à voir l'image d'un espace où les mouvements des astres peuvent sembler, selon la position de l'observateur, aussi bien lents qu'accélérés. L'*analyse propositionnelle du discours*, en tant qu'analyse de l'action mise en scène dans le discours, y développerait l'étude de la mesure cinétique de ses objets majeurs ; l'*analyse des relations par opposition* saisirait un cliché de l'univers entier.

Bibliographie

ANSART P.
« Discours politique et réduction de l'angoisse », *Bulletin de psychologie*, 322, 1976, p. 445-449.

ANZIEU D.
« L'illusion groupale », *Nouvelle revue de psychanalyse*, 4, 1971, p. 73-93.

ANZIEU D., BEJARANO A., KAËS R., MISSENARD A., PONTALIS J.B.
Le travail psychanalytique dans les groupes, Paris, Dunod, 1972.

ANZIEU D., KAËS R.
Chronique d'un groupe, Paris, Dunod, 1976.

ARDOINO J.
Information et communications dans les entreprises et les groupes de travail, Paris, Les Editions d'Organisation, 1964.

AVRIL F.
« La notion de profondeur dans les entretiens de recherche », *Revue française de marketing*, 13, 1964, p. 15-28.

BADER-FLORAND M.F.
Choisir les études de psychologie : pourquoi ?, thèse de 3e cycle, Université de Paris VIII, 1984.

BACHELARD G.
La poétique de l'espace, Paris, P.U.F., 1957.

BALINT M.
Le médecin, son malade et la maladie, Paris, Payot, 1966.

BANKS J.A.
« The Group Discussion as an Interview Technique », *The Sociological Review*, 5, 1957, p. 75-84.

BEJARANO A.
« Résistance et transfert dans les groupes », in *Le travail psychanalytique dans les groupes*, ANZIEU D. et coll., Paris, Dunod, 1972, p. 65-140.

BENNEY M., EVERETT H.
« Of Sociology and the Interview : Editorial Preface », *The American Journal of Sociology*, LXII-2, 1956, p. 137-142.

BENNEY M., RIESMAN D. et STAR S.A.
« Age and Sex in the Interview », *The American Journal of Sociology*, LXII-2, 1956, p. 143-152.

BERCHERIE P.
Les fondements de la clinique : Histoire et structure du savoir psychiatrique, Paris, Lyse-Ornicar, 1980.

BERELSON B.
« Content Analysis », in *Handbook of Social Psychology*, Harvard University Press, 1954.

BERTAUX D.
« L'approche biographique, sa validité méthodologique, ses potentialités », *Cahiers internationaux de sociologie*, LXIX, 1980, p. 197-225.

BECKER H.S.
Sociological Work, Chicago, Aldine Publishing Co., 1970.

BERGMAN D.V.
« Counseling Method and Client Responses », *Journal of Consulting Psychology*, 3, 1951, p. 216-224.

BLANCHET A.
« Epistémologie critique de l'entretien d'enquête de style non directif. Ses éventuelles distorsions dans le champ des sciences humaines », *Bulletin de psychologie*, 358, 1982-1983 a, p. 187-195.
« L'entretien à l'interface du psychologique et du social », *Bulletin de psychologie*, 360, 1982-1983 b, p. 565-571.
« L'implicite dans l'entretien d'enquête », *Actes du colloque C.N.R.S. Champ social et inconscient*, 16-17 juin 1983, p. 142-148.

BODGAN R., TAYLOR S.J.
Introduction to Qualitative Research Methods : a Phenomenological Approach to the Social Sciences, New-York, Londres, Sidney, Toronto, John Wiley, 1975.

BOUDON R.
« A propos d'un livre imaginaire », in Paul LAZARSFELD, *Philosophie des sciences sociales*, Paris, Gallimard, 1970, p. 7-72.

BOURDIEU P.
Esquisse d'une théorie de la pratique, Genève, Droz, 1972.
Questions de sociologie, Paris, Editions de Minuit, 1980.

BOURDIEU P., CHAMBOREDON J.C., PASSERON J.C.
Le métier de sociologue, Paris, Mouton/Bordas, 1968.

BROMBERG M., DORNA A., GHIGLIONE R.
« Dire pour persuader : de la rhétorique à la psychologie sociale », in *Bulletin de psychologie*, 365, 1983.

CANNEL C.F., KAHN R.L.
« Interviewing », p. 526-596 in *The Handbook of Social Psychology*, edited by Gardner LINDZEY and Elliot ARONSON, 2e ed., Massachusetts; Menlo Park, California ; London ; Don Mills, Ontario : Addison Wesley Publishing Company (1954), 1968.

CANNEL C.F.
« L'interview comme méthode de collecte », in *Les méthodes de recherche dans les sciences sociales*, sous la direction de Léon FESTINGER et Daniel KATZ, traduit d'après la première édition américaine (1953) par Honoré Lesage, Paris, P.U.F., 1974, p. 385-437.

CAPLOW T.
« The Dynamics of Information Interviewing », *The American Journal of Sociology*, LXII-2, 1956, p. 165-171.

CHABROL C.
« A qui parle-t-on dans un entretien d'enquête ? », *Connexion ; langage en situation*, 38, 1982, p. 107-121.

CHAPPEL E.D.
« The Interaction Chronograph : its Evolution and Present Application », *Personnel*, 25, 1949, p. 295-307.

CONVERSE J.M., SCHUMAN H.
Conversations at Random : Survey Research as Interviewers See it, New York, London, J. Wiley and Sons, 1974.

DAVIS J.D.
The Interview as Arena : Strategies in Standardized Interviews and Psychotherapies, Standford University Press, XV, 1971.

DEVEREUX G.
De l'angoisse à la méthode dans les sciences du comportement, Paris, Flammarion, 1980.

DEXTER L.A.
« Role Relationships and Conception of Neutrality in Interviewing », *American Journal of Sociology*, 2, septembre 1956, p. 153-158.

DILTHEY W.
Introduction à l'étude des sciences humaines : essai sur le fondement qu'on pourrait donner à l'étude de la société et de l'histoire, traduit de l'allemand par Louis Sauzin, Paris, P.U.F., 1942.

DOHRENWEND B.S., COLOMBOTOS J., DOHRENWEND B.P.
« Social Distance and Interviewer Effects », *The Public Opinion Quarterly*, 32, 1968, p. 410-422.

DOISE W.
L'explication en psychologie sociale, Paris, P.U.F., 1982.
« Les relations entre groupes, p. 253-274 in *Psychologie sociale*, sous la direction de Serge MOSCOVICI, Paris, P.U.F., 1984.

DONNET J.L., GREEN A.
L'enfant de ça, Paris, Editions de Minuit, 1973.

DOREY R.
« Le lien d'engendrement », *Nouvelle revue de psychanalyse*, 28, 1983, p. 209-229.

DURKHEIM E.
Les formes élémentaires de la vie religieuse, Paris, F. Alcan, 1912, P.U.F., 1967.

EASTHOPE G.
A History of Social Research Methods, London, Longman, 1974.

FEDIDA P.
Le concept et la violence, Paris, Union générale d'Editions, 1977.

FLAHAUT F.
La parole intermédiaire, Paris, Seuil, 1978.

FREUD S.
« Psychologie collective et analyse du moi », in *Essais de Psychanalyse*, Paris, Ed. Payot, 1965.

FREUD S., BREUER J.
Etudes sur l'hystérie, tr. fr. Paris, P.U.F., 1956.

FRIEDMANN G.
Problèmes humains du machinisme industriel, Paris, Gallimard, 1946.

GALTUNG J.
Theory and Methods of Social Research, London, Georges Allen and Unwin Ldt, 1969.

GARDIN J.C.
Les analyses du discours, Neuchâtel, Delachaux et Niestlé, 1974.

GERGEN K.J., BACK K.W.
Communication in the Interview and the Disengaged Respondent, S.1, Duke University, 1962.

GHIGLIONE R.
« Analyse propositionnelle et modèles argumentatifs », *Connexions*, 38, 1982, p. 89-106.

GHIGLIONE R., BEAUVOIS J.L., CHABROL C., TROGNON A.
Manuel d'analyse de contenu, Paris, Armand Colin, 1980.

GHIGLIONE R., MATALON B.
Les enquêtes sociologiques : théories et pratiques, Paris, Armand Colin, 1978.

GHIGLIONE R., MATALON B., BACRI N.
Textes et entretiens : une méthode d'analyse des contenus, Université de Paris VIII, 1983.

GIAMI A., BERTHIER F., GOSSELIN F.
Aimer ailleurs, aimer autrement, Paris, G.E.R.A.L.-C.S.I.S., 1984.

GIAMI A., HUMBERT-VIVERET Ch., LAVAL D.
L'ange et la bête : représentations de la sexualité des handicapés mentaux par les parents et les éducateurs, Paris, Ed. du C.T.N.E.R.H.I., 1983.

GORDEN R.L.
« Dimensions of the Depth Interview », *The American Journal of Sociology*, LXII-2, 1956.
Interviewing, Strategy ; Techniques and Tactics, Homewood ; Georgetown, The Dorsey Press Irwin Dorsey, 1969.

GOULDNER A.W.
The Coming Crisis of Western Sociology, New-York, Basic Books, 1970.

GRANET M.
La pensée chinoise, Paris, Albin Michel, 1968.

GREIMAS A.J.
« Eléments pour une théorie de l'interprétation du récit mythique », *Communications*, 8, Paris, 1966, p. 34-65.

GRELON A.
« Interviewer ? », *Langage et société*, 4, 1978, p. 41-62.

GRIAULE M.
Dieu d'eau, Paris, Fayard, 1966.

GRIMAUD V.
New Delhi, pratiques et significations de l'habitat indien moderne, thèse de 3e cycle, Université Paris X, 1982.

GUILLAUMIN J.
La dynamique de l'examen psychologique, Paris, Dunod, 1977.

HANSON R., MARKS E.S.
« Influence of the Interviewer on the Accuracy of Survey Results » in *Journal of the American Statistical Association*, 53, 1958, p. 635-655.

HARRIS Z.S.
« La structure distributionnelle », 1954, tr. fr. in *Langages*, 20, 1970.

HAUMONT N., RAYMOND H.
Les pavillonnaires, Paris, C.R.U., 1966.

HOGGART R.
La culture du pauvre, Paris, Editions de Minuit, 1970.

HUGUET M.
« Réflexion sur "l'approche clinique" en psychosociologie » in *Bulletin de psychologie*, 322, 1975-1976, p. 450-456.

HYMAN H.
« Problems in the Collection of Opinion Research Data », *The American Journal of Sociology*, LV-4, 1950, p. 362-370.
Interviewing in Social Research, Chicago, The University of Chicago Press, 1954.

INSTITUT DE SOCIOLOGIE URBAINE
La copropriété, Paris, C.R.U., 1971.
Habitat et pratique de l'espace, étude des relations entre l'intérieur et l'extérieur du logement, Paris, 1972.
Les locataires, Paris, 1976.
Les cadres supérieurs de l'industrie : mode de vie et habitat, Paris, 1980, multigr.

KAHN R.L., CANNEL C.F.
The Dynamic of Interviewing : Theory, Technique and Cases, New York, John Wiley and Sons, 1963.

KANDEL L.
« Réflexions sur l'usage de l'entretien notamment non directif, et sur les études d'opinion », *Epistémologie sociologique*, 13, 1972, p. 26-46.

KATZ D.
« Interviewing in Social Research by Herbert Hyman », *The American Journal of Sociology*, LXII-2, 1956, p. 224-225.

KINSEY A.C., MARTIN C.E., POMEROY W.B.
Le comportement sexuel de l'homme, Paris, Editions du Pavois, 1948.

LACAN J.
« Variantes de la cure type », in *Ecrits*, Paris, Seuil, 1966, p. 323-362.

LAGACHE D.
« Psychologie clinique et méthode clinique », *L'évolution psychiatrique*, I, 1949, p. 155-178.
« Initiation aux études de psychologie », *Bulletin de psychologie*, 9, 10, 1955, p. 478-488.

LAUTIER F.
« L'entretien non directif », *Notes méthodologiques en architecture et en urbanisme*, 6, 1977, p. 97-119.

LAZARSFELD P.
Philosophie des sciences sociales, Paris, Gallimard, 1970.

LECLERC G.
L'observation de l'homme, une histoire des enquêtes sociales, Paris, Editions du Seuil, 1979.

LEGRAS D.
« Quelques contributions à la méthodologie de l'entretien non directif d'enquête », *Bulletin du C.E.R.P.*, XX-2, 1971, p. 131-141.

LEDOUX A.
« La formation à l'entretien clinique », in *L'entretien clinique* sous la direction de Colette CHILAND, Paris, P.U.F., 1983.

LEJEUNE Ph.
Je est un autre : l'autobiographie, de la littérature aux médias, Paris, Editions du Seuil, 1980.

LEMOINE G., LEMOINE P.
Le psychodrame, Paris, Robert Laffont, 1972.

LE PLAY F.
Les ouvriers européens, Paris, Imprimerie impériale, 1885.
Instruction sur la méthode d'observation dite des monographies de famille, propre à l'ouvrage intitulé « Les ouvriers européens », Paris, Société d'économie sociale, 1862.

LERNER D.
« Interviewing Frenchmen », *The American Journal of Sociology*, Chicago, The University of Chicago Press, 2, 1956, p. 187-194.

LÉVI-STRAUSS C.
« Clyde Kluck Holm, The Personal Document in Anthropological Science », *The Use of Personal Documents in History, Anthropology and Sociology Social Science Research Council*, bulletin 53, New-York, 1945, XIII, p. 331, tr. fr. in *L'année sociologique*, troisième série 1940-1948, tome premier, Paris, P.U.F., 1949.
Le totémisme aujourd'hui, Paris, P.U.F., 1962.
Anthropologie structurale deux, Paris, Plon, 1973.

LÉVY André
« Avant-propos au numéro Sujets et objets de l'analyse de contenu », in *Connexions*, 11, 1974, p. 5-12.

LÉVY Arnaud
« Evaluation étymologique et sémantique du mot : "secret" », *Nouvelle revue de psychanalyse*, 14, 1976, p. 117-129.

LEWIS O.
Les enfants de Sanchez, autobiographie d'une famille mexicaine, Paris, Gallimard, 1963.

MACCOBY E., MACCOBY N.
« The Interview : a Tool of Social Science » in *Handbook of Social Psychology*, Harvard University Press, vol. 1, 1954, p. 449-487.

MAITRE J.
« Sociologie de l'idéologie et entretien non directif » in *Revue française de sociologie*, XVI, 1975, p. 248-256.

MANNHEIM K.
Ideology and Utopia, London, Routledge and Kegan Paul, 1960.

MANNONI M.
La théorie comme fiction, Paris, Le Seuil, 1979.

MARCUS-STEIFF J.
Les études de motivation, thèse Lettres, Université Paris, 1960.
« La recherche de l'information au moyen de l'interview non directive », *Sciences*, 1961, p. 47-54.

MATARAZZO J.D., WIENS A.N.
The Interview. Research on its Anatomy and Structure, Chicago ; New York, Aldine-Atherton, 1972.

MATHIEU M.
« La neutralité mise à nu par ses idéaux », *Nouvelle revue de psychanalyse*, 27, 1983, p. 197-214.

MAUSS M.
Sociologie et anthropologie, Paris, P.U.F., 1950.

MEAD G.H.
Mind, Self and Society, Chicago, Illinois, The University Chicago Press, 1934, tr. fr. in *L'esprit, le soi et la société*, Paris, P.U.F., 1963.

MERTON R.K., FISKE M. et KENDALL P.
The Focused Interview, Glencoë, The Free Press Illinois, 1956.

MICHELAT G.
« Sur l'utilisation de l'entretien non directif en sociologie, *Revue française dè sociologie*, XVI, 1975, p. 229-247.

NAMER G.
« D'Unrug (Marie-Christine) : Analyse de contenu et acte de parole de l'énoncé à l'énonciation », *Revue française de sociologie*, XVI, 1975, p. 274-275.

ORNE M.T.
« Psychologie sociale de l'expérimentation en psychologie : les consignes implicites et leurs conséquences », p. 82-91 in *Psychologie sociale et expérimentation* sous la direction de Gérard et Jean-Marie LEMAINE, Paris, Mouton-Bordas, 1969.

PAGES M.
« La psychothérapie non directive », *L'évolution psychiatrique*, III, 1952, p. 413-450.

PAGES M.
L'orientation non directive en psychothérapie et en psychologie sociale, Paris, Dunod, 1970.

PALMADE G.
« Note sur l'entretien non directif en psychologie sociale », *Bulletin de psychologie*, VIII, 7-8, 1955, p. 461-468.

PÉCHEUX M.
L'analyse automatique du discours, Paris, Dunod, 1969.

PHILLIPS J.S.
The Relationship between two Measures of Interview Behavior Compains Verbal Content and Verbal Temporal Patterns of Interaction, London, Ann Arbor Univ., 1957.

PIAGET J.
La représentation du monde chez l'enfant, 5e édition, Paris, P.U.F., (1926) 1976.

PORTER E.H.
An Introduction to Therapeutic Counseling, Boston, Houghton Mifflin, 1950.

PRÉVOST C.
« A propos des origines de la psychologie clinique », *Bulletin de psychologie*, 1-3, 1969-1970, p. 119-124.

PRIETO L.J.
Pertinence et pratique, Paris, Editions de Minuit, 1975.

RADIN P.
Crashing Thunder, the Autobiography of an American Indian, edited by Paul Radin, New York, D. Appleton, 1926.

RAYMOND H.
Une méthode de dépouillement et d'analyse de contenus appliquée aux entretiens non directifs, Paris, Institut de sociologie urbaine, 1968.
« Analyse de contenu et entretien non directif : application au symbolisme de l'habitat » in *Revue française de sociologie*, 9 (2), 1968, p. 151-166.

RECANATI F.
La transparence et l'énonciation, pour introduire à la pragmatique, Paris, Seuil, 1979.

REUCHLIN M.
Histoire de la psychologie, Paris, P.U.F., 1974.

REVAULT d'ALLONNES C.
« Les bases de la recherche clinique », *Recherche clinique en psychiatrie*, I.N.S.E.R.M., 98, 1982, p. 43-57.

RICHARDSON S.A., DOHRENWEND B.S., KLEIN D.
Interviewing : its Forms and Functions, New York, London, Basic Book, 1965.

RIECKEN H.W.
« Programme de recherche sur l'expérimentation en psychologie sociale », p. 271-281 in *Psychologie sociale et expérimentation*, sous la direction de Gérard et Jean-Marie LEMAINE, Paris, Mouton-Bordas, 1969.

RIESMAN D.
« The Sociology of the Interview », in *Abundance for What*, New York, Doubleday and Co., 1964.

RODRIGUEZ TOME H.
Le moi et l'autre dans la conscience de l'adolescent, Paris, Neuchâtel, Delachaux et Nieslé, 1972.

ROETHLISBERGER F.J., DICKSON W.J.
Management and the Worker, An Account of a Research Program Conducted by the Western Electric Company, Hawthorne Works, Chicago, Cambridge, Massachusetts, Harvard University Press, 1943.

ROGERS C.R.
« The Non Directive Method as a Technique for Social Research », *American Journal of Sociology*, 50-4, 1945, p. 279-283.
La relation d'aide et la psychothérapie (2 tomes), 1942, tr. fr. Paris, Editions E.S.F., 1977.

SARTRE J.P.
L'être et le néant, Paris, Gallimard, 1943.

SEGAUD M.
Code et esthétique populaire en architecture, Paris, IERAU-LASSAU, 1981.

SERRAF G.
« Situation de la recherche de motivation », *Revue française de marketing*, 10, 1964, p. 36-48.

SIEGMAN A.W., POPE B.
Studies in Dyadic Communication, New York, Oxford, Pergamon Press, 1972.

SIMONOT M.
« Entretien non directif, entretien non préstructuré : pour une validation méthodologique et une formalisation pédagogique », *Bulletin de psychologie*, 343, 1979, p. 155-164.

SINGLY F. de
« La gestion sociale des silences », *Consommation*, 4, octobre-décembre 1982, p. 37-64.

TALAYESVA Don C.
Soleil Hopi. L'autobiographie d'un Indien Hopi, textes rassemblés et présentés par Léo W. Simmons. Préface de Claude Lévi-Strauss, Paris, Plon, 1959.

THOMPSON P.
« Des récits de vie à l'analyse du changement social », *Cahiers internationaux de sociologie*, LXIX, 1980, p. 249-268.

TROGNON A.
« Remarques sur les effets comparés de l'entretien non directif et du questionnaire sociologique » in *Bulletin de psychologie*, 334, 1978, p. 430-435.
Situations de groupes et relations langagières, thèse pour le doctorat d'Etat, Université de Paris X (Nanterre), 1981.

TRUAX Ch.B.
« Reinforcement and Non Reinforcement in Rogerian Therapy », *Journal of Abnormal Psychology*, 71, 1, 1966, p. 1-9.

UNRUG M.C. d'
Analyse de contenu, Paris, Editions Universitaires, 1974.
« Réponse au compte rendu de G. Namer sur le livre de M.C. d'Unrug », *Revue française de sociologie*, XVI, 3, 1975, p. 425-426.

WATZLAWICK P., BEAVIN J.H., JACKSON D.D.
Une logique de la communication, tr. fr. Paris, Seuil, 1972.

WEBER M.
« Essai sur le sens de la "neutralité axiologique" dans les sciences sociologiques et économiques » (1917) in *Essais sur la théorie de la science*, Paris, Plon, 1965.

WEICK K.E.
« Systematic Observational Methods », p. 357-451, in *The Handbook of Social Psychology*, vol. II (deuxième édition), edited by Gardner Lindzey and Elliot Aronson. Reading, Massachusetts, Menlo Park California, London, Don Mills Ontario : Addison-Wesley Publishing Company, 1968.

WIRTH L.
Introduction in K. MANNHEIM, *Ideology and Utopia*, London, Routledge and Kegan Paul, 1960.

Index

F

G

H

I

L-M

N-O

P

Q-R

S

T

U

V

Achevé d'imprimer par les Impressions DUMAS 42000 Saint-Étienne
Dépôt légal 1re édition : 2e trimestre 1985 – Dépôt légal : août 1992
N° d'imprimeur : 31021
Imprimé en France